UN NOS OLA LEUAD

UN NOS OLA LEUAD

Caradog Prichard

Lluniau gan Ruth Jên

Argraffiad gwreiddiol (Gwasg Gee): 1961
Argraffiad newydd (Gwasg Gwalia): 1988
Pumed argraffiad: 2003
Argraffiad newydd (Y Lolfa): 2008
Adargraffiad: 2017

Dymuna'r cyhoeddwyr gydnabod cefnogaeth ariannol CBAC.

Lluniau: Ruth Jên
Clawr (o'r argraffiad gwreiddiol): Kyffin Williams

Rhif Llyfr Safonol Rhyngwladol: 978 1 84771 470 1

Cyhoeddwyd ac argraffwyd yng Nghymru
ar bapur o fforestydd cynaladwy
gan Y Lolfa Cyf., Talybont, Ceredigion SY24 5HE;
gwefan www.ylolfa.com
e-bost ylolfa@ylolfa.com
ffôn 01970 832 304
ffacs 01970 832 782

I

MATI a MARI

am

eu maith

oddefgarwch

1.

MI a i ofyn i Fam Huw gaiff o ddwad allan i chwara. Gaiff Huw ddwad allan i chwara, O Frenhines y Llyn Du? Na chaiff, mae o yn ei wely a dyna lle dylet titha fod, yr hen drychfil bach, yn lle mynd o gwmpas i gadw reiat 'radeg yma o'r nos. Lle buoch chi ddoe'n gneud dryga a gyrrù pobol y pentra ma o'u coua?

Pa bobol pentra o'u coua? Nid ni sy'n u gyrru nhw o'u coua, nhw sy'n mynd o'u coua. Fuo ni'n unlle ddoe dim ond cerddad o gwmpas. Trw bach! Trw bach! ges i peth cynta'r bora, yn nôl gwarthag Tal Cafn o Ben Foel a hel llond cap o fyshirŵms ar Ffridd Wen ar ôl codi mymryn bach o datws Now Gorlan i Mam ar y ffordd adra.

Dyna pam aeth Huw a finna i nôl cnegwarth o fala bach i ddrws cefn siop Margiad Lewis, am nad on i ddim wedi cael brecwast i fynd i Rysgol am fod mam wedi mynd i olchi i Ficrej. Roeddan ni'n gorffan u bwyta nhw dest cyn cyrradd Rysgol a'r cloc yn taro naw. A mi wn i pwy ddaru daflu'r dorchan trwy'r ffenast pan oeddan ni'n deud prers, a tharo Preis Sgŵl yn ochor i ben pan oedd o ar i linia. Now Meri Eirin a Dei Bach Siop Ddu oeddan nhw. Dim ond dechra'r flwyddyn ddaru nhw adael o Standard Ffôr. Mi welais i'r ddau'n i gwadnu hi trwy'r Fynwant run fath a dau ysbryd drwg rhwng y cerrig bedda.

Nid arna ni oedd y bai pan ddaru Preis Sgŵl ein stido ni. Mewn tempar ofnadwy oedd o trwy'r bora. Ond pan ddaeth o'n ôl o Blw Bel ar ôl amsar chwara a'i wynab o'n goch fel cratsian yr aeth o o'i go, a dechra waldio pawb. Digwydd bod ar ffordd ei bastwn o ddaru Huw a finna. Ond welson ni mono fo ar ôl iddo fo fynd i Standard Ffôr i nôl Jini Bach Pen Cae a mynd a hi efo fo trw'r drws pella nes aeth y gloch amsar cinio.

Huw oedd eisio mynd i Chwaral i ddeud wrth dad Jini,

dyna pam aethom ni ar hyd Lôn Bost. Doedd 'na ddim ysgol yn ein hysgol ni yn y pnawn am bod hi'n Ddydd Iau Dyrchafael ond 'roedd na ysgol yn ysgolion Capal. Mi fasan ni wedi mynd i Chwaral hefyd heblaw bod yna lot o bobol yn sefyll yn ymyl Llidiart Meirch o flaen tŷ Catrin Jên Lôn Isa, a tad Wil Bach Plisman yn sefyll wrth y drws yn gwatsiad dau ddyn yn cario'r dodrafn allan a'i roid o'n ben-twr ar ganol lôn a Catrin Jên wedi cloi'i hun yn y cwt glo a sgrechian gweiddi: Cerwch oma'r diawlad, sgynnoch chi ddim hawl i fynd i nhŷ i. Dew, 'roedd hi'n bnawn braf hefyd. Hitia befo'r hen Chwaral na, medda Huw, mi awn ni am bicnic i Ben Rallt Ddu.

Dyna pam yr aethom ni i Siop Ann Jos, am nad oedd gynnon ni ddim digon o bres i brynu dim ond un botal bop a ninna eisio pedair a dwy gacan gyraints am fod Nel Fair View a Cêt Rhesi Gwynion yn dwad ar ein hola ni. Dos di i brynu un botal, medda Huw, mi ga i'r lleill. Un slei ydi Huw. Rwy'n siŵr fod Ann Jos wedi'i weld o ond ei bod hi ofn deud dim byd am fod arni hi'ch ofn chi, O Frenhines y Llyn Du.

Cyn i'r ddwy hogan ein dal ni, pwy ddaeth i fyny Lôn Stabla i'n cwarfod ni wrth Giat Pen Lôn ond Harri Bach Clocsia a'i fasgiad ar i fraich yn chwerthin hi! hi! hi! trwy'i locsyn. Un golwg bach, Harri, medda Huw, a dyma Harri'n rhoid i fasgiad ar lawr, a dyma fo'n agor i falog a tynnu'i bidlan allan. Hi! hi! hi! medda fo trwy'i locsyn a'i thynnu hi i mewn yn i hôl mewn hannar chwinciad run fath a jacynbocs. Hi! hi! hi! medda fo wedyn a codi'i fasgiad ac yn i flaen a fo. Hi! hi! hi! medda'r ddwy hogan tu ôl inni. Gwatsia di dy hun, Nel Fair View, medda Huw pan oeddan ni'n mynd trwy'r giat. A chditha hefyd, Cêt Rhesi Gwynion, medda finna. Ond dwad ar ein hola ni trw'r giat ddaru nhw.

Huw aeth gyntaf i smalio cuddiad tu ôl i'r wal, ac wedyn dyma finna'n gneud run fath, a dim ond smalio rhedag ar draws y cae ddaru nhwytha pan ddaru ni redag ar u hola nhw. Huw ddaru ddal Nel gynta a'i thaflyd hi ar lawr a codi'i dillad hi. Dyna pam ddaru finna neud run peth efo Cêt, achos gan Huw roedd y poteli pop. Dim ond y ddwy gacan gyraints oeddwn i'n gario. A dyna lle'r oedd y ddwy'n

gorfadd ar eu cefna efo'u dillad i fyny a ninna'n sbio'n wirion arnyn nhw.

Gan Huw roedd y bocad gesal, dyna pam oedd o'n cario'r poteli. Ond y ddwy gacan gyraints dynnais i o mhocad ddaru neud i Nel roid i dillad i lawr a codi ar i heistadd a deud wrth Cêt am neud run fath. Roeddan nhw'n gwybod yn iawn ein bod ni'n mynd i gael picnic.

Dew! oedd hi'n bnawn braf, a'r haul yn gneud ogla da ar y gwair a'r awyr mor glir nes oeddwn i'n medru gweld Mam yn rhoid dillad ar y lein ar waelod Cae Ficrej. Dyna pam mae hi mor braf, medda Nel, am ei bod hi'n Ddydd Iau Dyrchafael. Ond mi gododd Cêt a dechra crio. Mi ddeuda i wrth Mam, medda hi, a crio fel wn i ddim beth, a rhedag adra. Ac mi aeth Nel ar ei hôl hi ar ôl yfad i photal bop i'r gwaelod a sglaffio darn mawr o gacan gyraints.

Eisio gwybod oedd Huw wedyn pam oedd Eglwyswrs yn mynd i'r Eglwys Dydd Iau Dyrchafael, a finna'n deud wrtho fo: Wyddost ti ddim, Huw? Na wn i, medda Huw. Wel, am fod Iesu Grist wedi mynd i fyny i'r Nefoedd fel balŵn ar ddydd Iau ar ôl iddo Fo godi o-farw-fyw, siŵr iawn. Mae pobol dda i gyd yn mynd i godi o-farw-fyw, pawb sy'n y Fynwant, waeth pa mor drwm ydi'u cerrig bedda nhw, a mynd i fyny fel balŵns run fath â Iesu Grist. Ond i lawr i uffarn y byddan ni'n mynd, gei di weld, am ddwyn poteli pop Ann Jos.

Be wyt ti'n neud Huw?

Gneud lot o stwmps yn sigaret inni gael smôc. Mae Moi yn medru smocio dail carn rebol a mae o'n deud i fod o wedi gweld Harri Bach Clocsia'n hel tail wedi sychu ar Lôn Bost a smocio hwnnw. Wyt ti'n meddwl y caiff Gryffudd Ifas Braich fynd i'r Nefoedd a fonta wedi hollti'i ben pan gafodd o i ladd ar Bonc Rhiwia?

Mae o'n siŵr o gael mynd, medda finna, achos mi gafodd hogia'r Côr ddwy geiniog yr un am fynd i'r cnebrwng.

Mi fydd golwg ofnadwy arno fo, medda Huw. Tria smôc bach.

Hych, hych, dew rydw i'n sâl. Fasat ti'n leicio gweithio'n Chwaral, Huw?

Baswn, siŵr iawn. Dw i am gael trowsus llaes ar ôl pasio

Standard Ffôr, a ma Mam yn deud y ca i fynd y munud y bydda i'n bedair-ar-ddeg.

Dydw i ddim am fynd, Huw. Mae Mam wedi deud y ca i gynnig sgolarship a mynd i Cownti Sgŵl os gwna i basio, a wedyn mynd i weld y byd a chael lot o bres.

Dyna i ti goblyn oedd Arthur Tan Bryn, yntê, yn diengyd o Cownti Sgŵl i fynd at y sowldiwrs, medda Huw. Mi gafodd o weld y byd, beth bynnag, a mae Moi yn deud bod o wedi lladd lot o Jyrmans, a mae nhw am roid i enw fo ar y Gofgolofn.

Dew, rydw i eisio taflyd i fyny, medda finna. A dyma ni ill dau'n rhedag ar draws y cae a rhoi'n gwyneba yn y dŵr yn Ffrwd Rhiw Wen nes oeddan ni dest a mygu.

Os agori di dy llygada mi fedri di weld y gwaelod, medda Huw. Hych hych. Felna ddaru Wil Pen Pennog foddi, ond boddi'i hun ddaru o am fod cansar arno fo. Mae nhw'n deud bod smocio'n magu cansar a rhoi locjo iti weithia.

Dew annwl, smocia i byth eto.

Sycha dy geg, medda Huw, wedyn mi awn ni i nôl Moi i Rhesi Gwynion inni gael mynd i Parc Defaid i hel cnau daear. Mae hi wedi saethu Caniad. Mi fydd Yncl Now Moi wedi cyrraedd adra ac mi fyddan yn cael swper chwaral. Falla cawn ni frechdan gan Mam Moi i dynnu blas yr hen smocio na.

Pwy ddaeth i'n cwarfod ni ar Lôn Bost, dest cyn inni groesi Pont Stabla, efo trwnc mawr ar i gefn, ond Wil Elis Portar, a'i drwyn o dest iawn ar lawr, a'i ddau ben glin o'n sticio allan o'r tylla yn i drowsus run fath a tasan nhw'n trio rhedag o'i flaen o.

Oes gen ti ofn o, Huw?

Oes, dipyn bach weithia.

Finna hefyd.

Hitia befo, fedar o neud dim byd inni efo'r trwnc ar i gefn. Smâi, Wil Elis?

Hych hych, y diawlad bach diog; wedi bod yn chwara triwant eto. Hych hych.

Gwatsia dy hun Huw, mae o'n mynd i gael ffit.

Hych hych. A dyma'r trwnc yn mynd clincadiclonc oddiar

11

gefn Wil Elis ac ynta'n rowlio'n y llwch ar ganol y lôn, efo'i dafod allan a'i lygaid o run fath â dwy gwsberan fawr.

Na, paid a rhedag, medda Huw, wnaiff o ddim byd iti. Fedar o ddim codi ar i draed.

Mi es inna'n ôl yn slo bach wrth weld Huw yn dal i sefyll yn i ymyl o ac mi roeddwn i'n ddigon agos ato fo i weld ffroth gwyn yn dwad o'i geg o, run fath â ceffyl Eic Wilias pan fydda fo'n mynd i fyny Allt Bryn efo llwyth, a Now Bach Glo yn i stido fo.

Well inni i gluo hi rwan, cyn iddo fo ddwad ato'i hun, medda Huw.

Mi roeddwn i wedi cyrraedd pen pella Rhesi Gwynion cyn i Huw groesi Pont Stabla.

Brawd Ann Jos Siop sy wedi dwad adra o Mericia, medda Huw, mi welis i'r enw ar y trwnc.

Mae brawd Ann Jos Siop wedi dwad adra o Mericia, medda ni wrth Yncl Now Moi, er mwyn cael esgus i fynd i mewn. Ond chododd o mo'i ben o'i datws a chig, dim ond Moi yn rhoid winc arnom ni i aros.

Huw, medda Mam Moi, dos i Siop Ann Jos i nol cneg-warth o snisin a deud mai fi sy'n dy yrru di, a deud bod yn dda gen i glywad bod Gryffudd Jos wedi dwad adra'n saff o Mericia.

Ond dal a'i ben yn i blat ddaru Yncl Now Moi.

Mi fydd hi'n goblyn o ffrae yma mewn munud, gei di weld, medda Huw'n ddistaw bach wrth fynd allan.

Gymeri di frechdan, ynghiw i, medda Mam Moi. A dyma Yncl Now Moi yn dechra chwrnu run fath â ci, a deud rhyw-bath am dalu am i fwyd.

Cau dy geg a bwyta, medda Mam Moi. Dew, brechdan dda oedd hi'n dorri hefyd, a menyn bach yn dew arni hi. Ond ches i mo'r frechdan. Pan oedd y gyllath hannar ffordd trwy'r dorth, dyma Yncl Now Moi yn neidio ar ei draed a sgubo'i blat a'i datws a chig nes oeddan nhw'n sglefrian yn deilchion ar lawr, a'i lygaid o'n fflamio.

Tyrd odd'ma, medda Moi, wedi dwad rownd y bwrdd. Tyrd allan nerth dy begla.

Pan oeddan ni'n ei sleifio hi trwy'r drws, be glywson ni ond sgrech fwya ofnadwy gan Mam Moi. Wnes i ddim sbio'n

12

ôl nes oeddan ni wrth Bont Stabla a Huw'n dwad yn ôl efo'r snisin.

Ydi'n well inni fynd i nôl tad Wil Bach Plisman, Moi? Na, toes dim eisio. Wnaiff o ddim byd iddi hi. Fel yna mae nhw o hyd.

Gwell inni fynd yn ôl i gael gweld, medda Huw.

Dyma ni'n tri yn cerddad yn ôl yn slo bach at y drws, a be welson ni ond Yncl Now Moi yn gafael yn ei gwallt hi efo'i law chwith a dal ei phen hi'n ôl nes oedd ei gwddw hi i gyd yn y golwg, a braich Mam Moi amdano fonta run fath â phetasan nhw'n ddau gariad, a'r gyllath frechdan yn sownd yn ei dwrn hi, ac ynta wedi cael gafael yn y twca oddiar y dresal efo'i law dde, a'i flaen o ar ochor gwddw Mam Moi, run fath â Joni Edwart Bwtsiar yn sticio mochyn pan aethom ni i'r lladd-dy ddoe i ofyn am swigan.

Dyma fo'ch snisin chi, medda Huw yn y drws. A dyma Yncl Now Moi yn gollwng i afael arni hi a sleifio i'r gegin gefn run fath â ci efo'i gynffon rhwng i afl, heb sbio ar neb.

Diolch yn fowr, ynghyw i, medda Mam Moi, a dechra gneud i gwallt efo herpin a cymryd pinsiad o snisin a rhoid i bys-a-bawd yn i thrwyn a tisian dros y lle. Dew, brechdan dda gafodd Huw a finna wedyn, a ninna'n sâl eisio bwyd hefyd.

Gaiff Moi ddwad allan i chwara, medda ni, dim ond i Parc Defaid i hel cnau daear.

Paid ti a bod yn hwyr rwan, yr hen drychfil bach, medda Mam Moi, a chditha eisio codi'n fora i fynd efo Yncl Now i Chwaral.

Wna i ddim, Mam. Dowch hogia, ne mi fydd yn dechra mynd yn dywyll.

Hitia befo, medda Huw, mae na leuad.

Pan oeddan ni'n dwad at ymyl tŷ pen Rhesi Gwynion, lle mae Mam Now Bach Glo'n byw, pwy oedd yn sefyll yn y drws a hancaits bocad fawr yn i llaw hi a hitha'n sychu'i thrwyn, ond Mam Now Bach Glo.

Dowch i weld o, mhlant i, medda hi, a hitha'n beichio crio. Dowch i weld mor ddel mae nghyw bach i'n edrach cyn iddyn nhw roi caead arno fo.

Em, brawd mawr Now Bach Glo, wyddost ti, medda Moi

yn ddistaw bach. Heddiw y deuthon nhw a fo adra o'r seilam o Ddimbach.

Taw, medda Huw, wyddwn i ddim.

A Mam Now Bach Glo yn dal i ddeud : Dowch i mewn i weld ynghyw bach del i. Tyrd yn dy flaen, medda Moi.

Ac i mewn â ni ar i hôl hi. Dyma hitha'n goleuo'r lamp am fod y bleinds i lawr a phob man yn dywyll. A dyna lle'r oedd Em, brawd mawr Now Bach Glo, yn gorfadd ar y soffa yn i arch a syrplan run fath ag un hogia'r Côr wedi'i lapio amdano fo, a dim ond i ddwy law o'n y golwg ar i frest o. Dew, oedd gynno fo fysadd hir. Ond i geg o ddaru neud inni eisio chwerthin, ond bod Mam Now Bach Glo yn crio ac yn gweiddi : Nghyw bach del i.

Top i geg o oedd yn y golwg, a honno wedi crychu i gyd run fath â tasa fo wedi bod eisio diod am yn hir.

Pam na fasa nhw wedi cau'i geg o, tybad? medda Huw.

Falla mai gweiddi roedd o ar ôl cael ei stido gan y bobol Dimbach yna, medda Moi.

Neu falla fod o wedi cael locjo ar ôl smocio, medda finna.

Pan ddeuthom ni at Llidiart Meirch, pwy oedd yn Lôn Isa ond criw o hogia Chwaral yn sefyll o gwmpas dodrafn Catrin Jên, a tad Wil Bach Plisman yn sefyll wrth eu hymyl nhw, a Defi Difas Snowdon View, newydd gael i wneud yn farciwr, yn deud rhywbath wrthyn nhw.

Brysiwch, inni gael clywad be mae o'n ddeud, medda Moi.

Ar ôl inni ddwad yn slo bach at Geg Lôn Isa, a smalio nad oeddan ni ddim yn gwrando, dyma ni'n clywad sŵn cath yn mewian yn y cwt glo.

Nid cath sydd yna, medda Huw, Catrin Jên sydd yna o hyd yn crio.

Mae'n rhaid inni neud rhywbath hogia, medda Defi Difas Snowdon View wrth y lleill, efo'i ddwy law yn i bocad drywsus yn crafu, ac yn pwyri hych-tw ar ôl bob gair. Fedrwn ni mo'i gadal hi yn fan yma trwy'r nos, neu mi fydd barn Duw'n syrthio arnan ni, run fath ag y daru o syrthio ar Eic Wilias Glo pnawn ma, ar ôl iddo fo 'i hel hi allan o'i thŷ. Be? Chlywsoch chi ddim am i geffyl o wedi syrthio'n farw yn y stabal ar ôl bod a llwyth o lo i ben Allt Bryn?

Beth am dŷ'r hen Fargiad Wilias? medda un o'r lleill. Mae hwnnw wedi bod yn wag er pan gafodd hi i chladdu. Dyma Defi Difas yn rhoid hych-tw fawr, ac yn edrach ar Dad Wil Bach Plisman a gofyn: Sgynnoch chi rywbath i ddeud wrthan ni, offisar? A hwnnw'n deud: Dw i ddim yn ych gweld chi na'ch clywad chi. Felly sut mae gen i ddim byd i ddeud? Ar i hôl hi ynte, lats, medda Defi Difas. Hei, chitha'r diawlad bach diog, dowch yma i helpu.

A dyna lle buom ni am yn hir iawn yn cario petha Catrin Jên a mynd ynolagymlaen i hen dŷ gwag Margiad Wilias efo nhw, a Catrin Jên yn mewian crio yn y cwt glo o hyd.

Fyddi di'n leicio cerddad i lawr Stryd ar ôl i'r siopa gau? medda Huw ar ôl inni orffan.

Na, dim llawar.

Na finna chwaith.

Na finna chwaith, medda finna. Gwatsia Huw, mae Wil Elis Portar yn fancw yn eistadd ar ffenast Post. Tyrd ar y pafin i'r ochor arall.

Na, waeth iti befo fo, medda Huw, dydy o ddim yn cofio dim byd am pnawn, wsti. Dydy o ddim yn cofio be mae o'n neud pan fydd o'n cael ffit.

A Moi yn rowlio chwerthin: A fonta ddim ffit i'w chael hi, Ha, ha. Iesu, be ydi'r matar yn fancw wrth Siop Tsips?

Naci, tŷ nesa i Siop Tsips, wrth Blw Bel, medda Huw. Brysiwch lats, ffeit sydd yna.

Dyma'r ddau'n rhedag o mlaen i, a pwy oedd yna pan ddaru ni gyrraedd ond lot o ddynion a hogia mawr wedi dwad allan o Siop Tsips a Blw Bel. A dyna lle'r oedd Now Morus Llan, hwnnw aeth at y llongwrs flwyddyn dwytha, a Bob Robaits Ceunant yn waldio'i gilydd fel wnimbê. Esgob annwyl, dyma fi'n clywad twrw dwrn Bob Ceunant run fath â drym band Salfesion yn hitio Now Llan yn i frest a hwnnw'n sigo fel coedan a gorfadd ar i fol ar lawr. Dew, mi eis i i grynu fel deilan, ac yn sâl eisio taflyd i fyny pan ddaeth Tad Wil Bach Plisman i lawr Stryd a pawb yn i gluo hi.

Dowch, lats, ne chawn ni byth gnau daear, medda Moi.

Dros ben wal ydy'r ffordd ora. Falla bod Dafydd Jos Cipar wrth Giat Lôn Goed.

Dros ben wal Lôn Newydd â ni a trywsus Huw'n bachu mewn llechan a rhigo wrth iddo fo syrthio ar ei dîn i ganol dail poethion.

Damia, medda Huw, oes gen ti bin?

Peidiwch a gneud twrw rhag ofn i Jos Cipar yn dal ni, medda Moi.

Dyma ni'n mynd yn ddistaw bach at y lle cnau daear a treio peidio sathru briga rhag inni neud twrw. Roeddan ni'n medru gweld yn iawn, achos toedd hi ddim yn dywyll, achos bod hi'n ola leuad rhwng y coed. Ond dew, mi fuo dest imi gael ffit unwaith pan ddaeth na dwrw sydyn rhwchrhwch-rhwch wrth ein penna ni, fel indian ddyrnu.

Ffesant, medda Moi yn ddistaw bach.

A finna wedi dechra pi pi yn fy nhrowsus.

Heb ddeud dim byd, dyma Huw, oedd ar y blaen, yn stopio'n sydyn a troi efo'i fys ar i geg a mynd ar i fol ar lawr, a Moi a finna'n gneud yr un fath. Cipar, medda fi wrtha fi f'hun a meddwl ein bod ni am gael ein dal. Ond mi aeth Huw a Moi yn eu blaena'n slo bach ar eu bolia heb neud dim twrw, a finna ar eu hola nhw'r un fath, nes i Huw roid ei law allan o'r tu nôl iddo fo i ddeud wrthan ni am stopio.

Be welson ni o'n blaena ond Gres Elin Siop Sgidia a Ffranc Bee Hive yn gorfadd ar eu hyd wrth fôn coedan, a Ffranc wedi codi'i dillad hi, run fath ag oeddan ni efo Cêt a Nel yn y pnawn, ond bod Ffranc yn gorfadd arni hi a dest a'i mygu hi, 'dw i'n siŵr.

Pam oedd Ffranc yn gorfadd ar ben Gres Elin a dest a'i mygu hi? medda fi wrth Huw ar ôl inni fod yn hel cnau daear a mynd dros ben wal Lôn Newydd i Lôn Bost.

Twn i ddim, achan.

Na finna chwaith.

Chwara oeddan nhw, siŵr iawn, medda Moi, run fath â mae pobol yn gneud ar ôl priodi.

Ond tydi Gres Elin a Ffranc Bee Hive ddim wedi priodi, medda Huw.

Na, does gennyn nhw ddim hawl i chwara felna gydag iawn, medda Moi, ond mae lot o bobol yn gneud run fath.

16

Mi fydd Yncl Now'n gneud efo Mam weithia, ar ôl iddyn nhw fod yn ffraeo. Iesu, faint ydi hi o'r gloch, hogia? Mi ddeudis i wrth Mam y baswn i adra'n fuan.

Hannar awr wedi naw oedd hi ar Cloc Rheinws, medda Huw. Gei di gweir?

Na chaf, dim ond os metha i godi i fynd efo Yncl Now i Chwaral bora fory. Nos dawch lats.

Nos dawch, Moi.

Nos dawch, Moi.

Dew, mae nghlem i'n rhydd, Huw. Mi gaiff Ned Cwt Crydd roid hoelan ynddi hi bora fory. Dyna dwrw mae hi'n neud ar Stryd yn y nos, ynte Huw?

A finna wedi rhigo nhrowsus, medda Huw. Dwn i ddim be ddeudith Mam bora fory.

Ddoi di allan i chwara fory, Huw?

Dof os ca i gen Mam.

Olreit, mae gen i ddeg o farblis lliwia wedi'i hennill oddiar Moi ddoe. Mi ddo i a nhw efo fi.

Olreit. Nos dawch rwan.

Nos dawch.

Dew, ogla da o rywla. Tybad mai o tŷ ni mae o? Ia myn diân i. Helo, Mam.

A hitha wedi gneud tanllwyth o dân, a dyna lle'r oedd hi'n eistadd yn y gadar siglo. Tatws wedi'u ffrio a myshirŵms.

Esgob, rydw i eisio bwyd, Mam.

Tyrd ti, nghyw i, bwyta di lond dy fol. Lle cest ti'r tatws yna oedd yn y twll-dan-grisia?

Gan Robin Gwas Gorlan ces i nhw. Dew, Mam, mae nhw'n dda wedi'u ffrio fel hyn efo myshirŵms.

Wyt ti'n siŵr mai nid eu dwyn nhw ddaru ti, yntwyti nghyw i?

Eu dwyn nhw? Naddo, siŵr iawn. Dwad i lawr o nôl gwarthag Tal Cafn oeddwn i, a pwy oedd yn codi tatws yn Cae Ucha ond Robin. Hwda, medda fo pan ddeudis i Smai, Robin, dos a rhain adra i dy fam, a'u rhoid nhw mewn hen sach oedd ganddo fo ar y clawdd. Ond paid a deud wrth neb a dwed wrth dy fam am beidio deud wrth neb. Mi wna i, medda finna, diolch yn fowr, Robin.

Chwara teg iddo fo, medda Mam, faint ydi'i oed o dwed?

Newydd madael o Rysgol oedd o pan aeth o'n was bach i Gorlan mis Mawrth. Dew, da ydi'r myshirŵms yma. Oes yna rai eto, Mam?

Nagoes, yr hen berfadd, bwyta di frechdan rwan.

Dew, mi a i hel llond cap eto bora fory. Gawsoch chi olchiad calad, Mam?

Wedi blino dipyn bach wyddost ti, nghyw i. Brysia iti gael mynd i dy wely imi gael clirio a rhoid yr hetar smwddio ar y dillad yna. Mae Ficrej eisio nhw ben bora. Mi gei di fynd â nhw i lawr imi os ei di.

Af siŵr iawn.

Lle buost ti ar ôl ysgol trwy'r pnawn? Fuost ti ddim yn gneud dryga efo'r hen Huw na heddiw?

Naddo, beth ydach chi'n feddwl, gneud dryga? Dim ond mynd am dro i Ben Rallt Ddu am ei bod hi'n Ddydd Iau Dyrchafael, a hel cnau daear yn Parc Defaid. Mae brawd Ann Jos Siop wedi dwad adra o Mericia.

Taw da chdi, welist di o?

Naddo, Huw oedd yn deud. A mae nhw wedi hel Catrin Jên Lôn Isa allan o'i thŷ am ei bod hi'n cau talu rhent i Eic Wilias Glo.

Pwy ddeudodd wrthat ti?

Neb, Huw a Moi a fi oedd yn pasio a nhwytha'n gofyn inni helpu efo cario'r dodrafn i hen dŷ Margiad Wilias. Mi syrthiodd ceffyl Eic Wilias yn farw yn y stabal pnawn heddiw. Barn Duw arno fo, medda Defi Difas Snowdon View.

Ia rwy'n siŵr, yr hen gena cas iddo fo. Dos i dy wely rwan, ynghyw i, iti gael codi ben bora.

Olreit Mam, nos dawch.

Ond fedrwn i yn fy myw gysgu, efo'r lleuad run fath ag orains mawr ar ffenast y to yn sgleinio arnaf fi. Dyma fi'n codi a mynd ar ben y gadar i agor y ffenast a stwffio mhen allan. Dew, oedd hi'n ddistaw braf, dim ond twrw bach yn yr awyr, run fath â twrw Afon Sarna, heblaw bod honno'n bell i ffwrdd, a'r lleuad yn mynd nerth ei phegla draw at Ben Foel Garnadd.

Naci'r ffŵl gwirion, medda fi wrthyf fi fhun, y cymyla

sy'n symud nid y lleuad. Doedd yna ddim gola ffenast yn unlla. Dim ond smic bach o ola yn Rhesi Gwynion. Tŷ Moi ydi hwnna, rydw i'n siŵr. Gobeithio na chafodd rhen Moi ddim cweir, beth bynnag.

Ia, siŵr iawn, y cymyla oedd yn symud. Mae'r hen leuad yna'n sgleinio ar ffenast y to o hyd.

Be sy'n bod ynghyw i?

Fedra i ddim cysgu'n yr hen lofft yma, Mam. Eisio dwad i gysgu yn siambar efo chi.

Olreit ta, nghyw i. Dos i gadw lle cynnas imi.

Ac mi es i gysgu fel top ar ôl i Mam ddwad i'r gwely, a finna'n gafael yn dynn amdani.

A dyna ichi'r cwbwl ddaru ddigwydd. Fuon ni yn unlla ond cerddad o gwmpas a doeddwn i ddim yn gwybod tan bora ma, ar ôl imi fynd i Cwt Ned Crydd i gael hoelan yn fy nghlem, fod Yncl Now Moi wedi crogi'i hun yn y tŷ bach, a bod nhw wedi mynd a Jini Bach Pen Cae a Catrin Jên Lôn Isa i'r Seilam. Mae na leuad llawn heno. Pam na newch chi adael i Huw ddwad allan i chwara, O Frenhines y Llyn Du?

2.

OLREIT, mi a i am dro i fyny Lôn Bost cyn bellad â Pont Stabla i edrach wela i Moi. A be welais i wrth Blw Bel ond papur wedi cael ei bastio ar y wal i ddeud bod penny reading yn Glanabar nos Iau. Run fath â'r papur hwnnw oedd yno erstalwm pan ddaeth Canon a Preis Sgŵl i lawr Lôn Bost a Preis Sgŵl yn deud wrth Canon: Dyma i chi hogyn bach clyfar, amdanaf fi, a Canon yn rhoid chwech imi am fethu darllan.

Felly wir, medda Canon, fedar o ddarllan Seusnag?

Medar 'neno'r Tad, medda Sgŵl, a finna ddim yn dallt beth oedd o eisio brolio.

O'r gora, gad imi dy glywad ti'n darllan hwnna, medda Canon, a rhoid blaen ei ffon ar y papur oedd wedi'i bastio ar y wal. Finna'n darllan yn iawn nes dwad at Society. So-ci-eti, medda fi, a Canon yn rowlio chwerthin.

Naci, medda Preis Sgŵl yn reit gas, So-sai-eti.

Ond dal i rowlio chwerthin ddaru Canon. Reit dda wir, machgan i, medda fo a mynd i bocad ei drywsus a rhoid pishin chwech yn fy llaw i.

Fasa neb byth yn meddwl bod Canon yn ddyn mor glên wrth edrach ar ei wynab o, achos roedd o wedi cael y frech wen erstalwm a honno wedi gadael craith ar ochor ei geg o nes i fod o'n edrach fel petasa fo'n clywad ogla drwg lle bynnag oedd o'n mynd. Ond pan oedd o'n rowlio chwerthin run fath a ddaru o am fy mhen i'r adag honno, toedd na ddim hanas o'r graith.

Yn y pulpud yn Reglwys roedd hi'n dangos ora, yn enwedig pan fydda fo'n deud y drefn neu'n gweiddi Cyrchu at y nod am gamp uchelalwedigaeth Duwynghristiesu. Roedd o'n gneud imi feddwl bob amsar pan oedd o'n gweiddi fel yna am stori Dydd Penticost ddwedodd Bob Car Llefrith wrtha ni yn Rysgol Sul, ac am y tafoda tân yn

disgyn o rywla ar ben y Disgyblion a'u troi nhw'n Apostol-
ion. Wrth edrach ar Canon yn gweiddi'n y pulpud mi
fyddwn i'n meddwl bod tafod o dân felly wedi disgyn trwy
do Reglwys a sticio ar ochor ei geg o. Mam ddwedodd wrtha
i mai craith y frech wen oedd hi.

Dew, roedd gen Mam feddwl y byd ohono fo hefyd. Mi
fyddai'n werth ichi ei gweld hi'n smwddio'i wenwisg a'i
stôl o ar y bwrdd yn tŷ ni. Roedd hi'n gadael ei syrplan o
yn ddwytha un a gneud rhai'r dynion a'r hogia i gyd yn
gynta. Wedyn roedd hi'n clirio'r bwrdd a rhoid ei syrplan o
arno fo'n slo bach a rhedag i bysadd dros bob plyg oedd
ynddi hi. Ac roedd hi'n fwy na'r un o'r lleill hefyd, wrth bod
Canon dros ei chwe troedfadd. Fo oedd y Person mwya
welais i erioed.

Paid a gofyn hen gwestiynna gwirion, medda Mam pan
ofynnais i lle oedd o wedi cael y frech wen.

Ond pam mae yna graith wrth ei geg o? medda finna
wedyn.

Dos o 'ngolwg i'r hen gena, medda Mam, a finna'n methu
dallt pam oedd hi mor gas.

Dim ond gofyn oeddwn i, medda fi, a gwatsiad yr hetar
smwddio'n mynd ynolagymlaen yn ei llaw hi dros y wen-
wisg, a'i llaw chwith hi'n gafael yn y gongol rhag ofn i'r
hetar fynd yn gam dros y plyg.

Meddwl am Gryffudd Ifas Braich oeddwn i, Mam. Ydach
chi'n cofio golchi ei wenwisg o dydd Mawrth cyn iddo fo
gael ei ladd yn Chwaral ac ynta ddim yn cael ei gwisgo hi
dydd Sul wedyn? Meddwl oeddwn i, tybad fydd yna graith
ar ben Gryffudd Ifas yn y Nefoedd. A meddwl wedyn tybad
fydd yna graith ar geg Canon pan fydd o wedi mynd i'r
Nefoedd.

A dyma Mam yn stopio smwddio'n sydyn a dechra crio.

Be sy, Mam? Peidiwch a crio, medda fi, ond doeddwn i
ddim yn poeni llawar, achos mi fydda Mam yn crio'n
ddistaw bach am rywbath o hyd ac roeddwn i wedi arfar
efo hi. Ond dyma hi'n sbio arna i'n rhyfadd nes oedd gen i
gwilydd bod fi wedi deud dim byd wrthi hi.

Na fydd, ynghyw i, medda Mam, a'r dagrau'n powlio i
lawr ei boch hi a hitha'n chwerthin yr un pryd. Fydd yna

ddim un graith ar ben Gryffudd Ifas Braich yn y Nefoedd, a fydd yna ddim un ar wynab 'Canon chwaith ar ôl iddo fo fynd yno. A dyma hi'n stopio crio a mynd ymlaen efo'i smwddio tan ganu.

Rydw i'n cofio'r geiria oedd hi'n ganu hefyd: Gwêl uwch-law cy-my-lau amser, O fy e-naid gwêl y ti-r, O fy e-naid gwe-el y tir.

Dew, llais da oedd gen Mam.

Mae yna olau yn stydi Ficrej hefyd. Ia, rydw i'n siŵr mai ffenast y stydi ydi honna lle mae'r golau bach rhwng y ddwy goedan yna. Ond Azariah Jenkins sy'n eistadd yn y gadar o flaen y tân yna rwan, ydw i'n siŵr. Fo a'i wraig falla. Fo ddaeth yma ar ôl Huws Person, ddaeth yma ar ôl Canon. Un clên oedd yr hen Huws hefyd ond roedd y diciáu arno fo, a toedd o ddim pats i Canon. Roddodd o rioed bishin chwech i mi am fethu darllan, beth bynnag.

Dew, mi fyddwn i'n leicio mynd i Ficrej ar ôl ysgol i helpu Mam efo dillad golchi erstalwm. Nel, chwaer Wil Bach Plisman, a Gwen Allt Bryn oedd y ddwy forwyn yno'r adag honno. Er bod Mam yn hynach na nhw o lawar, roeddan nhw'n ffrindia mawr efo hi ac yn dwad i tŷ ni i edrach amdani hi o hyd ar ôl iddyn nhw briodi. Plisman ddaru Nel chwaer Wil Bach Plisman briodi. Jos Plisman Newydd oedd ei gŵr hi a fydda gen i byth ofn Jos Plisman Newydd am fod Mam gymaint o ffrindia efo Nel ei wraig o. Gwraig Ffranc Bee Hive oedd Gwen Allt Bryn ar ôl iddi adael Ficrej.

Eistadd i lawr yn fan yna 'nghariad i, medda Nel pan es i i Ficrej y tro cynta o Rysgol i nôl Mam. Mi dorra i frechdan iti mewn dau funud. Dew, cegin fawr oedd cegin Ficrej. Roedd hi gymaint ddwywaith â'n cegin a'n siambar ni efo'i gilydd. Ag am ogla da! Dew, mi fyddwn i'n leicio'r ogla, a finnau'n sâl eisio bwyd. Ac wedyn eistadd yn y gadar yn sglaffio 'mrechdan. A pwy ddaeth trwy ddrws y pasej efo hambwr mawr yn ei llaw ond Gwen Allt Bryn, wedi bod a te i Canon a'r bobol ddiarth oedd yno.

Wedi dwad i helpu dy Fam? medda Gwen. Chwara teg iddo fo, yntê Nel? Mi gei di fynd i'r Nefoedd wsti ngwas i am helpu dy Fam.

Dew, gwynab tlws oedd gen Gwen. Roedd ganddi hi wynab tlysach na Nel, ond Nel oedd y glenia o'r ddwy. Hi fyddai'n rhoi brechdan imi gynta, bob tro oeddwn i'n mynd yno o Rysgol i helpu Mam efo'r dillad.

Preis Sgŵl sydd yna i de? medda Nel.

Ia, medda Gwen wrth roi'r tre ar y bwrdd. Wyt ti wedi cael dy stido gan Preis eto? medda Gwen.

Naddo siŵr iawn, medda finna'n deud celwydd.

Dew, mae'n rhaid dy fod ti'n angal bach ynta, medda Gwen.

Finna'n gwatsiad Nel yn llenwi bag papur mawr efo lot o grystia a brechdana sbâr ac esgyrn-ar-ôl-cinio Ficrej, efo lot o gig arnyn nhw, nes oedd y bag papur yn llawn dop. A dyma Mam yn dwad i mewn a'i gwallt hi dipyn yn flêr a llond ei breichia hi o olchi oddiar y lein yn Cae Ficrej, yn barod i fynd a nhw adra i smwddio ar ôl iddyn nhw gael eu plygu a'u lapio yn un o'r dillad gwlâu. Wedyn dyma'r tair ohonyn nhw'n eistadd i lawr i gael panad o de a siarad am lot o bobol a finna'n eistadd ar y gadar o hyd ac yn cyfri'r teils coch mawr sgwâr oedd ar lawr y gegin a meddwl: Dew, dyma le da i chwara London efo Huw a Moi, heblaw basan ni'n baeddu'r llawr.

Caria di'r bag papur, medda Mam, mi fedra i gario rhain, am y golchiad, a cofia di afael o dano fo rhag ofn iddo fo rigo.

Dyna oedd gen i eisio iddi hi ddeud, siŵr iawn, er mwyn imi gael rhoid fy llaw i mewn yn y bag papur ar y ffordd adra pan oedd Mam ddim yn sbio. Ond fyddwn i ddim yn twtsiad mewn dim byd tan ar ôl inni fynd i lawr y lôn at giat Ficrej ac allan i Lôn Bost yma, rhag ofn i Canon fy ngweld i trwy ffenast y stydi. Dew, rydw i'n siŵr y basa fo wedi bod yn gas efo mi hefyd tasa fo wedi ngweld i, ond welodd o monof fi'n gneud ddim unwaith. Dew, blas da oedd ar y frechdan o'r bag papur ar y ffordd adra. Amball dro mi fyddwn i'n cael hyd i damaid o gig heb ddim asgwrn. Fydda Mam byth yn siarad ar y ffordd adra, roedd hi wedi blino gormod, neu mi fasa raid imi ei hatab hi, ac wedyn mi fasa'n gwybod wrth imi siarad fod gen i lond ceg. Roedd blas bara sych Ficrej yn well na brechdan Nain a honno'n dew o fenyn.

Ofn mynd trwy'r hen goed yna ar ôl mynd trwy giat Ficrej fyddwn i wrth fynd i nôl Mam ar ôl Rysgol yn y gaea a hithau'n dechra twyllu. Roeddan nhw run fath â coed Fynwant radag honno. Ond fyddwn i'n iawn ar ôl pasio'r tro yn y lôn a gweld gola yn stydi Canon. Fydda gen i ddim ofn wedyn.

Roedd hi'n wahanol yn yr ha. Dew, ydw i'n cofio unwaith, toedd yna ddim ysgol un pnawn a finna wedi mynd i Ficrej a chael mynd i'r ffrynt i chwara efo hogyn bach oedd wedi dwad yno i aros. Yncl oedd o'n weiddi ar Canon, a Seusnag oedd o'n siarad. Dew, hogyn bach neis oedd o, a gwallt du a hwnnw'n sgleinio gynno fo, a ciw pi neis yno fo. A llygaid mawr du gynno fo, a'i wynab o'n wyn, wyn fel calch, a trywsus bach melfet yn dangos hannar ei glunia, a sana gwyn a slipars am ei draed o, nid esgidia hoelion mawr run fath â fi.

Dyna pam oedd gen i ofn sathru'r gwair yn y ffrynt o flaen y ffenast wrth chwara bat-a-pêl efo fo, am fod gen i esgidia hoelion mawr a'r gwair fel tasa Mam wedi bod yn ei smwddio fo, nid run fath a gwair cae Now Gorlan. Dew, meddwn i wrthyf fi'n hun wrth chwara efo fo, mi leiciwn i pe bae gen i fanyrs run fath â fo. Ond mae'n rhaid fy mod i wedi bod yn hogyn da, achos mi ges i fynd i mewn efo fo trwy'r drws gwydyr yn y ffrynt ac eistadd wrth y bwrdd efo fo i gael te ar ôl tynnu nghap. Wedyn mi aeth y ddau ohonom ni i Ardd Ficrej i ddwyn cwsberis.

Ceri, hogan Canon, ddaru'n dal ni'n dwyn cwsberis. Cerddad yn sydyn o ganol y bloda yn y tŷ gwydyr ddaru hi, heb i ni ei gweld hi, nes oedd hi yn ein hymyl ni. A finna'n cochi at fy nghlustia a methu deud dim byd, rhag ofn cael drwg, nes dwedodd yr hogyn bach rywbath yn Seusnag a gneud iddi hi chwerthin dros y lle. O, gyni hi roedd y gwynab neisia welis i erioed. Fedra i mo'i anghofio fo tra bydda i byw.

Faint ydi oed Ceri, hogan Canon, Mam? meddwn i ar ôl inni fynd adra.

O, rhyw ddeunaw, medda Mam.

A finna'n mynd i'r siambar a gorfadd ar y gwely a crio am ei bod hi mor hen.

Pan welais i hi'r adag honno, toedd ganddi hi ddim het am ei phen, a gwallt gola, gola ganddi hi, a'r haul yn sgleinio arno fo, a blodyn o'r tŷ gwydyr wedi cael ei sticio ar ochor ei phen hi, a dwy blethan hir o wallt, efo ruban pinc ynddyn nhw yn mynd i lawr ei chefn hi. Ffrog binc oedd ganddi hi a bob math o liwia ynddi hi, run fath ag oedd yn ffenast tŷ gwydyr efo'r bloda i gyd. A phan ddaru hi wyro i lawr i siarad efo ni a'i brest hi yn y golwg i gyd, roedd yna ogla sent dros bob man, a finna'n crynu fel deilan. Mi ddeudais i wrthyf fi'n hun na wnawn i byth ddwyn cwsberis wedyn, na mynd i ddwyn fala efo Huw a Moi, na rhegi na gneud dryga. Dim byd ond meddwl am Ceri.

Roedd Mam yn methu dallt pam oeddwn i'n cerddad mor siarp efo'r bag papur ar y ffordd adra noson honno. A wnes i ddim twtsiad yn y cig na'r crystia chwaith. Dim ond eisio brysio adra imi gael mynd i'r gwely i freuddwydio am Ceri oeddwn i. Ond crio wnes i yn y siambar nes imi fynd i gysgu ar ôl i Mam ddeud bod Ceri'n ddeunaw oed a rhy hen i mi fod yn gariad iddi hi.

Ond mi smalia i nad ydi hi ddim mor hen, meddwn i wrthyf fi'n hun cyn mynd i gysgu. Ac mae'n rhaid ei bod hitha'n fy leicio inna, achos ddeudodd hi ddim wrth Canon bod fi a'r hogyn bach wedi bod yn dwyn cwsberis.

Dew, twn i ddim beth fasa Canon wedi ddeud chwaith. Un gwyllt oedd o weithia. Mi gwelais i o wedi gwylltio unwaith, ond twn i ddim am beth, a wnes i ddim dweud wrth neb, achos oeddwn i gymaint o ffrindia hefo fo ar ôl iddo fo roi'r pishin chwech hwnnw imi am fethu darllan. Nid wedi gwylltio run fath â Preis Sgŵl yn Rysgol oedd o. Dew, mi ddychrynais i hefyd. Noson ola leuad run fath â heno oedd hi a finna wedi mynd i Ficrej yn hwyr i nôl Mam. Dyna sut y gwelais i o ar ôl mynd trwy'r giat ac i fyny'r lôn, roeddan nhw heb roi'r bleind i lawr ar ffenast y stydi, a dyna lle'r oedd o.

Mi es i fyny'n ddistaw bach tu ôl i goedan i sbio i mewn trwy'r ffenast a chrynu fel deilan rhag ofn cael fy nal. Roedd o'n cerddad yn olagymlaen, olagymlaen heb stop o un pen i'r stydi i'r llall a dobio'i ben efo'i ddyrna. A tasach chi'n gweld ei wynab o! Roedd ei lygaid o fel tasa nhw'n goleuo mellt a'i wallt gwyn o dros y lle i gyd, nid wedi ei gribo fel bydda fo bob amsar. A'r graith yna wrth ei geg o fel tasa rhywun newydd roi procar poeth arni hi.

Ar ben ei hun oedd o, ond roedd ei wefusau fo'n mynd yr un fath â tasa fo'n cael coblyn o ffrae efo rywun. Mi fu'n agos imi gael ffit pan ddaeth o at y ffenast a sbio allan unwaith, ofn bod o wedi ngweld i. Ond toedd ei lygaid o ddim fel petasa fo'n sbio ar neb, dim ond run fath â tasa nhw'n goleuo mellt a hithau'n noson ola leuad braf, heblaw bod y coed yn ei gneud hi'n dywyll. Ei wefusa fo oedd yn dal i symud pan ddaeth o at y ffenast. Ond toeddwn i ddim yn clywad dim byd, dim ond yn ei weld o, run fath â tasa fo'n deud : Am gamp uchelalwedigaeth Duwynghristiesu. Ond falla mai rhywbath arall oedd o'n ddeud. Y munud ddaru o droi ei gefn at y ffenast dyma fi'n ei gluo hi o'r tu ôl i'r goedan i ddrws y cefn.

Beth sy'n bod arnat ti, nghariad i? medda Nel ar ôl iddi agor y drws imi a rhoi brechdan imi wrth y tân. Rwyt ti'n wyn fel calchan. Wyt ti wedi gweld bwgan neu rywbath?

Naddo, siŵr iawn, medda finna ac yn sglaffio'r frechdan. Hen ferchaid run fath â chi sy'n gweld bwganod.

Ond pan oeddwn i'n eistadd ar y gadar yn cyfri'r teils a meddwl am Huw a Moi a finna'n baeddu'r llawr wrth chwara London arnyn nhw, roedd y tair ohonyn nhw'n eistadd wrth y bwrdd yn siarad yn ddistaw bach am rywbath.

Wnes i ddim sôn dim byd am y peth wrth Mam ar y ffordd adra, a lwc nad es i ddim i'r bag papur, achos doedd Mam ddim fel tasa hi wedi blino, fel roedd hi'n arfar. Ac roedd hi'n siarad efo mi run fath â phe baswn i'n ddyn, yn dallt pob dim.

Wyddost ti be mae'r hen gnafon yn y Pentra yma'n ddeud rwan? medda hi pan ddaethom ni at giat Lôn Newydd.

Na wn i, Mam, medda finna.

Deud mai ar Dduw mae'r bai am y Rhyfal. A lot ohonyn nhw'n bobol Reglwys hefyd. Mi fuo yna le ofnadwy yn

Ficrej pnawn. Mi aeth rhai ohonyn nhw i weld Canon i
ddeud wrtho fo nad oeddan nhw ddim am fynd ar gyfyl
Reglwys eto nes bod y Rhyfal wedi stopio.

Tewch, Mam.

Do yn wir, ac roedd Nel yn deud mai'r hen ddyn Blw Bel
yna sy tu ôl iddyn nhw.

Pwy, Tad Joni Casgan Gwrw?

Ia, yr hen drychfil iddo fo. Fo a Joni Wilias Barbar. Ond
toeddan nhw ddim efo'r rhai aeth i'r Ficrej. Gadael i bobol
eraill neud y siarad mae'r ddau hen gena, a nhwytha'n
cuddiad tu ôl i gasgan gwrw yn y Blw Bel, reit siŵr iti.

Tewch, Mam.

Ia, a mi fydd y ddau yn y Cymun dydd Sul mor bowld â'r
hen Gres Elin yna. Ond fe cawson nhw hi gan Canon yn
Ficrej. Deu, mi ddwedodd y drefn wrthyn nhw, medda
Gwen. Roedd Gwen wedi bod yn gwrando arno fo'n ei rhoid
hi iddyn nhw pan aeth hi a'r te i mewn iddyn nhw. Deu, mi
fasa'n werth iti glywad be ddwedodd Canon wrthyn nhw.

Be ddwedodd o, Mam?

O, dim byd. Hitia befo be ddwedodd o. Dyro'r agoriad yn
y clo. Deu, mae'r hen olchi yma'n drwm heno. Rydw i dest
a sigo.

A ddwedodd hi ddim byd wedyn ar ôl inni fynd i'r tŷ, dim
ond deud wrtha fi am frysio i gael swpar, imi gael mynd i'r
gwely er mwyn iddi hi gael smwddio. A finna'n mynd ac yn
meddwl o hyd am Canon yn deud y drefn wrth y bobol yna,
ac amdano fo'n deud y drefn wrtho fo'i hun pan oeddwn i'n
sbio drwy ffenast y stydi, ac yn gaddo hannar lladd Joni
Casgan Gwrw yn Rysgol diwrnod wedyn am fod ei dad o'n
deud wrth y bobol yn Blw Bel mai ar Dduw roedd y bai am
y Rhyfal.

Falla mai dyna wnaeth i Preis Sgŵl stopio mynd i Blw
Bel am byth bob amser chwara ar ôl y diwrnod hwnnw pan
ddaeth Canon i Rysgol i ddeud bod Bob Bach Sgŵl wedi
cael ei ladd yn y Rhyfal. Dew, anghofia i byth mo'r diwrnod
hwnnw. Ar ôl amsar chwara oedd hi a Preis Sgŵl wedi bod
yn Blw Bel a'i wynab o'n goch ond tempar reit dda arno fo
hefyd, a ddaru o ddim stido neb.

Wrthi'n deud wrtha ni am y Jyrmans yn torri brestia

merchaid efo cledda a hollti babis bach rhwng eu coesa oedd o pan ddaeth Canon heibio ffenast y Fynwant ac i mewn trwy'r drws. A dyma fo'n mynd i eistadd wrth y ddesg yn ddistaw bach heb i Preis ei glywad o'n dwad i mewn a rhoid ei het gantal fflat ar y ddesg ac eistadd yn y gadar a sychu chwys oddiar ei dalcan efo hancaits bocad fawr wen. Wyddai Preis ddim i fod o yno er nad oeddan ni ddim yn gwrando, a phawb yn sbio ar Canon nes i Preis droi rownd wrth i glywad o'n pesychu.

Wedyn dyma fo'n stopio siarad am y Jyrmans efo ni a cherddad yn slo bach at y gadar lle roedd Canon yn eistadd. Roedd Canon ddwywaith cyn dalad â Preis Sgŵl pan ddaru o godi o'r gadar, a'r ddau'n siarad efo'i gilydd yn ddistaw bach am yn hir iawn, a Canon yn gafael yn ei law o efo'i law dde a rhoid ei law chwith ar ei ysgwydd o. A ninna'n methu dallt beth oedd yn bod nes i Canon eistadd i lawr a sychu chwys oddiar ei dalcan unwaith eto, a Preis yn cerddad yn ôl yn slo bach atom ni a deud bod Bob Bach Sgŵl wedi cael ei ladd gan y Jyrmans.

Ond dyna beth ddaru godi ofn arnom ni, i weld o'n syrthio ar ei bennaglinia ar lawr a rhoid ei ddwylo wrth ei gilydd fel tasa fo'n mynd i ddeud ei badar. A'i lygaid o wedi cau a dagra'n powlio i lawr ei foch o. Dew, anghofia i byth be ddwedodd o chwaith. Mi es i adra'n syth o Rysgol, a wnes i ddim symud o'r tŷ tan nes oeddwn i wedi dysgu'r geiria i gyd, a Bob Car Llefrith yn rhoid chwech imi yn Rysgol Sul wedyn am eu hadrodd nhw drwodd heb ddim un mistêc.

Duw sydd noddfa a nerth i mi, medda Preis a'i lygaid wedi cau a'r dagra'n powlio, cymorth hawdd ci gael mewn cyfyngder. Am hynny nid ofnwn pe symudai'r ddaear, a phe treiglid y mynyddoedd i ganol y môr; er rhuo a therfysgu o'r dyfroedd, er crynu o'r mynyddoedd gan Ei ymchwydd Ef. Y mae afon a'i ffrydiau a lawenhânt ddinas Dduw, cysegr preswylfeydd y Goruchaf. Duw sydd yn ei chanol; nid ysgog hi; Duw a'i cynorthwya yn fore iawn. Y cenhedloedd a derfysgasant, y teyrnasoedd a ysgogasant; Efe a roddes Ei lef, toddodd y ddaear. Y mae Arglwydd y lluoedd gyda ni; y mae Duw Jacob yn ymddiffynfa i ni.

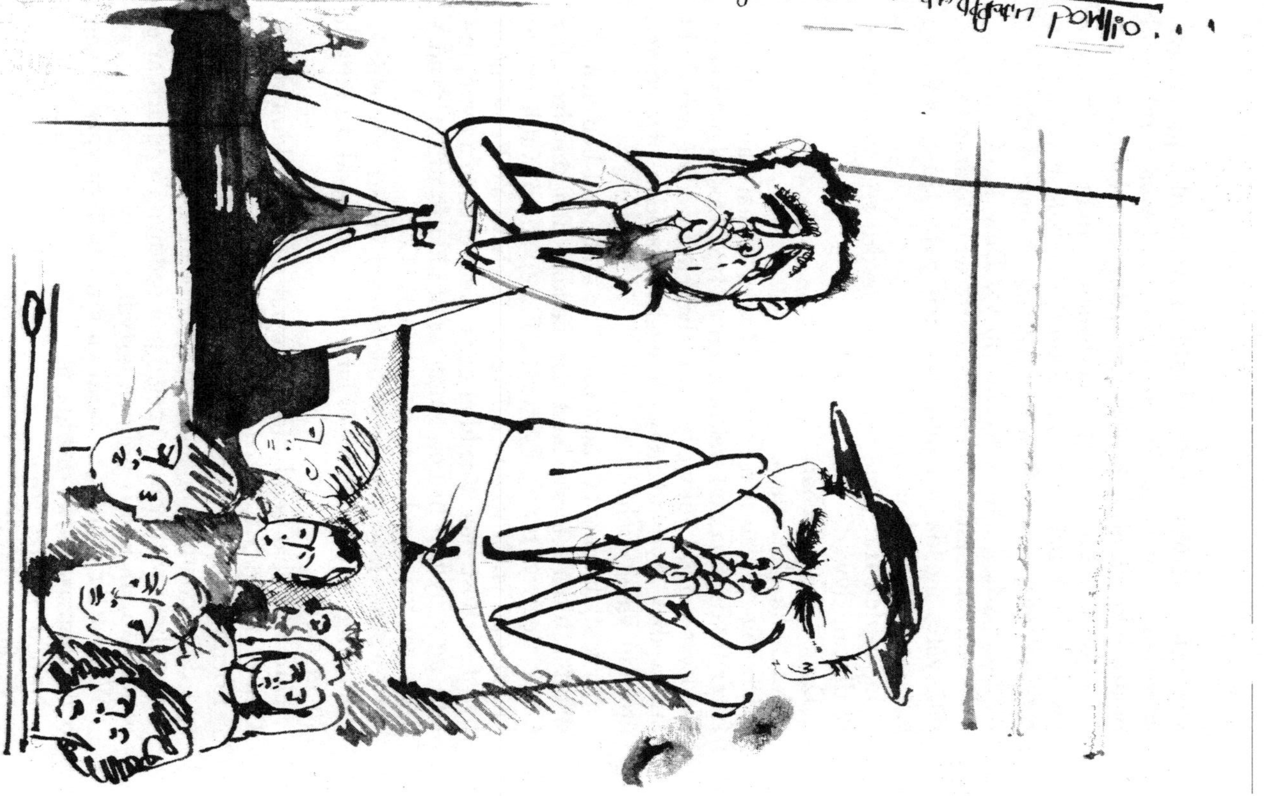

Deuwch, gwelwch weithredoedd yr Arglwydd, pa anghyf-anedd-dra a wnaeth Efe ar y ddaear. Gwna i ryfeloedd beidio hyd eithaf y ddaear; Efe a ddryllia'r bwa, ac a dyr y waywffon, Efe a lysg y cerbydau a thân. Peidiwch, a gwybyddwch mai myfi sydd Dduw, dyrchefir fi ym mysg y cenhedloedd, dyrchefir fi ar y ddaear. Y mae Arglwydd y lluoedd gyda ni; amddiffynfa i ni yw Duw Jacob.

Roeddwn i dest a mynd yn sâl wrth wrando arno fo. Dew, biti yntê, medda fi'n ddistaw bach wrth Huw, oedd yn eistadd wrth f'ochor i.

Ia, medda Huw, ond sut mae o'n medru crio a'i llgada fo wedi cau dywad?

Dwn i ddim, achan.

Na finna chwaith.

Chydig oeddan ni'n feddwl, Huw a fi, mai'r adag honno fasa'r tro dwytha inni weld Canon yn fyw. Doedd o ddim yn Reglwys y dydd Sul wedyn, na'r dydd Sul wedyn, na'r dydd Sul wedyn. A dydd Mawrth wedyn roeddan ni'n edrach arno fo yn ei arch.

Yn y stydi yn y fan acw roedd yr arch, ond bod hi'n ola dydd a hitha'n bwrw haul pan oeddan ni'n cerddad efo'r Côr o Reglwys trwy'r Fynwant i Ficrej, ac un waith rownd yr arch ac yn ôl wedyn o Ficrej i Reglwys a'r Fynwant ar hyd Lôn Bost yma. Roedd ei geg o wedi ei chau'n dynn, run fath ag y byddai hi bob amsar ar ôl iddo fo orffan deud y drefn yn y pulpud, neu yn y practis Côr.

Dew, mi faswn i wedi leicio cael dwad efo chi i'r cnebrwng, medda Moi ar ôl inni ddeud sut oedd o'n edrach yn ei arch.

Ond i'r Capal oedd Moi yn mynd a chai o ddim dwad. Dim ond hogia'r Côr oedd yn cael mynd.

Roedd Mam yn iawn hefyd pan ddwedodd hi na fyddai yna ddim craith ar ei geg o yn y Nefoedd. Doedd yna ddim hanas ohoni wrth ymyl ei geg o pan oeddwn i'n edrach ar ei wynab o wrth basio'r arch yn y stydi.

Welaist ti'r graith yna oedd yn arfar bod yn ymyl ei geg o bob amsar, Huw? medda fi.

Naddo, medda Huw.

Na finna chwaith.

Wedi marw efo fo roedd hi, siŵr iawn, medda Huw.

Ond sôn am Mam. Dew, mi ddylis i i bod hi'n mynd o'i cho diwrnod hwnnw pan ddaru Now Bach Glo weiddi yn y drws wrth basio bod Canon wedi marw yn Ficrej. A rhywsut, fuo hi byth yr un fath wedyn. Aeth hi byth wedyn i Ficrej i olchi i Huws Person, ddaeth yno ar ei ôl o.

Ond peth rhyfadd oedd, na chafodd Canon ddim gwybod dim byd am John Elwyn Brawd Ceri yn marw, a chafodd John Elwyn ddim gwybod dim byd am Canon yn marw. Dydd Gwenar ddaru Canon farw a dydd Gwenar ddaru teligram ddwad i Ficrej i ddeud bod John Elwyn wedi cael ei ladd gan y Jyrmans, run fath â Bob Bach Sgŵl, ac roedd y ddau'r un oed ac yn gymaint o ffrindia efo'i gilydd ag oedd Canon a Preis Sgŵl.

Ond roedd pawb yn y cnebrwng yn gwybod, siŵr iawn, bod Canon a John Elwyn wedi marw dest iawn ar unwaith, ac wedyn roeddan ni fel petasa ni'n claddu'r ddau efo'i gilydd, heblaw nad oedd John Elwyn ddim yno. A phan ddaru nhw roi carrag fedd, roedd enw John Elwyn arni hi o dan enw Canon, run fath yn union â tasa fo'n gorfadd yno efo'i dad.

Dew, roedd gen i biti dros Ceri yn y cnebrwng, a rhyw ddyn diarth yn gafael yn ei braich hi a hitha'n beichio crio. Ond fedrwn i ddim gweld ei gwynab hi, achos oedd ganddi hi fêl fawr ddu'n ei guddiad o, ac roedd hi'n rhoid ei hancaits bocad o dan honno i sychu'i thrwyn.

Mae nhw wedi rhoid y bleinds i lawr, neu rydw i'n siŵr y baswn i'n medru gweld Azariah Jenkins yn y stydi o'r fan yma. Tybad ydi o'n cerddad yn ôl-ag-ymlaen ac yn deud y drefn wrtho fo'i hun run fath ag oedd Canon erstalwm?

Da i ddim i draffarth i fynd dros Bont Stabla er bod hi'n ola leuad. Does yna ddim hanas o Moi a does yna ddim gola yn y tŷ. Dew, falla mai ysbryd Yncl Now Moi fa   a dwad i nghwarfod i petaswn i'n mynd ffordd acw. Well imi chwibanu wrth basio Pont Stabla, a chadw at Lôn Bost ydi'r gora.

I FEDDWL bod yna amsar pan oeddwn i ddim yn gwybod i ble'r oedd Lôn Bost yma'n mynd ar ôl pasio Pen Llyn Du. Em Brawd Mawr Now Bach Glo oedd y cynta ydw i'n gofio yn cerddad cyn bellad â Pen Llyn Du, ond aeth o ddim ymlaen yn bellach achos fe gawson hyd iddo fo'n y fan honno ar ei linia ar ochor y lôn wedi tynnu ei sgidia â'i draed o'n swigod i gyd ac ynta'n crio a gweiddi am ei Fam. Roedd Huw a finna'n methu dallt beth oedd y matar arno fo bob amsar, a dim ond smalio gwybod oedd Moi hefyd, siŵr iawn, neu mi fydda wedi deud wrtha ni.

Sgwrio carrag y drws y byddai Em bob bora pan fydden ni'n pasio Mount Pleasant i Rysgol, ac wedyn mi fydda'n mynd i mewn i'r tŷ efo bwcad a rhoid clep ar y drws.

Pam mae o'n siarad run fath â dynas dwed? meddwn i wrth Huw wrth basio.

Wn i ddim, medda Huw.

Na finna chwith.

Falla mai dynas ydi o, medda Moi.

Taw'r ffŵl, medda Huw. Hi fydda fo wedyn.

Mae nhw'n deud fod o'n gwisgo amdano run fath â dynas pan fydd o yn y tŷ ar ben ei hun, medda Moi, a rhoid pinna cyrls yn ei wallt a peintio'i winadd yn goch a phetha felly.

Nagdi, pwy ddwedodd wrthat ti? medda ninna ill dau yn yr un gwynt.

Yncl Now glywais i'n deud wrth Mam y noson y cafodd Em ei hel adra o Chwaral am grio a cau gneud ei waith. Ond Iesu, fasach chi byth yn meddwl mai dynas ydi o tasa chi'n ei glywad o'n rhegi'i Fam.

Taw, medda ninna, fydd o'n rhegi'i Fam?

Bydd. Mi fyddwn ni'n ei glywad o ar Ben Rhes weithia am un o'r gloch bora. A thwrw cwffio mawr yno weithia, pan fydd Now Bach Glo'n dwad adra o Blw Bel wedi meddwi. Mi clywais i o fy hun un noson yr wsnos dwytha, a Now Bach Glo'n rhedag allan ar ei ôl o ac yn gweiddi: Gad lonydd iddi hi'r diawl, neu mi sticia i'r gyllath yma ynot ti, dros y Rhes i gyd.

Y noson honno'r aeth o ar goll, yntê Moi? medda Huw. Pwy, Em? Ia, nos Fawrth dwytha oedd hi.

Noson ola leuad run fath â heno oedd hi, a pawb wedi mynd i'w gwlâu ond Tad Wil Bach Plisman. Clywad hwnnw'n cnocio yn drws Tŷ Nesa i ofyn i Elis brawd Defi Difas ddwad i helpu i chwilio am Em wnaeth i mi godi a mynd i'r drws i edrach be oedd yn bod. Pan welais i Dad Wil Bach Plisman yn sefyll yn drws Tŷ Nesa dyma fi'n ôl i'r siambar a dechra gwisgo amdanaf a rhoid fy sgidia am fy nhraed.

Be sy'n bod? Lle'r wyt ti'n mynd? Dydy hi ddim yn amsar codi eto, medda Mam yn hannar cysgu.

Dim ond i'r lôn i edrach be sy, meddwn inna'n.ddistaw bach.

Rhen Em yna sy wrthi eto? medda Mam. Paid ti a mynd yn bell efo nhw cofia. A dyma hi'n troi ar ei hochor a mynd yn ôl i gysgu'n sownd. A dyma finna allan yn ddistaw bach a chau'r drws ar fy ôl ar ôl cymryd y goriad i fynd i mewn ar ôl dwad yn ôl.

Dyna lle'r oedd Tad Wil Bach Plisman yn y drws yn siarad yn ddistaw efo Elis Ifas. Gwell mynd a rhaff efo ni, medda Elis Ifas, falla bydd ei heisio hi.

Ia, dowch a rhaff, medda Tad Wil Bach Plisman. Mi awn i draw i Mount Pleasant gynta rhag ofn ei fod o wedi dwad yn i ôl. Mae'r lleill i gyd yn aros ar y Groeslon.

Ga i neud rhywbath, Elis Ifas? meddwn i, ag un llygad ar Dad Wil Bach Plisman.

Gwely ydi dy le di radag yma o'r nos, medda hwnnw.

Ond mynd ar eu hola nhw wnes i, a phan ddaethom ni at Mount Pleasant dyma Tad Wil Bach Plisman yn agor y giat ffrynt a chnocio'n drws. Doedd yna ddim atab nes i Dad Wil Bach Plisman roid cnoc arall.

Pwy gythraul sydd yna rwan? medda llais Now Bach Glo. Cerwch i uffarn â chi pwy bynnag ydach chi.

Tyrd ti i lawr mewn dau funud, Now, meddai Elis Ifas, neu yn y Rheinws y byddi di. Mae Plisman eisio dy weld ti.

Cerwch i'r diawl, medda llais Now Bach Glo wedyn.

Ddaeth Em yn ei ôl? medda Tad Wil Bach Plisman trwy dwll y clo.

Naddo, a ddaw'r cythraul ddim chwaith, medda llais Now.

Rydan ni'n mynd i chwilio amdano fo efo rhaff, medda Elis Ifas.

Os gwelwch chi o, crogwch o i uffarn. Cerwch i'ch gwlau i gysgu a gadwch i bobol eraill gysgu, bendith Dduw ichi, medda llais Now. Gadwch iddo fo foddi, neu grogi'i hun, neu beth bynnag uffarn leicith o.

Mewn diod mae o, medda Elis Ifas.

Ie, gadwch iddo fo, medda Tad Wil Bach Plisman. Mi awn ni.

A chlywsom ni ddim un wich gan Mam Now Bach Glo. Mae'n rhaid ei bod hi'n cysgu'n sownd.

Pwy oedd yn sefyll ar Ben Rhes a'i ddwy law yn ei bocad ond Moi. Sut cest ti ddwad allan, Moi? meddwn i.

Cael esgus am fod Yncl Now'n mynd efo'r dynion i chwilio amdano fo, medda Moi.

Wyt ti'n meddwl y medar Huw ddiengyd allan?

Dwn i ddim, fachan.

Na finna chwaith.

Ond pwy oedd ar y Groeslon efo'r lleill ond Huw. Roedd yna tua dwsin o ddynion wedi dwad yno a hitha'n ola leuad braf a'r metlin yn sgleinio ar Lôn Newydd, a pawb yn siarad a rhai'n smocio ac aros nes bod Tad Wil Bach Plisman yn rhoid ordors iddyn nhw. Roedd Huws Ciwrat yno, a Defi Difas Snowdon View, a Harri Bach Clocsia, a Wil Elis Portar ac Yncl Now Moi a Brawd Ann Jos Siop a Dafydd Jos Cipar a Ffranc Bee Hive, heblaw Elis Ifas a Tad Wil Bach Plisman ac un neu ddau arall nad oeddan ni ddim yn nabod.

Rwan ta, lats, medda Tad Wil Bach Plisman, mi rannwn ni'n ddau griw. Mi aiff Elis Ifas efo un criw i fyny Weun, dros Ben Foel i Ben Garnadd, a dwad i lawr Allt Goch i Pen Llyn Du. Mi af inna efo'r criw arall dros Braich ac i fyny

Lôn Bost ac ar hyd Glan Rafon, ac mi gawn ni i gyd gwarfod wrth Pen Llyn Du. Os caiff criw Elis Ifas afael ynddo fo, mi gaiff Elis Ifas ddwad a fo i'r Rheinws, ac os caiff ein criw ni hyd iddo fo, mi wna inna'r un fath, a phawb i ddwad yn ôl i'r Groeslon yma erbyn pump, cael hyd iddo fo neu beidio.

I Parc Defaid i dreio crogi'i hun yr aeth o tro dwytha, medda Ffranc Bee Hive.

Ia, rydan ni i gyd yn gwybod hynny, medda Tad Wil Bach Plisman, ond nid i'r fan honno aeth o heno. Mi gwelodd Mistar Huws o'n cychwyn ffordd arall, a fedra fo ddim ond ei gneud hi am y Weun neu Braich y ffordd honno. Rwan, pawb at ei griw a ffwrdd â ni, neu mi fydd yn ola dydd. Cerwch chitha eich tri adra. Gwely ydi'ch lle chi, ichi gael codi i fynd i Rysgol, medda fo wrthan ninna.

Ia, dos di'n ôl i dy wely'n hogyn da, Moi, medda Yncl Now Moi.

Dyma ninna'n sefyll yn y Groeslon am dipyn bach i adael i'r ddau griw fynd yn eu blaena am Weun a Braich.

Well i ni fynd ar eu hôla nhw? meddwn i. Mi faswn i'n leicio'u gweld nhw'n dal Em Brawd Now Bach Glo.

Ia, mi awn ni, medda Moi.

Dim ond dipyn bach o'r ffordd ynta, medda Huw, ne mi ga i gweir gen Mam ar ôl mynd adra.

Ar ôl pa griw awn ni? meddwn inna.

Dydw i ddim eisio mynd i fyny'r Weun i Ben Foel, medda Huw.

Olreita, medda Moi, mi awn ni i fyny Lôn Bost heibio Ficrej a Pont Stabla.

Dew, beth petasa ni'n ei weld o'n dwad i'n cwarfod ni ar Lôn Bost? medda Huw.

Taw y ffŵl, meddwn i, welwn ni mono fo.

Os gwelwn ni o, mi chwibanwn ni am y lleill a rhedag adra, medda Moi.

Dew, fûm i rioed allan mor hwyr â heno, medda Huw. Lle rydach chi'n meddwl aeth o, lats?

Wn i ddim, fachan, meddwn i.

Na finna chwaith.

Mae yna ddigon o lefydd iddo fo fynd os ydi o eisio lladd ei hun, medda Moi. Petasa hi'n ganol gaea, fasa ddim ond

eisio iddo fo fynd allan run fath â Moi Ffridd a cerddad i
fyny heibio Weun a mynd ar ochor y Foel a gorfadd yn yr
eira tan y bore.

Fedar o ddim gneud hynny ar noson braf fel heno,
medda Huw.

Neu os basa fo'n leicio, mi alla ddringo i Ben Ceunant a
taflyd ei hun ar ei ben i ganol Llyn Dyn Lleuad, medda
Moi. Does yna ddim gwaelod i hwnnw.

A finna'n deud dim byd ond meddwl, a gadael i'r ddau
arall siarad. Bob tro bydd rhywun yn sôn am Llyn Dyn
Lleuad mi fydda i'n meddwl am Mam yn canu yn y gegin
wrth smwddio, a finna yn y gwely yn y siambar yn gwrando,
a'r dagra'n powlio i lawr fy moch i wrth ei chlywad hi.

> Ar ben hen glo-gwynunig:
> tair rai-tai dy-wyll nos:
> eiste-ddai glanfor-wynig:
> ti-rai-tai-tai-rai-tai dlos:
> Hi dremiai dro-sydibyn: i'r llync-lyn-oedd gerllaw:
> ond gwyn-nebrhy-wunwelodd:
> llewy-godd gan y braw.
> Dadeb-roddoi-llewy
> gond-gwy-lltoedd ei gwedd:
> a'illy-gaidanbeidient
> felffla-chiady-cledd:
> ti rait tiraitai golly-ngwchfi'n rhydd:
> tynghe-dwyd fifarw cyntor-ia dydydd.

Dew, mi fydda gen i biti dros yr hogan honno, ac ofn i
Mam stopio canu cyn iddi gael ei hachub gan ci chariad neu
pwy bynnag oedd o. Ac weithia mi fyddwn i'n mynd i gysgu
ar ganol y gân a deffro'n chwys doman pan oeddwn i'n
dechra disgyn o Ben Ceunant i ganol Llyn Dyn Lleuad wrth
dreio achub yr hogan.

Huw oedd yn deud wrth Moi: Pam mae pobol yn crogi'u
hunain dwed?

Am eu bod nhw o'u coua, siŵr iawn, meddwn inna.

Esgob, mae'n rhaid ei fod o'n brifo pan mae'r rhaff yn
gwasgu am dy wddw di, medda Huw.

Na, dydi o ddim yn brifo llawar, medda Moi.

Hy, sut gwyddost ti?

Mae'n ddigon hawdd crogi dy hun os wyt ti eisio. Dim ond hongian cortyn a chwlwm dolan arno fo ar frig coedan neu rywbath felly a sefyll ar ben carrag neu rywbath, a rhoid y cwlwm dolan am dy wddw a neidio oddiar y garrag. Mi driais i, dest am sbort, yn y tŷ bach yng ngwaelod yr ardd unwaith, dest i gael gweld. Rhoid cortyn a chwlwm dolan arno fo tu ôl i'r drws a rhoid y cwlwm dolan am fy ngwddw. Wnes i ddim neidio oddiar ddim byd, dim ond cwrcwyd a gadael iddo fo wasgu am dipyn bach. Mae'n ddigon hawdd.

Esgob, mi fasa d'Yncl Now wedi dy waldio di tasa fo wedi dy ddal di, medda Huw.

Basa, medda Moi.

Wedyn dyma ni'n cerddad i fyny Lôn Bost am dipyn bach heb neb yn deud dim byd, dim ond Huw yn y canol yn chwibanu Ar Hyd y Nos yn ddistaw bach. Edrach ar y lleuad oeddwn i nes inni ddwad at y tro yng ngwaelod Allt Braich.

Arglwydd, gwatsiwch hogia, medda Moi yn sydyn, a sefyll yn stond a Huw a finna'n gneud yr un fath, wedi dychryn. Dowch i ochor y wal i guddiad, medda fo wedyn a mynd ar ei gwrcwd i ochor y wal, a ninna'n mynd ar ei ôl o run fath.

Be sy, Moi? meddwn i'n ddistaw bach.

Dowch tu ôl i'r bonc yma, brysiwch y ffyliaid gwirion, a gorweddwch ar eich hyd a gwrandwch.

Dyna lle'r oeddan ni ill tri'n gorfadd tu ôl i bonc rownd y tro yng ngwaelod Allt Braich pan glywsom ni rywbath yn neidio dros ben y wal i Lôn Bost ar ganol Allt Braich a thwrw rhywun yn cerddad yn siarp ar ganol y lôn, efo sgidiau hoelion mawr a'i glem o neu ei bedol o'n rhydd ar un droed. Roedd o'n dwad yn nes ac yn nes, a finna'n crynu fel deilan a'r tri ohonom ni'n aros iddo fo ddwad rownd y tro.

Be welsom ni'n dwad rownd y tro ond Em Brawd Now Bach Glo. Roedd o ar ganol Lôn Bost, yn cerddad yn siarp efo cama mân, fel tasa fo'n gwisgo sgert yn dynn am ei bennaglinia, a'i ên o'n sticio allan a'i lygaid o'n rhythu i fyny

Lôn Bost. Roedd o wedi stwffio'i ddwylo i fyny llewys ei gôt run fath â tasa fo'n hen ferch yn gwisgo myff. Roedd gwên ryfadd ar ei wynab o, ac roedd o'n tynnu ei dafod allan, a golwg run fath â ci wedi bod yn lladd defaid arno fo. Mi fu dest i mi a pesychu wrth dreio dal fy ngwynt pan oedd o'n pasio.

Gwell inni chwibanu dair gwaith a rhedag adra, medda Huw ar ôl i Em fynd o'r golwg i fyny Lôn Bost a ninna'n eistadd ar y bonc.

Na, gwell peidio, medda Moi. Mi fydd criw Tad Wil Bach Plisman yn cyrraedd Lôn Bost dros ben Braich i fyny fan acw yn y munud. Mae'n nhw siŵr o'i ddal o.

Dim peryg yn y byd a fonta'n cerddad mor siarp.

Mi fydd o'n blino, siŵr iawn.

Fi ddwedodd : Gwell inni fynd yn ôl rwan, a Huw a Moi yn deud Olreita. Dyma ni'n ei chychwyn hi heb ddeud dim byd arall, yn ôl i fyny Allt Braich ac i lawr Lôn Bost at Bont Stabla.

Mae Yncl Now efo criw Tad Wil Bach Plisman, medda Moi. Mi ddwedith Yncl Now'r hanas i gyd wrtha fi a Mam ar ôl dwad adra. Mi ddweda inna'r hanas i gyd wrthach chitha ar y ffordd i Rysgol bora fory.

Bora heddiw, meddwn i.

O ia, siŵr iawn, bora heddiw, medda Moi, a chwerthin wrth droi i fynd dros Bont Stabla. Nos dawch, lats.

Bora da, medda Huw a finna.

O ia, siŵr iawn, bora da.

Falla mai criw Elis Ifas fydd yn ei ddal o, meddwn i wrth Huw pen oeddan ni'n cyrraedd Rheinws. Fi gaiff yr hanas wedyn, o Tŷ Nesa, i ddeud wrthach chi ar y ffordd i Rysgol, os dalia i Elis Ifas Tŷ Nesa cyn iddo fo fynd i Chwaral.

Ond criw Tad Wil Bach Plisman ddaru ddal Em i fyny Lôn Bost wrth Pen Llyn Du. Gan Moi y cawsom ni'r hanas amdano fo ar ei linia ar ochor y lôn, wedi tynnu'i sgidia a'i draed o'n swigod i gyd ac ynta'n crio a gweiddi am ei Fam. Gneud stretsiar ddaru nhw efo dau bolyn a thopcot Huws Ciwrat, a'i gario fo'r holl ffordd i lawr Lôn Bost a mynd a fo i'r Rheinws.

Ac roedd Jini Bach Pen Cae ar goll y noson honno hefyd,

Roedd gwên ryfedd ar ei wyneb o, ac roedd o'n tynnu ei dafad allan, a golwg run fath â ci wedi bod yn lladd defaid arno fo.

heblaw nad oedd neb yn gwybod. Ac roedd Yncl Now Moi yn deud mai Em Brawd Now Bach Glo oedd wedi mynd a hi efo fo i Goed Allt Braich. Yn y Coed y cawson nhw hyd iddi bora drannoeth, beth bynnag, yn cysgu'n braf wrth fôn coedan. Welsom ni byth mo Em wedyn tan y diwrnod hwnnw pan aeth Mam Now Bach Glo a ni i mewn i'r tŷ i'w weld o'n gorfadd ar y soffa yn i arch a'i geg o'n llydan agorad.

Roedd yr hen Em wrth ei fodd yn mynd a genod bach efo fo am dro a codi'u dillad nhw, medda Moi.

Yr hen Em druan. Yn y fan yma'n union roedd o pan welsom ni o'n dwad rownd y tro, tu ôl i'r bonc yna ar ochor y lôn. Ac mae'n rhaid mai tua'r adag yma o'r nos oedd hi hefyd, a hitha'n ola leuad braf run fath â heno. Rarglwydd mawr, gwatsia ditha rhag ofn bod yna ryw gythreuliaid bach tu ôl i'r bonc yna rownd y tro yn dy watsiad ditha a meddwl dy fod ti wedi mynd o dy go. Sbia'n iawn i neud yn siŵr pan fyddi di'n pasio. Rydw in siŵr petasa Em Brawd Now Bach Glo wedi sbio'n iawn y noson honno y basa fo wedi'n gweld ni. Ond rhythu o'i flaen i fyny Lôn Bost yr oedd yr hen Em ar hyd yr adag. Dew, anghofia i byth mo'i lygaid o. Roeddan nhw run fath â tasa nhw'n sbio ac yn gwrando'r un pryd.

Beth oedd o'n weld, tybad? Tasa fo wedi troi'i ben i edrach i'r ochor chwith, fasa fo wedi gweld dim byd ond y clawdd yna efo bloda eithin ar ochor Braich. Falla basa fo wedi gweld llygodan fawr yn rhedag ar hyd pen y wal hefyd, run fath â honno welsom ni unwaith. Fedra fo weld dim byd ar yr ochor dde yma chwaith, dim ond llechi toman Chwaral yn sgleinio yng ngola'r lleuad trwy friga'r coed. Mae yna amball wiwar yn y coed yma hefyd. Mi alla fod wedi gweld un o'r rheiny. Mi fydda'n rhaid iddo fo fynd i sbio dros ben y wal i weld y samons yn neidio yn Rafon. Ond ddaru o ddim sbio dros ben y wal. Sbio o'i flaen oedd o ar hyd yr adag.

Mae raid i fod o'n gweld yn bell o fan yma hefyd. Mae Lôn Bost yn syth am yn hir yn fan yma ar ôl dwad rownd y tro. Mae hi'n syth dest iawn at Ben Llyn Du. Fel hyn oedd o'n sbio, a'i lygaid o wedi cau dipyn bach. Fedra i weld dim byd ond Lôn Bost yn wyn a Rafon yn sgleinio'n y fan acw wrth ei hochor hi. Does yna ddim byd wedyn ond mynydd ar bob ochor a lot fawr o gysgodion ym mhen draw Lôn Bost, a'r rheiny'n mynd yn bellach o hyd wrth iti fynd yn dy flaen. Dew, fedrwn ni ddim sbio fel hyn am yn hir efo llygaid bach. Mae o'n brifo gormod. Mae'n rhaid bod llygaid yr hen Em yn brifo noson honno, os nad oedd o'n gweld mwy nag ydw i'n weld. Beth oedd o'n weld, tybad?

Ond falla mai gwrando'r oedd o efo'i lygaid. Falla mai clywad y Llais oedd o. Pa Lais, y ffŵl gwirion? Does yna ddim Llais. Mi roedd yna' erstalwm, beth bynnag. Wyt ti ddim yn cofio Mam yn deud hanas Wil Colar Starts yn ei glywad O ar Bont Stabla un noson? Ac efo'i ddau lygad ddaru hwnnw'i glywad O, beth bynnag.

Eistadd yn y gadar wrth y tân oeddwn i, yn treio dysgu adnod, a Mam yn smwddio colar starts ar y bwrdd. Rydw i'n cofio beth oedd yr adnod hefyd:

Wele, yr wyf yn dywedyd i chwi ddirgelwch. Ni hunwn ni oll; eithr ni a newidir oll mewn moment, ar darawiad llygad, wrth yr udgorn diwethaf. Canys yr udgorn a gân, a'r meirw a gyfodir ·yn anllygredig, a ninnau a newidir. Oherwydd rhaid i'r llygradwy hwn wisgo anllygredigaeth, ac i'r marwol hwn wisgo anfarwoldeb.

Roeddwn i wedi'i deud hi wrthyf fi fy hun ugeinia o weithia, ac edrach ar yr hetar smwddio'n mynd a dwad yn llaw Mam ar un golar starts ar ôl y llall wrth dreio deud yr adnod heb sbio. A rhag imi anghofio geiria anodd fel udgyrn dyma fi'n dechra meddwl am Band Salfesion a geiria fel gwisgo anllygredigaeth a Mam yn smwddio yn gneud imi feddwl am Wil Colar Starts yn canu trombôn efo Band Salfesion ar gongol Stryd wrth Rheinws bob nos Sadwrn.

Dest am sbort, imi gael gneud i Mam chwerthin, dyma fi'n gofyn: Wil Colar Starts bia'r golar yna, Mam?

Naci, siŵr iawn, coleri Canon ydyn nhw. Rwyt ti'n gwybod yn iawn, medda hitha, a ddaru hi ddim chwerthin.

Dim ond smalio, meddwn inna.

Dos di yn dy flaen i ddysgu'r adnod yna. Rhag dy gwilydd di'n gneud sbort am ben dyn da fel Wil Colar Starts. Pe basat ti yn dy Feibil hannar cymaint ag mae Wil Colar

Starts bob diwrnod o'i fywyd, mi fasat yn well hogyn o lawar, yn lle mynd i neud dryga bob nos efo'r hen Huw yna.

Dyma hi'n mynd yn ei blaen efo'r smwddio heb ddeud dim byd arall am dipyn bach, nes oeddwn i ar ganol deud : Wele, yr wyf yn dywedyd i chwi ddirgelwch . . .

Doedd o ddim yn ddyn da bob amsar fel mae o heddiw chwaith, wyddost ti, medda Mam.

Pwy? meddwn i.

Wil Colar Starts. Hen gena drwg oedd o erstalwm, yn yr hen Blw Bel yna'n meddwi bob nos, a rhegi a chwffio ar Stryd a mynd i gysgu yn ochor clawdd tan y bora yn lle mynd adra i Rhesi Gwynion. A'i Fam o'n cadw gola lamp ac aros ar ei thraed trwy'r nos yn disgwyl amdano fo. Hen sglyfath o ddyn oedd o pan oedd o'n hogyn ifanc.

Sut daru o fynd yn ddyn da, ynte?

Clywad y Llais ddaru o. Symud dy draed rhag ofn imi dy losgi di, medda Mam wrth roid haearn smwddio newydd o'r tân yn yr hetar efo'r efail bedoli.

Pa Lais?

Hidia befo pa Lais, medda hitha wrth fynd yn ôl at ei smwddio.

Dwyt ti ddim yn cofio'r adag honno, nghyw i. Doeddat ti ddim wedi cael dy eni. Adag y Diwygiad oedd hi ac roedd yna lot fawr o bobol yn clywad y Llais bob nos. Yng Nghapal Salem yr oedd y rhan fwya'n ei glywad O. Ond roedd yna rai yn ei glywad O ar ochor y Foel, a rhai ar Ben Braich, a'r lleill ar lan Rafon, a rhai ddim ond wrth gerddad ar hyd Lôn Bost a rhai ddim ond wrth orfadd yn eu gwlâu.

Tewch, ia wir?

Ia wir. Deu, roedd yna le yma radag honno. Ond Wil Colar Starts oedd yr unig un ddaru weld a chlywad y Llais yr un pryd.

Gweld y Llais? Sut oedd o'n medru gweld Llais?

Wedi bod yn Blw Bel yn yfad trwy gyda'r nos oedd o un noson, ac yn mynd adra o un ochor i'r llall ar hyd Lôn Bost heibio Rheinws, yn chwil ulw. A phan ddaru o droi o Lôn Bost i fynd adra dros Bont Stabla i Rhesi Gwynion, mi aeth i deimlo'n sâl ofnatsan, a rhoid ei ben dros ochor y Bont i daflyd i fyny. A phan oedd o wedi gorffan taflyd i fyny ac yn dal i sbio i lawr i Rafon, be welodd o ond olwyn fawr o dân, a honno'n troi fel fflamia, yn dwad i lawr Rafon ac i fyny ochor y Bont. A phan ddaeth hi dros ben wal y Bont a stopio wrth ochor Wil Colar Starts—doedd gan yr hen drychfil ddim colar na thei am ei wddw radag honno—dyma'r olwyn dân yn dechra siarad efo fo.

Wil, yr hen bechadur, medda'r Llais o'r olwyn dân wrtho fo. Wyt ti ddim wedi cael dy achub eto? Wyt ti'n gwybod lle'r wyt ti'n mynd? Wyt ti'n gwybod dy fod ti'n mynd i uffarn ar dy ben, i ganol tân a brwmstan ac i ddamnedigaeth am dragwyddoldeb a thragwyddoldeb? A Mam yn codi'r hetar smwddio oddiar y bwrdd a'i droi o rownd yn ei llaw i ddangos imi sut yr oedd yr olwyn dân yn siarad.

Wil druan, medda hi. Roedd o'n pwyso ar wal y Bont yn crynu fel deilan ac yn sbio'n wirion ar be oedd o'n weld. Dyma fo'n dechra gweiddi Be wna i? O, Mam bach, be wna i? A'r olwyn dân yn ei ateb o wedyn o deud wrtho fo: Tro'n ôl, bechadur, tro'n ôl. A dyma'r olwyn yn dechra troi fel fflamia wedyn a mynd yn ôl dros ben wal y Bont ac i lawr i Rafon a diffodd.

Mi aeth yr hen Wil adra i Rhesi Gwynion mor sobor â sant, ac ym mhle ddyliet ti gwelson nhw fo wedyn? Dwn i ddim. Ym mhle, Mam?

Ar ei linia yn Sêt Pechaduriaid Capal Salem yn gweiddi nerth esgyrn ei ben run fath â dyn gwallgo: Mae Iachawdwriaeth fel y môr yn chwyddo fyth i'r lan. Daeth o byth ar gyfyl yr hen Blw Bel yna wedyn, beth bynnag, ac yn lle cysgu'n hwyr a cholli caniad yn Chwaral a mynd o gwmpas heb newid ar ôl Swpar Chwaral, roedd ganddo fo golar lân bob nos a thei du i fynd i'r Seiat a'r Cwarfod Gweddi yng Nghapal Salem.

Wedi i bobol Salfesion ddwad yma yr aeth o i berthyn i Salfesion. Mi fyddai'n arfar deud hanas yr Olwyn Dân ar Bont Stabla bob nos Sadwrn yn ei bregath wrth Rheinws am yn hir iawn. Fydd o byth yn ei deud hi rwan, ers pan mae o wedi dechra chwara'r hen drombôn yna yn Band Salfesion.

Un dda am watwar oedd Mam. Fel hyn y bydda fo'n gorffan ei bregath bob amsar, medda hi, a chodi'r hetar i fyny yn ei llaw a chodi ei llais i watwar Wil Colar Starts wrth Rheinws.

Sôl o Tarsus ydw i, medda fo, medda Mam. Sôl o Tarsus ydw i, wedi gweld golau'r Iachawdwriaeth Dragwyddol yn sgleinio arna i. Ond nid pan oedd hi'n goleuo mellt ar y ffordd i Damascus y daru'r Iachawdwriaeth Dragwyddol sgleinio arna fi. Naci 'mhobol annwyl i, oddiar olwyn dân ar Bont Stabla ar y ffordd i Rhesi Gwynion, a finna wedi bod yn eistedd yn eisteddfa'r gwatwarwyr yn y Blw Bel. Cymerwch rybudd gan Sôl o Tarsus cyn iddi fynd rhy hwyr.

Ond Wil Colar Starts ddaru pawb ei alw fo, medda Mam.

Dew, roedd Mam yn dda y noson honno, a finna'n rowlio chwerthin yn y gadar a chael sbort wrth ei chlywad hi'n gwatwar Wil Colar Starts.

Ddaru chi glywad y Llais yn rhywla, Mam? meddwn i.

Wn i ddim, medda hithau. Naddo am wn i, nghyw i. Hogan ifanc oeddwn i radag honno, wsti. Ond rydw i wedi clywad lot fawr o betha rhyfadd ers yr adag honno. Do, yn enw'r Tad. Wyt ti wedi gorffan dysgu dy adnod?

Dest iawn, meddwn inna. Ond roeddwn i wedi anghofio'r adnod i gyd pan es i i'r gwely yn y siambar, a fedrwn i yn fy myw gysgu nes daeth Mam i'r gwely. Trwy'r nos wedyn roeddwn i'n gweld yr Olwyn Dân yn troi fel fflamia ac yn clywad twrw tanio clecars run fath â tasa hi'n Noson Gai Ffocs.

Mae un peth yn siŵr. Wna i ddim colli'r ffordd ar Lôn Bost heno, run fath â gwnes i'r diwrnod aethom ni i hel llus. Doedd Moi ddim hefo ni'r diwrnod hwnnw. Yn ei wely oedd o, wedi cael annwyd. Dyna sut cafodd o annwyd. Now Bach Glo aeth a fo efo fo i ddal samons a gneud iddo fo aros allan trwy'r nos heb ei dop cot, i watsiad am Jos Cipar.

Dim ond dau ddaliodd o, medda Moi wsnos wedyn. Beth oedd dau samon yn dda, a finna'n gorfod mynd i ngwely am wsnos a dim yn cael dwad allan i chwara na dwad i hel llus efo'r hogia i Ben Foel.

Roeddan ni wedi deud y noson cynt y bydda ni'n cwarfod ar Groeslon am bump o'r gloch bora, pawb efo'i bisar a'i dun bwyd. Roedd pawb yno cyn pump ond Huw, a finna'n teimlo'n annifyr, achos merchaid oedd y lleill i gyd ond fi. Roedd Meri Eirin a'i dwy hogan yno efo piseri mawr, nid pisar bach run fath ag oedd gen i, a Nel Fair View a Cêt Rhesi Gwynion. Pisar bach oedd ganddyn hwytha hefyd, achos dim ond hel llus i fynd adra roeddan nhw'n mynd i neud, run fath â finna. Dyna pam oedd gan Meri Eirin a'r ddwy hogan biseri mawr, am eu bod nhw'n mynd i werthu'r llus ar ôl dwad adra a chael lot o bres amdanyn nhw.

Tyrd yn dy flaen, was, meddwn i wrth Huw pan ddoth o, rydan ni wedi bod yn gweitiad wrthat ti ers meityn.

Dim ond pump o'r gloch ydi hi, medda Huw, a rhwbio'i lygaid. Pisar bach oedd gan Huw hefyd.

Dowch rwan ta neu mi fydd yr haul wedi codi, medda Meri Eirin.

A dyma ni i gyd yn ei chychwyn hi 'am Weun, run ffordd ag yr aeth criw Elis Ifas Tŷ Nesa i chwilio am Em Brawd Now Bach Glo. Roeddan ni wedi gofyn i Meri Eirin a'r lleill gawsen ni fynd efo nhw am nad oeddan ni ddim yn gwybod y ffordd i'r lle'r oedd y llus ar Ben Foel. Doedd Meri Eirin ddim yn fodlon i ddechra.

Rydach chi'n rhy fychan, medda hi.

Rydan ni gymaint â'ch dwy hogan chi, medda Huw.

Olreit ta, medda Meri Eirin. Ond cofiwch mi fydd raid ichi'ch dau gerddad yn siarp a peidio mynd i grwydro.

Mi wnawn ni, meddwn i.

Wnawn i ddim, medda Huw.

Dew, roedd hi'n oer ar ôl inni basio Weun, a ninna'n mynd yn siarp tu ôl i'n gilydd trwy giat y Foel. Doedd yna neb wedi codi yn Weun, ond mi ddaru un ddeffro pan ddaru ni neud twrw gwichian wrth fynd trwy giat Foel. Carlo, ci Elis Weun, oedd yno'n cyfarth fel fflamia, ond mae'n rhaid ei fod o'n sownd, achos ddoth o ddim ar ein hola ni.

Pan ddaru hi ddechra goleuo a ninna wedi bod yn cerddad am sbel go dda, roeddwn i'n meddwl ein bod ni wedi cyrraedd Pen y Foel.

Taw, y ffŵl gwirion, medda un o genod Meri Eirin oedd o'n blaena ni, mae na lot o ffordd eto. Dyna pam oedd Huw a finna'n meddwl ein bod ni wedi cyrraedd y top, am fod yna niwl gwyn o'n cwmpas ni, a mwya'n y byd oeddan ni'n gerddad, pella'n y byd oedd y niwl yna'n mynd, a mwya'n y byd o ochor y Foel oedd yn dwad i'r golwg. Roeddan ni o hyd yn meddwl bod ni'n cyrraedd Pen y Foel, ond dim ond i ben poncan oeddan ni'n dwad a phoncan arall o'n blaena ni o hyd.

Dew, ydw i dest a cholli ngwynt, medda Huw tu ôl i mi, ac roeddwn inna'n dechra slofi, a Meri Eirin a'r lleill yn mynd yn bellach o'n blaena ni o hyd.

Dowch yn eich blaena'r hen falwod, medda llais un o genod Meri Eirin pan oeddan nhw i gyd dest a mynd o'r golwg dros boncan arall. Mi fydd Mam yn eich hel chi adra os na cherddwch chi'n siarpach.

Tyrd yn dy flaen, Huw, meddwn i wrth Huw. Rhaid inni beidio slofi eto.

A ninna ill dau'n chwythu run fath a dwy fegin. Ond pan ddoth y boncan nesa i'r golwg roedd Meri Eirin a'r lleill wedi eistadd i lawr ar ei thop hi i weitiad amdanom ni.

Mae'n rhaid eu bod nhwytha wedi blino hefyd, medda Huw tu ôl imi.

Braf oedd cael sbel ar ôl inni gyrraedd pen y boncan ac

eistadd i lawr i sbio i lawr yn bell odanom ni a'r Pentra dest iawn a mynd o'r golwg. Roedd yna fwg yn dwad o bob corn simnai a wagan yn dechra symud ar ben toman Chwaral yr ochor arall.

Faint ydi o'r gloch? meddwn i.

Hannar awr wedi saith, medda Nel Fair View.

Faint o waith cerddad sy gynnon ni eto? medda Huw wrth Meri Eirin.

Dim ond gwaith hannar awr.

Oes yna lot o boncia eto?

Nagoes. Dacw fo Pen y Foel.

A phan ddaru ni sbio i fyny, doedd yna ddim mymryn o niwl gwyn o'n blaena ni, dim ond Pen y Foel a'r awyr.

Yn fancw rydan ni'n dechra hel, medda un o genod Meri Eirin a dangos y lle inni efo'i llaw.

Roedd yn rhaid inni gerddad am tua hannar awr wedyn, ond braf oedd cael cerddad ar le gwastad ar hyd y llwybyr defaid trwy ganol coed llus, yn lle dringo ar le llithrig o hyd. Ac ar ôl cyrraedd y lle hel llus, dyma ni i gyd yn eistadd i lawr a pawb yn agor ei dun bwyd a chymryd brechdan. Roedd Huw a fi wedi anghofio y bydda ni eisio diod a doeddan ni ddim wedi dwad a photeli llefrith efo ni run fath â'r lleill. Ond mi gafodd Huw ddiod o botal Nel Fair View a mi roddodd Cêt Rhesi Gwynion ddiod bach i minna o'i hun hithau.

Cerwch rwan, pawb efo'i bisar, medda Meri Eirin, a pawb yn mynd i ddechra hel llus.

Hei, rwyt ti wedi bod yn bwyta llus, medda Huw ar ôl inni i gyd fod yn hel ar benna'n hunain am oria, mae dy geg di'n las. Dwyt ti ddim wedi cuddiad gwaelod dy bisar eto. Yli, mae gen i chwartar llond f'un i.

Rhoid rhai rhwng brechdan wnes i gynnau, meddwn i. Dew, oedd hi'n dda hefyd. Run fath a cacan lus.

Gwatsia di i Meri Eirin weld hoel llus ar dy geg di. Wneith i ddim gadael i'r genod fwyta dim un.

Mi sycha i ngheg.

Ddaw o ddim i ffwrdd. Rydw i am fynd draw i fancw atyn nhw i hel rwan. Lle ma nhw ydi'r lle gora am lus.

Olreit, rydw i am aros fan yma. Dos di yn dy flaen.

Ac mi aeth Huw.

O'r lle roeddwn i'n eistadd roeddwn i'n medru gweld Lôn Bost yn bell bell odanaf i, a Rafon wrth ei hochor hi hefyd. A motos yn mynd yn olagymlaen ar ei hyd hi fel morgrug, rhai'n mynd i fyny at Pen Llyn Du a'r lleill i lawr at y Pentra. Rydw i'n siŵr, meddwn i wrthyf i'n hun, petawn i'n cychwyn mi faswn i'n medru sglefrio'r holl ffordd i Lôn Bost, heblaw baswn i'n mynd ar goblyn o sbid cyn cyrraedd y gwaelod a finna heb ddim brec, run fath a Defi, hogyn Joni Edwart Bwtsiar, pan aeth o i lawr Allt Rhiw ar gefn beic a mynd yn erbyn car Bob Car Llefrith a chael tolc yn ei dalcan. Sglefr iawn faswn i'n gael i lawr i Lôn Bost tasa gin i frec, meddwn i, a gneud brechdan lus arall efo'r rhai oedd ar waelod y pisar. Mi faswn i'n cael cerddad i lawr Lôn Bost wedyn heb ddim eisio mynd yr holl ffordd i lawr o Ben Foel trwy Weun. Mi fyddwn i adra'n bell o flaen y lleill.

Mi fasach yn meddwl y basa'r awyr yn edrach yn nes o'r fan yma a ninna wedi dringo mor uchal. Ond doedd hi ddim wrth imi orfadd ar wastad fy nghefn, a gweld dim byd ond glas, glas heb ddim un cwmwl ar ei draws o, a'r haul yn boeth ar fy mocha i. Dew, mae'n rhaid ei bod hi'n braf cael mynd i'r Nefoedd, meddwn i. Peth rhyfadd na faswn i'n medru gweld y Nefoedd o fan yma hefyd, neu gweld angal yn fflio yn rhywla'n fancw. Mae'n rhaid mai ochor isa llawr y Nefoedd ydi nacw a mae'n rhaid mai glas ydi'r llawr yr ochor arall hefyd. Dew, mi fasa eisio lot o liw glas i neud o i gyd. Mwy o lawar na fydd Mam yn iwsio diwrnod golchi.

Roeddwn i'n methu dallt ble'r oeddwn i pan ddeffrois i, a mreichia i'n binna bach i gyd, ar ôl mynd i gysgu efo nwy law tu ôl i ngwegil. Roedd yna gymyla yn yr awyr pan agorais i'n llygaid ac roeddwn i'n teimlo dipyn bach yn oer. Gwell imi fynd at y lleill rwan, meddwn i, a gafael yn fy mhisar a chodi. Fancw'r oeddan nhw, ond doedd yna ddim hanas o ddim un ohonyn nhw. Be wna i rwan? meddwn i, a dechra bod ofn. Dyma fi'n dechra cerddad am dipyn trwy'r coed llus ond yn methu'n glir a chael hyd i'r llwybyr defaid na gweld neb.

Dew, mi fasach chitha wedi bod ofn tasach chi'n fy lle i. Gweld dim byd ond coed llus ym mhob man am filltiroedd a'r awyr wedyn run fath â môr o nghwmpas i. Roedd ynghalon i'n curo fel fflamia, a dyma fi'n dechra rhedag a baglu ar draws carrag neu rywbath a disgyn i ganol y coed llus a cholli mhisar. Roeddwn i ofn codi am yn hir wedyn ac yn crynu fel deilan.

Ac wedyn dyma fi'n meddwl am Huw. Falla i fod ynta wedi mynd ar goll hefyd, meddwn i. A hynny wnaeth imi godi a dechra cerddad yn slo bach a sbio i bob man i edrach welwn i rywun. Ond welais i ddim byd ond coed llus a'r awyr, ac roedd gen i ofn gweiddi na chwibanu am ei bod hi mor ddistaw.

Wedyn dyma fi'n mynd yn fy mlaen yn slo bach heb sbio ar ddim byd ond ar lawr, edrach welwn i'r llwybyr defaid. Dew, oeddwn i'n falch pan ges i hyd iddo fo ynghanol y coed llus.

Ond roeddwn i'n methu'n glir a chofio ffordd i fynd. Ffordd yma mae mynd yn ôl, meddwn i. Naci, meddwn i wedyn, ffordd yma. Naci, ffordd yna, was. A sefyll fel yna'n taeru am yn hir iawn. O'r diwadd dyma fi'n rhoid fy llaw allan a phwyri arni hi a rhoid slap i'r pwyri efo mys. A'r pwyri'n mynd i'r ochor dde. Ffordd yna, meddwn i, a dechra cerddad yn siarp ar hyd y llwybyr defaid.

Ar ôl imi gerddad am yn hir dyma'r llwybyr defaid yn dechra mynd i lawr allt, ond welwn i ddim byd ond poncan ar ôl poncan o mlaen i. Rheina ydi'r poncia ddaru ni ddringo mae'n rhaid, meddwn i.

Be ddwedith Mam am fy mod i wedi colli'r pisar? Mae gen i un frechdan yn sbâr, mi ga i fwyta honno ar ôl mynd i lawr i'r boncan nesa. Ble mae nhun bwyd i? Daria, ydw i wedi gadael hwnnw yn y coed llus hefyd. Does gen i ddim un frechdan rwan. Dew, ydw i eisio diod. Biti na faswn i wedi dwad a potal o lefrith run fath â Nel Fair View a Cêt Rhesi Gwynion i gael diod. Ble mae nhw rwan, tybad? Wedi cyrraedd adra, reit siŵr, a phiseri'n llawn dop o lus. Dew, un dda am hel llus ydi Meri Eirin. Welaist ti hi'n eu pigo nhw efo dwy law ar unwaith ar ei glinia yn y coed llus, a'i phisar hi wrth ei phennaglinia hi, a dim yn codi'i phen un waith i sbio o gwmpas nes oedd hi'n amsar bwyta brechdan? Dew, mi fasa'r frechdan yna'n dda rwan. Falla y dalia i nhw ar ôl cyrraedd top y boncan nesa yna i lawr fancw. Gobeithio bod yr hen Huw efo nhw ac nad ydi o ddim wedi mynd ar goll run fath â fi. Dew, mae ngheg i'n sych, dest run fath ag oedd Em Brawd Now Bach Glo pen oedd o'n gorfadd ar y soffa. Panad o de fasa'n dda rwan.

Fel yna roeddwn i'n siarad efo fi fy hun ar hyd y ffordd wrth gerddad i lawr y llwybyr defaid nes dwad at dop y boncan nesa a gobeithio baswn i'n gweld Huw a'r lleill yn mynd i lawr o 'mlaen i. Mi fu dest imi gael ffit ar ôl cyrradd pen y boncan. Be welais i yn lle gweld Huw a'r merchaid o mlaen i ond Lôn Bost yn bell i lawr a lot a greigia wrth un ochor iddi a llyn mawr heb haul arno fo yr ochor arall. Pen Llyn Du, mae'n rhaid, meddwn i, ac roeddwn i'n gwybod wedyn mai'r ffordd arall ddylwn i fod wedi mynd a bod y pwyri yna wedi deud celwydd. Wna i byth eto goelio be ddwedodd Moi am bwyri ar dy law os byddi di wedi colli'r ffordd. Ond petaswn i eisio pwyri ar fy llaw rwan, fasa gen i ddim digon o bwyri yn fy ngheg i neud. Dew, ydw i eisio diod.

Roeddwn i'n meddwl am funud y basa'n well imi fynd yn ôl y ffordd arall ar hyd y llwybyr defaid, ond pan drois i mhen i sbio welwn i ddim byd tu ôl imi ond y boncan yn mynd i fyny'n bell i'r awyr. Mae'r llwybyr yma'n siŵr o fod yn mynd lawr i Lôn Bost, meddwn i, ac mi fydda i'n iawn unwaith y ca i Lôn Bost.

Roedd hi'n gynhesach o lawar i lawr yma hefyd a'r haul wedi dwad yn ôl ar Lôn Bost er nad oedd o ddim wedi cyrraedd i fyny ochor y mynydd at y lle roeddwn i nac at Pen Llyn Du. Ond doeddwn i ddim yn disgwyl ei weld o'n y fan honno achos dyna be ddeudodd Elis Ifas Tŷ Nesa wrtha i'r bora hwnnw ar ôl cael hyd i Em Brawd Now Bach Glo. Tydi'r haul byth yn twnnu ar Pen Llyn Du, medda fo, dyna pam mae nhw'n ei alw fo'n Pen Llyn Du siŵr iawn. Mi gaiff Mam ffit pan ddweda i wrthi hi mod i wedi bod wrth ymyl Pen Llyn Du. Brysia, neu fyddi di byth wrth i ymyl o, meddwn inna, ac i lawr y boncan â mi fel fflamia.

Roedd yna ffarm wrth ochor Llyn Du ar y lle gwastad cyn dwad i Lôn Bost. Mi a i ofyn ga i ddiod o ddŵr, meddwn i. Falla ca i ddiod o lastwr ganddyn nhw a finna dest a thagu.

Dyna pam y sefais i wrth y giat am yn hir iawn, ofn mynd at y drws, am fod yna gi'n cyfarth yn y cefn yn rhywla. Roeddwn i ar fentro agor y giat pan ddaeth dynas i'r drws a gwynab clên ganddi hi a llygaid glas a gwallt gwyn a bocha cochion, a dyma finna'n dechra agor y giat.

Be wyt ti eisio, machgan i? medda hi.

Eisio diod dest a thagu, meddwn inna.

Rargian fawr, mae golwg wedi blino arnat ti, tyrd yma iti gael glasiad o laeth enwyn. Gymi di frechdan efo fo?

Cymera, os gwelwch chi'n dda, meddwn i, a mynd trwy'r giat i sefyll wrth y drws a hitha'n siarad efo fi o'r gegin.

Wedi bod yn hel llus ar Ben Foel a cholli mhisar a tun bwyd a colli'r ffordd a dwad i lawr i fanma, meddwn i.

Y peth bach, medda rhywun arall yn y gegin.

Dyma chdi, yfa di hwn a bwyta di'r frechdan yma. Mi fyddi di'n iawn wedyn. Eistadd yn fan yma. O lle'r wyt ti'n dwad?

O Pentra.

Mae gen ti lot o ffordd i fynd i lawr Lôn Bost.

Diolch yn fowr iawn ichi, meddwn i, a chymryd y frechdan fawr o'i llaw hi a glasiad mawr o laeth a mynd i eistadd ar y sêt lechan o dan y ffenast. Mi fydda i'n iawn i gerddad am filltiroedd ar ôl hwn.

Pan oeddwn i wrthi'n yfad pwy ddaeth rownd talcan y tŷ fel fflamia ond y ci oeddwn i wedi glywad yn cyfarth yn y cefn. Gad ti lonydd i'r hogyn bach, Toss, medda rhywun o'r gegin, a dyma Toss yn stopio'n stond pan welodd o fi'n eistadd ar y sêt lechan.

Ci defaid mawr oedd o, a llygaid yr un lliw â llygaid tsieni ganddo fo. Mi ddaru chwrnu dipyn bach i ddechra a finna ofn basa fo'n brathu. Dyma fi'n gneud sŵn run fath a siws efo ngheg.

Tyrd yma, Toss bach, meddwn i, a phan glywodd o fi'n deud i enw fo, dyma fo'n ysgwyd i gwnffon ac yn agor i geg a'i dafod allan run fath â fydd cwn pan fyddan nhw'n chwerthin.

Tyrd yma, Toss bach, meddwn i wedyn, a thorri tamaid o mrechdan a'i roid o ar ymyl y sêt lechan. Wedyn dyma fo'n dwad yn slo bach ac ysgwyd ei gwnffon a chymryd y

51

...dyma fo'n ysgwyd i gynffon dafod allan run fath a fe nhw'n chwerthin.

yn agor i geg a'i
wn u Pan fyddan

tamaid yn ei geg oddiar y sêt. Pan dorrais i damaid arall iddo fo, mi gymerodd hwnnw yn fy llaw i, ac wedyn rhoid ei draed blaen ar fy mhennaglinia i a dechra llyfu ngwynab i. Roeddan ni'n ffrindia mawr mewn dau funud, ac ar ôl iddo fo a finna orffan bwyta'r frechdan, dyma ni'n chwara taflyd cerrig yn y cae am dipyn bach. Ac wedyn dyma fi'n mynd a'r glas gwag yn ôl a cnocio'n drws, a Toss yn rhedag i mewn i'r gegin.

Dyna chdi rwan, medda'r ddynas bocha cochion wrth gymryd y glas. Mae golwg dipyn gwell arnat ti rwan, machgan i. Dos di adra ar dy union rwan, neu mi fydd dy Fam yn dechra poeni amdanat ti.

Mi a i. Diolch yn fowr ichi. Faint ydi oed Toss?

Pedairarddeg.

Esgob, mae o'n hynach na fi. Pnawn da.

Cau'r giat ar dy ôl, medda hitha.

Braf oedd cael cerddad ar Lôn Bost ar ôl bod yn cerddad ar y gwair trwy'r dydd, a hitha'n lôn wastad ran fwya o'r ffordd. Fan yna cawson nhw hyd i Em Brawd Now Bach Glo ar ei linia, mae'n rhaid, meddwn i pan oeddwn i'n pasio'r wal wrth ochor Llyn Du.

Dew, oedd hi'n boeth ar ôl imi gerddad tua milltir, a dyma fi'n tynnu nghot a cerddad yn llewys fy nghrys. Roedd yr haul wedi toddi'r coel tar ar y lôn a fy sgidia hoelion mawr i'n dechra sticio ynddo fo bob cam oeddwn i'n roid. Mi dynna i am fy nhraed, meddwn i ac eistadd ar y gwair ar ochor y lôn a stwffio hosan i bob esgid a chlymu'r careia a'u hongian nhw am fy ngwddw rownd fy sgwydda.

Roeddwn i'n iawn wedyn, ac yn medru mynd fel fflamia a'r coel tar yn slwts cynnas o dan fy nhraed i nes dois i at waelod Allt Braich. Gwell i mi eu rhoi nhw am fy nhraed rwan, meddwn i, rhag ofn i bobol fy ngweld i. Dyma fi'n eistadd i lawr tu ôl i'r boncan lle daru ni weld Em Brawd Now Bach Glo'n pasio. A finna'n cofio bod Em hefyd wedi tynnu am ei draed pan gawson nhw hyd iddo fo. Ond doedd yna ddim un swigan ar fy nhraed i, beth bynnag.

Lwc ar y naw mod i wedi cyrraedd adra pan wnes i, neu mi fydda na goblyn o helynt run fath ag oedd pan aeth Em Brawd Now Bach Glo ar goll. Doeddwn i ddim ond newydd fynd dros y rhiniog a heb gael amsar i eistadd i lawr na deud dim byd ond Helo, Mam, pan ddoth yna gnoc yn y drws. Pwy oedd yna pan aeth Mam i'r drws ond Huw a'i wynt yn ei ddwrn ac atal deud arno fo.

Ma-ma-ma-medda fo, a golwg fel tasa fo dest a chael ffit arno fo, pan welodd o fi'n gneud stimia arno fo i gau'i geg tu ôl i Mam.

Be sy ar yr hogyn? medda Mam, a Huw'n sbio'n wirion arni hi.

Wedi rhedag i fyny Rallt a cholli ngwynt, medda fo.

Tyrd i'r tŷ i eistadd i lawr, medda Mam.

Fedrwn i ddim diodda gweld Huw yn y gadar yn sgowlio arna i pan oedd Mam yn tywallt te o'r tebot, a Huw druan yn methu gwybod beth i ddeud.

Pam oeddat ti'n rhedag i fyny Rallt, Huw? medda Mam.

Fi ddaru golli ffordd, meddwn i, a Mam yn sbio'n wirion arna i a Huw'n deud dim byd.

Colli ffordd yn lle?

Ar Ben Foel.

Daria'r hen debot yma.

A cholli'r pisar bach, meddwn i.

Yr hen drychfil. Tyrd at dy fwyd iti gael mynd i molchi. Mae golwg fel blac arnat ti. Gymeri di banad o de, Huw?

Nana thanciw, medda Huw. Gwell imi bicio i ddeud wrth Meri Eirin a'r lleill neu mae un ohonyn nhw'n siŵr o ddeud wrth Tad Wil Bach Plisman.

Ia wir, dos rhag ofn iddo fo ddwad yma i chwilio amdano fo, medda Mam.

Mi a i, medda Huw a'i gluo hi trwy'r drws ac i lawr Rallt. Welais i mono fo wedyn y noson honno. Roedd o a finna wedi blino gormod i fynd allan i chwara, a Moi yn ei wely wedi cael annwyd.

Dim byd, meddwn i, wrth molchi yn y ddesgil yn y cefn pan ofynnodd Mam be ddigwyddodd ar Ben Foel. Dim byd ond fi'n mynd i gysgu wedi blino, a mynd i chwilio am y pisar bach ar ôl deffro a methu cael hyd iddo fo na'r tun bwyd. Colli'r ddau wrth gerddad i dreio cael hyd i'r pisar bach wnes i a dechra cerddad ar hyd y llwybyr defaid i dreio cael hyd iddyn nhw a methu'n glir. Esgob, well imi fynd adra, meddwn i, neu mi fydd Mam yn poeni. Mi a i adra ar hyd Lôn Bost er mwyn cael bod yn gynt, a dyma fi i lawr i Pen Llyn Du.

Pen Llyn Du, medda Mam o'r gegin. Fuost ti ddim yn Pen Llyn Du? medda hi'n slo bach, fel tasa hi wedi dychryn.

Mi ges i lasiad o laeth a brechdan gan ddynas y ffarm, meddwn inna wrth neud fy ngwallt yn y glas. Mae gynnyn nhw gi a hwnnw'n bedairarddeg oed. Toss ydi'i enw fo.

Treio deud rhywbath rhag iddi fod yn gas wrtha i roeddwn i. Ond pan es i'n ôl i'r gegin wedi molchi'n lân a gneud y ngwallt dyma hi'n gafael ynof fi a nghodi fi ar ei braich a rhoid clamp o gisan imi ar fy moch am yn hir.

Ynghyw bach annwyl i, medda hi, dwn i ddim be wnawn i tasa ti'n mynd ar goll. A'r dagra'n powlio i lawr ei bocha hi. Finna'n methu dallt am be oedd hi'n crio.

Rhywun yn cnocio yn y drws ddaru neud iddi fy rhoid i i lawr, a phwy oedd yna pan aeth Mam i'r drws ar ôl sychu'i llygaid ond Mrs. Ifas Tŷ Nesa, gwraig Elis Ifas. Helo, dynas ddiarth, medda Mam, am nad oedd Mrs. Ifas ddim wedi bod yn tŷ ni am ddwy noson. Dowch i mewn, Gres Ifas.

Dim ond am funud bach, medda hitha, a chau'r drws ar ei hôl. Mae'r tegiall dest a berwi.

Eisteddwch wrth y tân, medda Mam. Be sy?

Roeddwn i'n meddwl na fasach chi ddim wedi clywad a chitha wedi bod o'r tŷ trwy'r dydd, medda Mrs. Ifas, ac eistadd yn y gadar ar ôl i mi neud lle iddi a mynd i eistadd ar y ffendar i wrando. Mi synnwch pan glywch chi am Leusa.

Pwy? Leusa Tŷ Top? meddwn inna'n methu dal.

Ie, rhen gyduras, medda Mrs. Ifas wrth Mam heb sbio arnaf fi.

O, honna, medda Mam wrth hel y briwsion oddiar y lliain a'i blygu o, a chymryd arni nad oedd hi ddim eisio clywad dim byd am Leusa Tŷ Top. Ond roeddwn i'n gwybod ei bod hi'n glustia i gyd. Doedd petha ddim wedi bod yn dda rhyngthi hi a Leusa er y diwrnod hwnnw pan ddoth Leusa i'r drws a deud wrth Mam am beidio hel streuon.

Dydi rhai pobol yn gneud dim byd ond hel streuon trwy'r

dydd a phobol eraill yn gorfod gweithio'n galad am eu tamaid, medda Mam wrth Mrs. Ifas.

Mae Leus druan wedi bod yn ddigon unig, medda Mrs. Ifas.

Beth mae hi wedi bod yn neud rwan, tybad? medda Mam ar ôl eistadd i lawr a dechra procio'r tân.

Dim byd, medda Mrs. Ifas, ond mi fyddwch wedi synnu clywad.

Clywad be, Gres Ifas? Ylwch, medda Mam, does arna i ddim eisio clywad dim un arall o'r hen streuon yna mae'n nhw'n ddeud am Leusa, faint bynnag o wir sy ynddyn nhw. Chaiff hi ddim deud mod i'n hel streuon amdani, beth bynnag.

Ond roedd tempar dda iawn ar Gres Ifas. Gwrando di rwan, medda hi, a rhoi pwniad i Mam tan chwerthin. Chdi fydda hi'n galw Mam pan oedd tempar dda arni. Yli, mae'r hogyn yma'n glustia i gyd ar y ffendar. Gwrando ditha iti gael clywad. A rhoi pwniad arall i Mam.

Gwrando be?

Ac medda Mrs. Ifas: Newydd orffan Swpar Chwaral oedd Elis acw, ac yn eistadd yn y gadar wrth y ffenast yn rhoid ei sbectol i gael gweld be sy gen yr Herald yma i ddeud yr wsnos yma, chwedl ynta. Dyna'r peth cynta fydd Elis acw'n neud ar ôl Swpar Chwaral bob nos Lun, mynd i eistadd yn y gadar wrth y ffenast a rhoid ei sbectol i ddarllan. A chaiff neb ddim gair allan ohono fo ar ôl iddo fo setlo i lawr efo'i bapur nes bydd hi'n amsar iddo fo fynd i'w wely. Mae'r gath yma'n well cwmpeini na chi pan gewch chi'ch pen yn yr hen bapur yna fydda i'n ddeud wrtho fo. Ond un garw am ddarllan oedd Elis erioed.

Ia, yntê, medda Mam, ond beth oeddach chi'n ddeud am Leusa?

Wel ia, hogan, medda Mrs. Ifas a rhoid ei llaw ar ben glin Mam. Dyna ddaru imi synnu at Elis acw heno. Newydd eistadd i lawr a rhoid ei sbectol oedd o pan gododd o'n sydyn o'i gadar a thynnu i sbectol i edrach allan trwy'r ffenast. Be di'r matar arnoch chi, Elis? meddwn inna wedi synnu.

Deu, medda fo, a'i sbectol yn ei law a throi i sbio arnaf fi run fath â dyn mewn breuddwyd. Methu rydw i, reit siŵr, medda fo.

Methu be, Elis? meddwn inna. Methu darllan?

Deu, medda fynta wedyn a dal i sbio drwydda i, choelia i byth nad fo oedd o.

Nad fo oedd pwy? meddwn inna.

Nad fo oedd hwnna'n pasio'r ffenast rwan, medda Elis.

Pwy oeddach chi'n feddwl oedd o? meddwn inna.

Wmffra, medda fo, ond methu'r oeddwn i reit siŵr, medda fo a rhoid ei sbectol yn ôl ac eistadd i lawr.

Pa Wmffra? meddwn inna.

Roedd o'n debyg iawn iddo fo, beth bynnag, medda fynta ac ail-afael yn ei bapur.

Pa Wmffra ydach chi'n feddwl, Elis? meddwn inna wedyn.

Wmffra gŵr Leus, medda fynta. Roedd o'r un fath â fo'n union, a chwd mawr ganddo fo ar ei gefn yn mynd i fyny Rallt.

Rargian fawr, tybad? meddwn inna a rhedag i'r drws i weld.

Nid fo oedd o reit siŵr? medda Mam.

Rhoswch chi am funud bach, medda Mrs. Ifas a dechra siglo'r gadar. Pan es i i'r drws, pwy oedd yn sefyll ar ben Rallt o flaen tŷ Leusa ond y dyn oedd Elis acw'n ddeud oedd o run ffunud ag Wmffra. Dyma fo'n mynd i gnocio'n y drws a'r peth nesa glywsom ni oedd llais Leus yn gweiddi dros y lle nes oedd pawb yn Rhes yn ei chlywad hi. Wmffra bach, ynghariad annwyl i, medda hi, chdi ydi o dwed? Wedi dwad yn ôl at dy Leus. A gweiddi crio y clywson ni hi cyn iddyn nhw ill dau fynd i mewn i'r tŷ.

Tewch da chi, medda Mam yn slo bach a sbio i'r tân.

A dyma Mrs. Ifas yn codi o'r gadar. Roeddwn i'n meddwl y basach chi'n leicio clywad, medda hi. Rargian fawr, mae'n nhegiall i'n berwi'n sych, rydw i'n siŵr. Chymerith Elis acw ddim hid o ddim byd tra bydd o â'i drwyn yn yr hen bapur yna. A thrwy'r drws â hi fel wiwar.

Pam rydach chi'n crio eto, Mam? meddwn inna. Dydach chi ddim yn falch bod Wmffra gŵr Leusa Tŷ Top wedi dwad adra o'r môr?

Taw y ffŵl, doeddwn i ddim yn crio, medda hitha, a sychu'i llygaid efo'i barclod, a dal i sbio i'r tân. Meddwl am dy dad oeddwn i.

GWELD llygaid Mam yn goch bora drannoeth wnaeth imi gofio bod hi'n Ddy Gwenar Groglith pan ddeffrois i. Sôn am ddigalon, dyna'r diwrnod mwya digalon ydw i'n gofio rioed, tan amsar te beth bynnag. Ac wedyn ar ôl amsar te doedd yna neb i ddwad allan i chwara, achos oedd Huw wedi mynd i ffwrdd efo'i Fam i rywla, a Moi yn i wely wedi cael annwyd.

Mi es i i hel pricia i Mam i Coed Tu Ôl i Rardd ar ôl brecwast ac roedd gen i gur yn y mhen hyd yn oed 'radag honno. Roedd Mam wedi deud am imi gofio dwad yn ôl yn fuan i warchod tŷ iddi hi gael mynd i Reglwys erbyn hannar dydd. Roedd hi'n mynd i Reglwys am hannar dydd bob Dy Gwenar Groglith ac aros yno tan ar ôl tri yn y pnawn.

Wnes i ddim deud dim byd wrthi hi am y cur yn y mhen, dim ond deud Olreit Mam, mi ddo i'n ôl yn ddigon buan i warchod tŷ ac mi ga i dorri pricia yn y cefn. Fyddwn i byth yn deud dim byd wrthi hi am Ddy Gwenar Groglith ar ôl y tro hwnnw pan ddaru hi ddeud wrtha i erstalwm pam oedd hi'n mynd i Reglwys hannar dydd ac yn aros yno tan ar ôl tri.

Pam ydach chi'n mynd i Reglwys am hannar dydd? meddwn i wrthi hi 'radag honno.

Am mai hannar dydd ddaru nhw groeshoelio Iesu Grist, medda hitha.

Roeddwn i wedi dysgu'r hanas yn Rysgol Sul am Iesu Grist yn cael ei groeshoelio, ond doedd o ddim yn swnio'r un fath pan oedd Mam yn deud yr hanas.

Pam rydach chi'n aros yn Reglwys tan ar ôl tri?

Diodda hefo Fo, medda hitha. Mi gymerodd O dair awr i farw wsti, ar ôl iddyn nhw gnocio hoelion efo morthwyl i mewn i'w ddwylo a'i draed O.

Esgob, naddo. Deud celwydd ydach chi.

Naci wir.

Oes eisio i mi ddwad hefo chi i Reglwys i ddiodda?

Nac oes ynghyw i, rwyt ti'n rhy ifanc eto. Ddim tan ar ôl iti gael dy gonffyrmio.

Be fyddwch chi'n neud i ddiodda am dair awr yno, Mam? Canu salma?

Naci. Deud salma. Fydd neb yn canu ar Ddy Gwenar Groglith, siŵr iawn. Neb ond yr hen Gapelwrs yna.

Wnes i ddim gofyn dim byd arall iddi hi a ddaru hitha ddim deud dim byd arall wrtha i. Ond bob Dy Gwenar Groglith wedyn, am yn hir, mi fyddwn i'n stopio'n stond lle bynnag y byddwn i pan fydda hi'n saethu hannar dydd yn Chwaral, a dechra meddwl amdanyn nhw'n cnocio'r hoelan gynta i mewn i'w law O hefo morthwyl, dau ohonyn nhw ar ben dwy ysgol, un yn dal i fraich O a'r llall yn cnocio'r hoelan.

I Parc Defaid oeddan ni wedi mynd i hel cnau daear un Dy Gwenar Groglith pan ddaru hi saethu hannar dydd.

Be sy? medda Moi pan welodd o fi'n stopio'n stond a sefyll heb ddeud dim byd.

Cofio am Iesu Grist yn cael i groeshoelio.

Ei Fam o sy'n ddynas dduwiol, wsti, medda Huw, a finna'n dal i sefyll. Mae hi'n mynd i Reglwys bob Dy Gwenar Groglith.

Fasach chi'n leicio i rywun gnocio hoelion i mewn i'ch dwylo chi hefo morthwyl? meddwn i wrthyn nhw. Basach reit siŵr.

Ddaru neb ddim, y ffŵl gwirion, medda Moi, i groeshoelio Fo ddaru nhw.

Dyna be ydi croeshoelio siŵr iawn. A ddaru O ddim gweiddi na dim byd, dim ond gweddïo, pan oeddan nhw wrthi'n cnocio'r hoelion.

Dew, mi faswn i'n sgrechian fel mochyn tasa rhywun ddim ond yn sticio pin yn fy llaw i, medda Huw.

Mi fedra i sticio pin yn fy llaw heb weiddi, medda Moi. Oes gen ti bin? Mi ddangosa i ichi.

Ac ar ôl iddo fo gael pin gan Huw dyma Moi yn ei stwffio hi trwy'r croen ar gledar ei law, run fath a tasa fo'n pwytho hosan, a blaen y bin yn dwad i'r golwg o dan y croen wedyn. A ddaru o ddim gneud sŵn o gwbwl.

Mae o'n ddigon hawdd. Dim ond dal dy wynt sydd eisio iti.

Mi anghofiais inna bob dim am hanas Iesu Grist yr adag honno, nes daeth Mam adra o Reglwys. Ond y Dy Gwenar Groglith yma roeddwn i yn y cefn yn torri pricia pan ddaru hi saethu hannar dydd, a neb hefo fi, a finna hefo coblyn o gur yn y mhen. Ac ar ôl imi stopio'n stond, hwya'n byd oeddwn i'n sefyll mwya'n byd oeddwn i'n feddwl am gnocio hoelion, ac roedd y mhen i'n brifo fel tasa rhywun yn cnocio hoelion iddo fo, nes bod raid imi fynd i mewn i'r tŷ a gorfadd i lawr. Mi es i grynu fel deilan a chwys oer ar fy nhalcan i ar ôl gorfadd, a dechra meddwl pob math o betha. Dew, ac yn sâl eisio Mam. Mi a i nhôl hi i Reglwys, meddwn i, a dechra cerddad yn slo bach trwy'r drws. Roeddwn i dest â chrio o sâl ac eisio taflyd i fyny ac yn methu wrth fynd i lawr Rallt ar hyd ochor y wal rhag ofn imi syrthio, roeddwn i'n teimlo mor wan. Dew, oedd hi'n ddiwrnod braf hefyd, a'r haul yn boeth, ond roeddwn i'n chwys oer drosta a nau lygad i'n brifo fel tasa rhywun wedi mynd tu nôl iddyn nhw hefo pin boeth a phlycian yn eu gwreiddia nhw. Dew, a chur yn y mhen.

Lwc bod giat Fynwant yn agorad. Faswn i byth wedi medru ei hagor hi a finna mor wan. A dyna lot o ffordd oedd hi'n edrach o giat Fynwant i drws Reglwys, ond dim ond chydig lathenni oedd hi. Roeddwn i'n gobeithio y bydda Mam yn ein hen sêt ni wrth y drws imi gael gweiddi arni hi'n ddistaw bach a gofyn iddi hi ddwad allan am fy mod i'n sâl. Ond oeddwn i'n siŵr mai wedi mynd i sêt newydd ynghanol y Llawr oedd hi. Dew, fedra i ddim mynd dim pellach, meddwn i.

Be wnes i ond gorfadd i lawr yn y gwair ar ochor y llwybyr gro. Dim ond i gael gorffwys am funud bach oeddwn i'n feddwl, cyn mynd mor bell a drws Reglwys. A dechra meddwl pob math o betha ar ôl gorfadd i lawr, wrth sbio ar dŵr Reglwys, ac ar gerrig y walia a llechi'r to. Dew, mae'n rhaid ei bod hi'n hen, meddwn i. Rydw i'n siŵr ei bod hi'n edrach yn neis pan oedd hi'n Eglwys newydd, cyn i'r gwynt a'r glaw a'r rhew a'r eira a gwres yr haul i baeddu hi. Mae hi run fath â'r hen iâr garrag honno oedd yn tŷ ni cyn iddi hi dorri'n rags, a'i chywion hi i gyd o'i chwmpas hi, a'r rheiny i gyd yn gerrig hefyd. Ond roedd gen i ormod o gur yn y mhen i sbio'n hir, a nau lygad i'n brifo.

Mi ddychrynais i pan welais i ble roeddwn i'n gorfadd. Nid ar y gwair oeddwn i ond ar ben bedd rhywun, a'r gwair wedi tyfu drosto fo. Roedd yna rith o floda gwyn wedi mynd yn felyn mewn cas gwŷdyr a weiran wedi rhydu amdano fo, a'r cas dest iawn wedi mynd o'r golwg yn y gwair a'r chwyn. Fedrwn i ddim darllan dim byd ar y garrag fedd ond Er Serchog Gof a llunia dail derw, roedd y nau lygad i'n brifo gormod a finna eisio'u cau nhw. A'u cau nhw wnes i, a dechra meddwl beth petaswn i'n marw yn fan yma ar Ddy Gwenar Groglith.

Mi fasa'n gleniach o lawar na rhywun yn cnocio hoelion i dy ddwylo di ac i dy draed di, meddwn i. Ond dew, mae mhen i'n teimlo fel tasa rhywun yn cnocio hoelion iddo fo hefyd. A dyna braf fasa hi wedyn cael codi o-farw-fyw Dy Sul Pasg run fath a Iesu Grist, a cherddad yn slei bach o gwmpas Pentra heb neb yn y ngweld i, a peidio deud wrth neb ond wrth Mam a Huw a Moi mod i wedi codi o-farw-fyw tan Dydd Iau Dyrchafael. Ac wedyn cael mynd i fyny i'r Nefoedd run fath â balŵn o ben Foel. Faswn i ddim yn leicio mynd a gadael Mam a Huw a Moi chwaith. Dew, mae mhen i'n brifo.

Roedd hi run fath yn union â chodi o-farw-fyw pan ddeffrois i hefyd, a finna'n methu dallt ble'r oeddwn i. A ble'r roeddwn i ond yn gorfadd yn y gwely yn y siambar yn gynnas braf, a Mam yn dwad i mewn i'r siambar hefo panad o de a hot cros byn ar blat, a dechra rowlio chwerthin nes bu dest iddi a cholli te am ben y dillad gwely.

Am be rydach chi'n chwerthin, Mam? meddwn i, a dechra chwerthin hefo hi.

Gweld dy wynab di pan ddaru ti ddeffro, nghyw i, medda hitha. Roeddat ti'n edrach run fath yn union â phetasat ti wedi codi o-farw-fyw.

Esgob, meddwn inna ar ôl yfad y te, ac wrthi'n sglaffio hot

cros byn, braf ydi deffro heb gur yn y mhen. Mae o run fath
â codi o-farw-fyw.

Hynny wnaeth imi gofio'n sydyn amdanaf fi'n gorfadd ar
y bedd yn y Fynwant. Sut dois i ngwely, Mam? meddwn i.

Cysgu'n y Fynwant oeddat ti pan ddeuthom ni allan o
Reglwys, ynghyw i, a dyma fi'n dy gario di adra a thynnu
amdanat ti a dy roid di yn dy wely. A wnest ti ddim deffro
ddim un waith.

Dew, sâl oeddwn i.

Rwyt ti'n iawn rwan, ond wyt ti, nghyw i?

Ydw. Oes yna hot cros byn arall? Faint o'r gloch ydi hi?

Dim ond hannar awr wedi pump, medda Mam, a mynd
allan o'r siambar i nôl hot cros byn arall imi. Dyma finna'n
neidio o'r gwely a dechra gwisgo amdanaf yn rêl boi. Sôn
amdanaf fi wedi mendio, dew, roedd hitha wedi mendio
hefyd ar ôl bod yn diodda yn Reglwys trwy'r pnawn. Doedd
hi ddim yr un ddynas ag oedd hi ganol dydd. Chwerthin am
bob dim oeddwn i'n ddeud wrthi hi, a mynd o gwmpas y tŷ
i'r cefn a'r siambar a'r llofft tan ganu. Mi faswn i wedi
anghofio'i bod hi'n Ddy Gwenar Groglith heblaw bod yna
hot cros byns yn y pobdy. Mi fu dest iawn imi a deud wrthi
hi mai dim ond yr hen Gapelwrs yna oedd yn canu ar Ddy
Gwenar Groglith, ond meddwl wedyn y bydda well imi
beidio.

Dyma hitha'n gweiddi o'r siambar: Paid ti a bwyta
gormod o'r hot cros byns yna, yr hen berfadd, neu sâl fyddi
di eto.

Wna i ddim, Mam.

Dos allan am dro i fyny'r Allt. Mi wnaiff les iti.

Olreit ta, meddwn inna a rhoid fy nghap am y mhen ac
allan a fi.

Wedi imi gyrraedd Pen Rallt, pwy oedd yn eistadd ar ei
gwrcwyd yn yr haul o dan ffenast Tŷ Top ond Wmffra, gŵr
Leusa Tŷ Top, oedd newydd ddwad adra o'r môr. Finna'n
meddwl wrth ei weld o am Huw Penwaig yn mynd o
gwmpas y Pentra yn cario'i fasgiad ar ei ben heb dwtsiad
ynddi hi hefo'i ddwylo ac yn gweiddi dros y lle: Pe Nwaig
Ffre Snewyddwado'r Môr. Doeddwn i erioed wedi gweld
Wmffra Gŵr Leusa Tŷ Top o'r blaen, achos oedd o wedi

mynd i ffwrdd erstalwm iawn. Cyn i mi gael fy ngeni, medda Mam. Mae'n rhaid ei fod o'n ddyn tal, meddwn i wrthyf fi'n hun wrth sbio arno fo pan oeddwn i'n pasio, achos oedd ei bennaglinia fo i fyny yn yr awyr yn rhywla a'i goesa noeth o'n dangos wrth ben ei sanna fo, a'i wynab o'n felyn fel gwynab Tsieinî.

Hogyn pwy wyt ti? medda fo pan oeddwn i'n pasio, hefo llais oedd yn codi ofn arna i.

Hogyn Tŷ Isa, meddwn inna.

Tyrd yma. Tyrd i eistadd yn fan yma imi gael dy weld di.

Roedd gyno fo lygaid glas run fath yn union â dynas ffarm Pen Llyn Du, ond roedd ei ddwy foch o'n felyn yn lle bod yn goch, ac wedi crychu run fath â papur llwyd ar ôl bod yn lapio parsal.

Ar ôl imi eistadd dyma fo'n mynd i'w bocad wasgod a tynnu bocs bach allan yn ei law a'i roid o yn fy llaw i.

Agor hwnna a gwrando i weld beth fedri di glywad, medda fo.

Doedd yna ddim byd yn y bocs pan agorais i o, a doeddwn i ddim yn clywad dim byd.

Wyt ti'n clywad rhywbath?

Nac ydw.

Dyro fo wrth dy glust. Wyt ti'n clywad rhywbath rwan ta? medda fo, a'i lygaid glas o run fath a tasan nhw'n chwerthin am fy mhen i. Finna'n deud dim byd ond nodio mhen a gwrando, a rhywbath oddifewn i'r bocs yn canu ding dong ding dong yn bell bell yn rhywla, run fath a taswn i'n gwrando ar gloch Reglwys yn canu a finna ar Ben Foel, heblaw bod y clycha yn y bocs yn canu tiwn. Dew, tiwn neis oedd hi hefyd.

Esgob, un da ydi o yntê? meddwn i wrth Wmffra. Ga i wrando unwaith eto?

Mae'n rhaid iti gau'r bocs yn gynta.

Fasat ti'n leicio'i gael o? medda fo ar ôl imi wrando unwaith wedyn.

Esgob, baswn.

Dyro fo yn dy bocad.

Esgob, meddwn inna wedyn a'i roid o ym mhocad fy nghot.

wyt ti'n dŵad rhywbeth rŵan ta ? medda fo,
a'i lygaid glas o rŵn fath â tasan nhw'n
chwerthin am fy mhen i .

Dyma fo'n mynd i bocad wasgod arall a tynnu rhywbath run fath â chyllath allan. Gwatsia di rwan, medda fo, a dal y gyllath yn ei law dde a phwyso efo'i fawd ar y carn. Dyma llafn y gyllath yn neidio allan o'r carn run fath â jac-yn-bocs. Gwatsia di eto, medda Wmffra wedyn, ac ar ôl edrach oeddwn i'n gwatsiad dyma fo'n sticio'i hun yn ei law chwith hefo'r gyllath a finna'n gweld y llafn yn mynd trwy gledar ei law o.

Esgob, ydach chi wedi brifo, meddwn i, a disgwyl gweld gwaed. Ond doedd yna ddim, dim ond Wmffra'n rowlio chwerthin wrth y ngweld i wedi dychryn. Doedd llafn y gyllath ddim wedi mynd trwy'i law o o gwbwl. Wedi mynd yn ôl i mewn i'r carn oedd hi.

Un da ydach chi, meddwn i tan chwerthin. Roedd ganddo fo bob math o driciau ym mhocedi ei got a'i wasgod.

Roedd o wrthi'n dangos un arall imi, sut i ladd chwech o Jyrmans hefo bocs matsus a chwech o fatsus pan ddaru Leusa'i wraig o weiddi arno fo i ddwad i mewn i'r tŷ. Dim ond am funud bach, medda Leusa.

Gweitia di'n fan yma, mi ddo i'n f'ôl mewn dau funud, medda Wmffra, ac i mewn i'r tŷ â fo.

Mi eisteddais i yn y fan lle'r oeddwn i a mynd i mhocad i nôl y bocs i gael un diwn arall. Dew, oedd gen i feddwl y byd o'r bocs hwnnw, ac mi fyddwn i'n clywad ei glycha fo'n canu o bell reit amal am ddiwrnodia ar ôl imi ei gael o gan Wmffra. Mi fyddwn i'n eu clywad nhw heb agor y bocs na'i roid o wrth fy nghlust, yn enwedig yn y gwely bob nos, dest cyn mynd i gysgu.

Beth bynnag, roeddwn i wedi ei roid o wrth fy nghlust ar ôl i Wmffra fynd i'r tŷ i weld beth oedd Leusa eisio, ac yn dal i wrando ar ôl i'r clycha stopio canu. Ond beth glywais i o dan y ffenast ond Wmffra a Leusa'n siarad hefo'i gilydd yn ddistaw bach. Roeddan nhw'n siarad yn rhy ddistaw imi fedru dallt beth oeddan nhw'n ddeud, ond wrth wrando i weld oedd y clycha'n dal i ganu, dyma fi'n clywad Leusa'n deud enw Mam. Fedrwn i ddim dallt beth oedd hi'n ddeud wrth Wmffra. Rhywbath drwg, rydw i'n siŵr, meddwn i wrthyf fi'n hun, achos mae Mam a Leusa wedi digio. Falla mai deud wrth Wmffra am beidio rhoid dim byd imi ac am iddo fy hel i adra oedd hi. A finna ofn i Wmffra ddwad allan a deud i fod o eisio'r bocs yn ôl. Dew, biti bod nhw wedi digio, meddwn i, a gafael yn dynn yn y bocs yn fy mhocad.

Ond roedd Wmffra'n rowlio chwerthin pan ddaeth o allan o'r tŷ a dwad yn i ôl i eistadd ar ei gwrcwyd o dan y ffenast. Dydw i ddim yn cofio'n iawn sut oedd o'n lladd y Jyrmans hefo'r bocs matsus. Roedd o'n agor y bocs ac wedyn yn stwffio matsian bob ochor rhwng y bocs a'r caead a rhoid matsian arall ar ei hyd rhyngthyn nhw. Wedyn roedd o'n tanio matsian arall ar ochor y bocs a'i dal hi o dan y fatsian oedd ar ei hyd rhwng y ddwy arall nes oedd honno'n mynd ar dân a rhoid sbonc i'r awyr. A'r fatsian oedd yn rhoid sbonc oedd y Jyrman oedd yn cael ei ladd.

Fel yna mae gneud, wsti, medda fo, a chwerthin arna i hefo'i ddau lygad glas. Fel yna mae lladd y diawliaid.

A dyma Wmffra'n edrach i fyny-ag-i-lawr Rallt i weld oedd yna rywun heblaw fi yn ei glywad o. Fyddi di'n rhegi? medda fo.

Na fyddaf. Dim ond daria fydda i'n ddeud pan fydda i wedi gwylltio.

Da iawn, yngwas i, medda Wmffra, a phoeri ar lawr rhwng ei bennaglinia. Paid ti byth a dysgu rhegi.

Ac yn lle gofyn am gael y bocs canu clycha yn ôl, be wnaeth o ond mynd i bocad i wasgod wedyn a tynnu'r gyllath allan a rhoid honno imi hefyd.

Mae yna fin iawn arni hi, wsti, ar ôl iti ddallt sut mae hi'n agor a chau, medda fo. Gad imi ddangos iti.

A dyma fo'n rhoid fy mawd i ar y carn ac yn pwyso nes oedd y llafn yn neidio allan.

Mi fedri di naddu pob dim hefo hon, wsti.

A dyma fo'n dangos imi wedyn sut oedd hi'n cau. Dim ond rhoid blaen y llafn yn erbyn y llawr a pwyso. Roedd o'n mynd i mewn i'r carn a rhoid clìc.

Esgob, dyn clên ydach chi, meddwn i.

Ydi dy fam yn y tŷ? medda Wmffra'n sydyn, ar ôl imi roid y gyllath ym mhocad arall fy nghot.

Ydi.

Beth mae hi'n neud?

Gneud y gwely oedd hi pan oeddwn i'n dwad allan. Fi wedi bod yn cysgu ynddo fo trwy'r pnawn.

Mi fydda inna'n leicio nap bach yn y pnawn hefyd, medda Wmffra, wrth danio'i getyn a poeri.

Sâl oeddwn i, dyna pam oeddwn i'n cysgu. Mynd yn sâl ar ôl i Mam fynd i Reglwys, a mynd i lawr i'w nhôl hi, a mynd i gysgu yn y Fynwant ar ôl gorfadd i lawr i weitiad iddi hi ddwad allan. A hitha'n fy ngweld i'n gorfadd ar draws bedd, yn chwrnu cysgu run fath â dyn chwil, ac yn fy nghario i adra a'm rhoid i yn y gwely, a finna'n chwrnu cysgu trwy'r cwbwl. Dew, ogla da sydd ar eich baco chi.

Fachgan, felly wir, medda Wmffra, yn slo bach, fel tasa fo ddim yn fy nghlywad i. Ac mi cariodd di'r holl ffordd adra?

Do wir, meddwn inna, a'r lle'n fwg i gyd o gwmpas gwynab Wmffra. Rydw i'n leicio'r ogla yna sydd ar eich baco chi.

Dal i bwffian run fath ag injian trên bach Chwaral ddaru Wmffra am dipyn. Wedyn dyma fo'n troi ar ei gwrcwyd nes oedd o â'i wynab ataf i.

Yli, medda fo, a chnocio'i getyn ar y wal a'i roid o ym mhocad ei drywsus. Wnei di ofyn i dy fam ddwad yma i de pnawn dydd Sul hefo Leusa a chdi a finna?

Ddaw hi ddim, meddwn inna'n ddigalon.

Pam na ddaw hi ddim?

Mae'r ddwy wedi ffraeo, a dydyn nhw ddim yn sbio ar ei gilydd.

O-o-o-o, medda Wmffra, a'i lais o'n mynd i fyny-ag-i-lawr. Felly wir? Am beth ddaru nhw ffraeo?

Eich gwraig chi ddaru achwyn bod Mam yn hel streuon arni hi, meddwn i, a dwy law ym mhocedi nghot yn gafael yn dynn yn y gyllath a'r bocs canu clycha. Ond rowlio chwerthin oedd Wmffra wrth godi oddiar ei gwrcwyd, a finna'n codi ar ei ôl o.

Dyma fo'n gwyro i lawr a deud yn fy nghlust i: Mae'r merchaid yma i gyd yn leicio hel streuon, wsti. Ac mae Leusa yma gystal â dim un ohonyn nhw.

Dew, dyn tal oedd Wmffra.

Rwan, medda fo yn ei lais ei hun, ar ôl sythu i fyny, a finna'n gorfod plygu ngwegil yn ôl i sbio arno fo. Gwna di iddi hi ddwad pnawn dydd Sul, a chditha hefyd. A dwed wrth dy fam, medda fo, a mynd i bocad ei drywsus a thynnu rhywbath allan yn ei ddwrn. A dwed wrth dy fam, yngwas i, fod Wmffra gŵr Leus yn rhoid hwn yn bresant iddi hi.

A sodro papur chweigian yn fy llaw i cyn imi wybod be oedd o'n neud.

Esgob, chi ydi'r dyn clenia welais i erioed, meddwn i, a rhedag fel fflamia i lawr Rallt i'r tŷ i ddeud wrth Mam.

Ydi wir, meddwn i am yr ail dro wrthi hi pan oedd hi'n gwrthod coelio. Mae Leusa ac Wmffra eisio ichi ddwad.

Olreita, medda Mam yn slo bach. Mi awn ni ill dau yno i de dydd Sul. Chwara teg i'r hen Wmffra.

Mi fasa'n werth ichi weld Leusa Tŷ Top pnawn yma, medda Gwraig Elis Ifas wrth Mam, wedi taro i mewn ar ei ffordd adra o Siop Bont amsar te drannoeth.

Newydd ddwad adra o Pentra roedd Mam a finna, wedi bod yn siopa pnawn Sadwrn, ac roedd gen i naw ceiniog ym mhocad fy nhrowsus. Mi fyddwn i'n mynd hefo Mam i Pentra bob pnawn Sadwrn, a fyddwn i byth yn dwad adra hefo llai na naw ceiniog. Stopio i siarad hefo hwn-a-hwn a hon-a-hon fydda Mam ar y Stryd, neu yn Siop John Jos Lliw Glas, neu yn Siop Rolant Jos Tatws Cynnar, neu yn Porcsiop.

Diar annwyl, mae'r hogyn bach yma'n prifio, medda pwy bynnag fydda'n siarad hefo hi. Neu, diar annwyl, faint ydy'i oed o rwan? Neu, bobol annwyl, ond ydy'r amsar yn mynd? Faint ydy d'oed di, ngwas i?

Ac mi fyddwn i'n siŵr o geiniog gan bob un, a hel cymaint a deunaw weithia ar Ddy Sadwrn Setlo, a chario'r rhwyd siopa i Mam fyny Rallt pan fydda hi'n drwm.

Roedd hi'n ddigon o sioe, merch i, medda Mrs. Ifas, a rhoi pwniad arall i Mam yn ei phen-glin.

Beth oedd ganddi hi felly? medda Mam.

Roedd hi'n ddigon o sioe, medda Mrs. Ifas wedyn—a finna'n methu dal, eisio gwybod pa sioe—wedi cael dannadd gosod a het a ffyr newydd sbon. Ac yn cerddad i lawr Stryd run fath â tasa hi oedd pia Pentra, a Wmffra'n gafael yn i braich hi.

Tewch da chi, medda Mam, wedi synnu. Peth rhyfadd na fasan ni wedi'u gweld nhw a ninna yn Stryd trwy'r pnawn. Leus druan.

Leus druan beth? medda Mrs. Ifas. Gei di weld, mi fydd hi mor larts rwan ar ôl cael Wmffra'n ôl, mi fydd yn troi'i thrwyn arnom ni i gyd.

Tasach chi'n gweld llygaid Gwraig Elis Ifas yn agor yn llydan pan ddwedais i: Mae Mam a finna'n mynd i de i Tŷ Top fory.

A dyma hi'n sbio'n rhyfadd ar Mam a'i llygaid hi, ar ôl agor mor llydan, wedi hannar cau. Roeddwn i'n meddwl nad oeddach chi a Leusa ddim yn ffrindia, medda hi.

Ond deud dim byd ddaru Mam, dim ond sbio i'r tân.

Wmffra Tŷ Top ddaru ofyn i mi, meddwn i. Ylwch be ges i gynno fo.

A dyma fi'n nôl y bocs canu clycha oddiar y dresal a'i agor o a'i roid o wrth glust Gwraig Elis Ifas. Ydach chi'n clywad y clycha'n canu? meddwn i.

Nac ydw i, medda hithau, a chodi i fynd.

A hon ges i ganddo fo hefyd, meddwn i, a thynnu'r gyllath o mhocad. Ond doedd Gwraig Elis Ifas ddim fel tasa hi eisio gweld na chlywad dim byd.

Gwell imi beidio hel chwanag a streuon, medda hi, a'i gneud hi am y drws. Hen dacla ofnadwy ydy'r llongwrs yna. Mi fydd yr hen ddyn acw o'i go os na chaiff o'i de. Ta ta rwan.

A ffwrdd a hi, a phan ddois i'n ôl ar ôl mynd a hi i'r drws dyna lle'r oedd Mam yn dal i sbio i'r tân. Ond roedd hi'n rowlio chwerthin erbyn hyn.

Am be rydach chi'n chwerthin, Mam? meddwn i.

Eisio gweld Leus yn ei dannadd gosod, medda hitha.

FI oedd y cynta yn Reglwys bora drannoeth. Dew, oedd hi'n fora dydd Sul braf hefyd, a'r haul yn twynnu ar y cloch-dy ac ar yr angylion cerrig yn y Fynwant, pan oedd y gloch yn dechra canu ar ôl imi fynd trwy'r giat.

Gla-a-anger-iwbiaid-a-Se-raff-iaid meddan ni ar dop ein lleisia, a bora i ganu oedd o hefyd. Roedd Huw a finna'n eistadd wrth ochra'n gilydd bob amsar yn y Côr, ac mi fyddan ni'n leicio bora Cymun yn well na dim un bora Sul arall er nad oeddan ni ddim wedi cael ein conffyrmio. Leicio edrach fyddan ni ar y bobol yn dwad i fyny o Llawr yn un rhes i fynd ar eu pennaglinia wrth yr Allor, ac edrach pwy oedd yno a pwy oedd ddim yno.

Oedd raid i ni yn y Côr watsiad be oeddan ni'n neud hefyd, achos oedd tad Ffranc Bee Hive wrth yr organ yn medru'n gweld ni trwy'r lwcin glas oedd wrth ei ben o er bod o â'i gefn atom ni pan oedd o'n chwara'r organ. Ond roeddan ni'n medru gneud lot o betha o dan ein syrplis heb i dad Ffranc Bee Hive ein gweld ni.

Dim ond unwaith wnes i chwarae pinsio o dan ein syrplis hefo Huw, a faswn i ddim wedi gneud radag honno chwaith taswn i wedi agor fy llygada'n gynt a gweld na fydda Mam Huw byth yn torri'i winadd o. Newydd ddechra gweddïo oedd Huws Person pan aethom ni ati radag honno i chwara pinsio.

Rho di dy law imi o dan fy syrplan i ac mi rof inna'n llaw i titha, medda Huw. Mi gei di fy mhinsio i ac mi pinsia inna ditha. A'r un sy'n ennill ydy hwnnw fedar ddal hira heb weiddi O.

Dyna lle'r oeddan ni ill dau'n edrach i mewn i'r lwcin glas wrth ben yr organ rochor draw a'n gwyneba ni fel prenna, ac yn plygu'n penna i weddïo bob yn ail, ac yn pinsio dwylo'n gilydd fel coblyn o dan y syrplis. Mi ddaliais i heb

gymint â chrychu nhrwyn tan tua canol y weddi, lle'r oedd
Huws yn sôn am Angylion ac Archangylion a Holl Gwm-
peini Nef. Ac wedyn dyma fi'n gweiddi O yn ddistaw bach,
a Huw yn gwyro i lawr i smalio codi llyfr hymna a troi'i
wynab i sbio arnaf i.

Fi sy wedi ennill, medda fo.

Pan edrychais i ar gefn fy llaw roedd hi'n stillio gwaedu,
a darn o groen yn hongian. Oedd raid imi roid hancaits
amdani hi a'i chadw hi ym mhocad fy nghasog tan ddiwadd
y gwasanaeth. Mae'r graith yma o hyd.

Dew, canu da o'r Llawr bora 'ma, medda Huw ar ôl inni
eistadd i lawr ar ôl canu Glân Geriwbiaid bora Sul yma.
Welais i moni mor llawn erstalwm iawn. Wyddost ti pam
mae hi mor llawn?

Na wn i.

Eisio gwybod mae pobol be mae Huws Person yn mynd i
neud hefo Gres Elin Siop Sgidia ar ôl iddi gael plentyn
siawns. Lle mae dy Fam? Dydi hi ddim yn ei sêt.

I Cymun Wyth fydd hi'n mynd, ac aros adra wedyn i
neud cinio.

Ddaru ni ddim deud dim byd wedyn am sbel, achos oedd
tad Ffranc Bee Hive yn llygadu arnan ni yn y lwcin glas, ac
oedd Huws Person a Huws Ciwrat yn cerddad i fyny at yr
Allor. Ar ôl iddyn nhw fynd roeddan ni'n mynd ar ein pen-
naglinia i weddïo. Cyn imi ddwad i'r Côr, pan oeddwn i'n
eistadd yn sêt ni hefo Mam, oedd dim eisio mynd ar ein
pennaglinia, dim ond rhoi pen i lawr. Ond yn y Côr oedd
raid inni fynd ar ein pennaglinia, achos oedd pawb yn
medru'n gweld ni.

Mi fyddwn i wrth fy modd amsar gweddïo hefyd. Oedd
Ceri, hogan Canon, yn eistadd yn yr altos rochor draw imi,
wrth yr organ, ac mi fyddwn i'n medru sbio arni hi trwy
mysadd, heb iddi wbod, a meddwl pob matha o betha
amdani hi. Roedd Ceri yn ei du o hyd, ac yn gwisgo fêl ar
ddy Sul, er bod hi'n flwyddyn dest iawn er pan ddaru Canon
farw. Falla nad ydy hi ddim yn rhy hen i fod yn gariad imi
chwaith, meddwn i wrthyf fi'n hun. Ymhen deng mlynadd
arall mi fydda i'n igian oed, a fydd hitha ddim ond wyth ar

higian. Falla basa hi mhriodi fi'r adag honno os gofynna i iddi.

Deuwch ataf fi bawb ar y sydd yn flinderog ac yn llwythog a mi a esmwythaf arnoch, medda llais Huws Person o'r Allor.

Does ganddi hi ddim cariad eto, beth bynnag, meddwn i. Peth rhyfadd hefyd, a hitha'n hogan mor dlws. Ond mae'n siŵr bod gormod o hiraeth arni hi ar ôl Canon i feddwl am gariad rwan. Erbyn bydd hi'n wyth ar higian mi fydd wedi stopio hiraethu ar ei ôl o, dw i'n siŵr.

Gan hynny gydag Angylion ac Archangylion, a chyda holl Gwmpeini Nef, y moliannwn ac y mawrhawn dy ogoneddus Enw, meddan ni i gyd hefo'n gilydd.

Wedyn oedd Huws Person a Huws Ciwrat ar eu pennaglinia o flaen yr Allor, a'u cefna atom ni, a ninna i gyd yn aros ar ein pennaglinia, a Huws Person yn gweddïo ar ei ben ei hun: Nid ydym ni deilwng cymaint ag i gasglu'r briwsion dan dy Fwrdd di, medda fo, a finna'n sbio trwy mysadd ar Ceri ac yn meddwl am y bagia o grystia a brechdanna a chig sbâr fyddwn i a Mam yn gario o Ficrej erstalwm pan oedd Canon yn fyw a Mam yno'n golchi.

Dyma nhw'n dwad, medda Huw ar ôl inni godi ar ein heistadd, a Huws Person wedi gorffan gweddïo a gneud y bara a'r gwin yn barod. Dynion a merchaid y Côr, a'r genod a'r hogia oedd newydd gael eu conffyrmio oedd yn cerddad i fyny at yr Allor gyntaf, ac wedyn dyma nhw'n dechra dwad o Llawr.

Mi fetia iti mai Meri Eirin fydd y gynta'n cyrraedd o Llawr.

Mi fetia inna mai John Morus Cerrig Bedda fydd y cynta, meddwn i.

Roedd Meri Eirin wedi cychwyn o'i sêt hefo'i dwy hogan o ochor dde Llawr, a John Morus yn dwad o'r ochor chwith. A phan ddaru nhw gyrraedd y lle darllan llithoedd roeddan nhw'n lefel pegins, ond dyma Meri'n rhoi cam bras ymlaen a chael y blaen ar John hefo'i dwy hogan.

Fi ddaru ennill, medda Huw.

Oedd dwy hogan Meri Eirin newydd gael eu conffyrmio, dyna pam oedd hi am fod ar y blaen efo nhw. A phwy ddaeth tu ôl iddyn nhw a John Morus ond Cêt Rhesi Gwynion a Nel Fair View. Roeddan hwytha hefyd newydd gael Bedydd Esgob.

Wyt ti'n cofio Dydd Iau Dyrchafael llynadd, medda Huw trwy ochor ei geg. A dyna lle'r oedd o'n treio tynnu sylw Cêt a Nel, ond sbio'n syth o'u blaena ar yr Allor ddaru'r ddwy nes oeddan nhw wedi pasio. Tro nesa oedd Huw a fi'n cael ein conffyrmio.

Erbyn hyn oedd pobol Llawr yn llifo i fyny'n un rhes hir at yr Allor. Tad Wil Bach Plisman oedd nesa yn y rhes, yn ei ddillad ei hun.

Faswn i byth yn meddwl mai plisman ydy o, medda Huw. Na finna chwaith.

Wedyn dyma Ann Jos Shop yn dwad, wedi gadael ei brawd yn y sét am nad oedd o wedi cael ei gonffyrmio cyn mynd i Mericia. Sbio i lawr ar ein llyfra hymna ddaru Huw a finna pan oedd Ann Jos yn dwad i fyny. Leusa Tŷ Top oedd tu ôl iddi hi, yn larts ofnadwy yn ei dillad newydd, a hitha, run fath ag Ann Jos, wedi gadael Wmffra yn ei sêt am nad oedd o ddim wedi cael ei gonffyrmio cyn mynd i'r môr.

Dew, be tasa'r hen Wil Elis yn cael ffit rwan, medda Huw pan ddaeth Wil Elis Portar tu nôl i Leusa Tŷ Top. Ond oedd yr hen Wil yn ei hwylia gora, ac yn rhoid winc slei ar Huw a finna wrth basio.

Tu nôl iddo fynta dyma Harri Bach Clocsia'n dwad heibio, a'i ddwy law yn ei lewys, a'i wynab o run fath â tasa fo'n chwerthin hi-hi-hi wrtho fo'i hun, ac yn cymryd cama bach bach, nes oedd o fel tasa fo'n rhedag at yr Allor yn lle cerddad.

Wedyn mi ddaeth tad Jini Bach Pen Cae, Now Gwas Gorlan, Defi Difas, Joni Edwart Bwtsiar, Mam Now Bach Glo, Jos Plisman Newydd, yn edrach yn fwy fel plisman yn ei ddillad ei hun na Tad Wil Bach Plisman, a Gwraig Elis Ifas, a lot o rai eraill nad oeddan ni ddim yn eu nabod yn dda iawn. Oedd Ffranc Bee Hive ac Elis Ifas Drws Nesa a Preis Sgŵl wedi mynd hefo'r rhai cynta am eu bod nhw yn y Côr.

Erbyn hyn oedd yna res wedi llenwi'r reilins o flaen yr Allor a Huws Person yn mynd ar hyd y rhes hefo Huws Ciwrat. Huws Ciwrat oedd yn rhoid y bara yn llaw bob un, a Huws Person yn mynd ar ei ôl o hefo'r cwpan gwin. Corff ein Harglwydd Iesu Grist dy-dy-dy-dy, medda Huws Ciwrat wrth bob un. Gwaed ein Harglwydd Iesu Grist dy-dy-dy-dy, medda Huws Person ar ei ôl o.

Edrach ar eu sgidia nhw y bydda Huw a fi pan oeddan nhw ar eu pennaglinia, i gael gweld pwy fydda heb gael eu gwadnu nhw. Mi fydda rhai Wil Elis Portar a Harri Bach Clocsia bob amsar a twll yn eu gwadna; ond y llwynog ar ffyr Leusa Tŷ Top oedd yn mynd a'n sylw ni bora yma. Roeddan ni'n medru gweld ei ben o'n chwerthin arnan ni oddiar ei hysgwydd hi, a'i lygaid duon o'n sgleinio, fel sêrs.

Wyt ti'n meddwl mai Carlo ci Weun ddaru ddal y llwynog yna sy ar gefn Leusa Tŷ Top? medda Huw.

Taw ffŵl, meddwn inna. Wmffra'i gŵr ddaeth a fo iddi hi dros y môr. Mae Mam a finna'n mynd yno i de pnawn yma a gael yr hanas.

O ia siŵr iawn, medda Huw. Iesu! Yli pwy sy'n dwad.

Erbyn hyn oedd pen ôl y rhes dest a chyrraedd yr Allor, a ninna'n meddwl mai Mrs. Jos Plisman Newydd, honno oedd yn forwyn yn Ficrej pan fydda Mam yn mynd yno, oedd y ddwytha. Ond pwy gododd o'i sêt yn sydyn yng ngwaelod Llawr wrth y drws, a cherddad i fyny yn steil i gyd, hefo fêl a sbotia gwynion arni hi dros ei gwynab ond Gres Elin Siop Sgidia.

Pwy ydy hi? meddwn i cyn imi weld pwy oedd hi.

Gres Elin Siop Sgidia, medda Huw. Wyt ti'n cofio ni'n ei gweld hi yn Parc Defaid hefo Ffranc Bee Hive erstalwm?

Ydw siŵr. Pan oeddan ni'n hel cnau daear.

Ia. Mae hi wedi cael babi a does 'na neb yn gwybod pwy ydy'i dad o.

Taw! Pam felly?

Wnaiff hi ddim deud wrth neb.

Falla nad ydy hi ddim yn gwbod ei hun.

Falla wir. Roedd hi'n mynd i Parc Defaid hefo rywun bob nos dest, medda nhw.

Falla mai Ffranc Bee Hive ydy'i dad o.

Cau dy geg. Mae tad Ffranc Bee Hive yn edrach arnan ni trwy'r lwcin glas.

Erbyn hyn oedd Gres Elin Siop Sgidia wedi dwad i fyny

ac yn sefyll ar ben ei hun yn gweitiad i rywun godi ar ôl cael
Cymun i neud lle iddi hi wrth reilins yr Allor. Corff ein
Harglwydd Iesu Grist dy-dy-dy-dy, medda Huws Ciwrat.
Gwaed ein Harglwydd Iesu Grist dy-dy-dy-dy, medda
Huws Person nes oedd pawb wedi codi oddiar y reilins, a
Gres Elin Siop Sgidia yno ar ben ei hun ar ei phennaglinia
a'i phen i lawr. Oedd Huws Person a Huws Ciwrat wedi
mynd yn ôl at yr Allor ac yn sefyll â'u cefna atan ni, yn
gneud rhywbath hefo'r bara a gwin, ond doeddan ni ddim
yn medru gweld beth oeddan nhw'n neud.

Wedyn dyma Huws Ciwrat yn dwad ac yn deud Corff ein
Harglwydd Iesu Grist dy-dy-dy-dy ac yn rhoid tamaid o fara
i Gres Elin, a hitha'n gneud cwpan hefo'i dwylo ac yn ei
lyncu o a wedyn yn rhoid ei phen yn ei dwylo a gweddïo.
Erbyn hyn oedd pawb yn y Côr ac yn y Llawr yn eistadd
yn eu seti ac yn sbio ar Gres Elin yn fan honno ar ben ei hun
bach, yn gweitiad i Huws Person droi rownd hefo'r Cwpan
i ddwad a gwin iddi hi.

Ond ddaru Huws Person ddim troi rownd, dim ond sefyll
yn fan honno a'i gefn atan ni, a'i ben o wedi plygu'n ôl, fel
tasa fo'n edrach i fyny ar yr angylion a llun Iesu Grist a'i
Fam yn y ffenast liwia wrth ben yr Allor.

Ddaru Gres Elin ddim symud oddiar ei phennaglinia
chwaith am yn hir iawn, dim ond dal i weitiad am y Cwpan
â'i phen yn ei dwylo. O'r diwadd, pan oedd hi'n ddigon clir
i bawb nad oedd Huws Person ddim am droi rownd a dwad
a'r Cwpan iddi hi, dyma Gres Elin yn codi a throi rownd a
dechra cerddad i lawr o'r Allor, a llygada pawb yn y Côr ac
yn y Llawr arni hi.

Ond mi fasa'n werth ichi weld Gres Elin. Oedd hi mor
larts â neb yn Reglwys. Wrth ein pasio ni dyma hi'n gafael
yn ei fêl sbotia gwynion ar dop ei het ac yn ei rhoid hi dros
ei gwynab a'i chlymu hi o dan ei gên hefo'i dwy law. Ac yn
lle cerddad yn ôl i'w sêt, be wnaeth hi ond cerddad i lawr
canol Llawr a throi ar y chwith ac allan a hi trwy'r drws.

Dew, biti drosti hi, medda Huw.

Ia achan, medda finna. Ond arni hi oedd y bai yn mynd i
Parc Defaid.

Ar ôl iddi hi fynd dyma llygaid pawb yn troi'n ôl at yr

Ond ddywedodd Huws Person ddim troi rownd,
dim ond sefyll yn fan honno
a'i gefn atyn ni, a'i ben o
wedi plygu'm 'ôl, fel tasa
fo'n edrach i fyny
yn union
llun Iesu
Grist

a'i fam yn y
ffenast liwra
wrth ben yr allor.

Allor. A dyna lle'r oedd Huws Person a Huws Ciwrat â'u cefna atan ni, yn dal i neud rhywbath hefo'r bara a gwin, ac yn dal i ddeud Corff ein Harglwydd Iesu Grist dy-dy-dy-dy a Gwaed ein Harglwydd Iesu Grist dy-dy-dy-dy.

Gwatsia Huws Person yn llyncu, medda Huw.

Ac ar y gair dyma Huws Person yn dechra yfad o'r Cwpan, a'i ben o'n mynd fwy yn ôl o hyd nes oedd o fel tasa fo'n edrach ar y to, a'r Cwpan â'i ben i lawr wrth ei geg o.

Wnaiff o feddwi tybad? medda fi wrth Huw.

Na wnaiff, siŵr iawn. Dydy gwin Cymun ddim run fath â cwrw Blw Bel, wsti. A mae'n rhaid iddo fo yfad pob dropyn sy ar ôl am fod y gwin wedi cael ei gysegru.

Wedyn dyma'r ddau, Huws Person a Huws Ciwrat, ar eu pennaglinia, a'u cefna atan ni o hyd. Ein Ta-a-ad, medda Huws Person. Ein Ta-a-ad, medda ninna i gyd o'r Côr a Llawr, a deud ein Padar hefo'n gilydd.

Pan gododd Huws Person a throi rownd oedd ei wynab o mor wyn â'i syrplan. Ac roedd o'n sbio o'i flaen fel tasa fo wedi gweld ysbryd yn y drws, ond oedd yna ddim byd yno.

O Arglwydd a Nefol Dad, meddan ni ar ei ôl o, er ein bod ni yn annheilwng trwy ein hamryw bechodau, i offrwm iti un aberth, eto ni a atolygwn i ti gymeryd ein rhwymedig ddyled a'n gwasanaeth hwn, nid gan bwyso ar ein haeddedigaethau ond gan faddau ein pechodau . . .

Ond erbyn hyn oeddwn i wedi colli fy lle yn y llyfr ac yn sbio trwy 'mysadd ar Ceri ac yn meddwl am Mam yn gneud cinio. Tatws-a-chig-yn-pobdy. Oeddwn i fel taswn i'n clywad eu hogla nhw'n barod, a dest a marw eisio i'r gwasanaeth orffan er mwyn imi gael rhedag i fyny Rallt adra.

Tangnefedd Dduw, yr hwn sydd uwchlaw pob deall, medda Huws Person o'r diwadd yn y Festri. Amen, meddan ninna ac i ffwrdd â'r syrplan a'r gasog ar y peg ac allan a ni.

Ddoi di i helpu fi chwythu'r organ i'r gwasanaeth Seusnag pnawn 'ma, Huw? meddwn i ar ôl inni gyrraedd Giat Fynwant.

Do i. Wedyn mi awn ni am dro i Parc Defaid cyn te.

Olreita, meddwn i, a rhedag i fyny Rallt i'r tŷ.

Dew, ogla da, meddwn i wrth Mam ar ôl eistadd yn y

gadar i edrach arni'n rhoid y cinio ar y bwrdd. Wyddoch chi pwy oedd yn Cymun bora 'ma?

Na wn i. Lot fawr, 'dw i'n siŵr.

Oedd. Oedd Reglwys yn llawn. Oedd Leusa Tŷ Top yno hefo Wmffra, ond daeth Wmffra ddim i fyny i gael Cymun. Wyddoch chi pwy arall oedd yno?

Na wn i.

Gres Elin Siop Sgidia.

Taw da chdi. Yr hen sopan bach wyllt iddi hi. Dydy pobol run fath â hi ddim ffit i gael Cymun.

Chafodd hi ddim.

Ond oeddwn i'n meddwl dy fod ti'n deud ei bod hi yn y Cymun.

Oedd, ond chafodd hi ddim.

Ar ganol rhoid pys ar y platia o'r ddesgil hefo llwy fawr oedd Mam, a dyma hi'n stopio ac yn troi ac edrach ym myw fy llygaid i.

Be wyt ti'n feddwl chafodd hi ddim?

Mi ddaru Huws Ciwrat roid bara iddi hi, ond mi wrthododd Huws Person roid gwin iddi hi.

Taw da chdi. Oedd Mam yn dal i sbio arnaf i fel tasa hi mewn breuddwyd. Taw da chdi, medda hi wedyn yn slo bach, a mynd ymlaen i roid y pys ar y platia.

Biti drosti yntê? meddwn i.

Ond falla mai fo oedd yn ei le, medda hitha.

Pam oeddan nhw'n rhoid bara iddi hi a dim yn rhoid gwin?

Felna mae nhw'n gneud, wsti. Tyrd yn dy flaen at y bwrdd rwan. Rydw i'n siŵr dy fod ti dest a llwgu, medda hitha, a throi'r sgwrs.

Wnes inna ddim holi dim byd arall am y peth.

Lwc bod Huw wedi dwad hefo fi i helpu chwythu'r organ yn y gwasanaeth Saesneg y pnawn hwnnw hefyd. Now Bach Glo oedd wedi gofyn i mi fynd yn ei le fo am fod o eisio mynd i ddal cwningod hefo Now Gorlan. Unwaith oeddwn i wedi bod yn y cwt chwythu'r organ o'r blaen, a hynny hefo Now, pan ddaru o ddangos imi sut i wthio'r chwthwr i fyny-ag-i-lawr a gofalu nad oedd yr organ ddim yn mynd allan o wynt. Mi fydda Now yn dwad allan o'r cwt bob amsar pregath ac yn eistadd yn y sêt-dan-pulpud a'i law o dan ei ben yn gwrando. Mi gei di aros i mewn trwy'r bregath rhag i bobol dy weld di, medda Now radag honno. A hynny fuo.

A'r un peth ddwedais i wrth Huw y pnawn hwnnw. Hen wasanaeth diflas oedd y gwasanaeth Seusnag. Dim ond rhyw hannar dwsin fydda'n mynd iddo fo. Mister Vinsent Bank a'i wraig a'u hogyn bach, Cyril, oedd yn tyfu ei wallt cyrls run fath â hogan. Doeddan nhw ddim yn dallt Cymraeg, dyna pam oeddan nhw'n mynd. A mynd am eu bod hwytha'n mynd yr oedd Mrs. Ellis Bee Hive a gwraig Defi Difas Snowdon View ac un neu ddwy arall, nid am eu bod nhw ddim yn dallt Cymraeg.

Huws Ciwrat oedd yno ac nid Huws Person, a hwn oedd y tro cynta iddo fo fod yn y gwasanaeth Seusnag. Lwc ar y naw bod Huw wedi dwad i helpu hefyd, achos oedd y pren chwthu mor drwm, rydw i'n siŵr na faswn i ddim wedi medru chwthu ar ben fy hun.

Dew, mae'n rhaid bod Now Bach Glo'n gry, meddwn i wrth Huw pan oeddan ni'n chwthu i Nunc Dimitis.

Ydy. Welaist ti ei fysls o pan fydd o yn llewys ei grys? Peth iawn i fagu mysls ydy chwthu'r organ wsti.

Ia yntê, meddwn i, a chymryd y chwthwr o law Huw. Ond nid dyna'r unig reswm pam oeddwn i'n deud ei bod hi'n lwc bod Huw wedi dwad hefo fi.

Mi gei di aros i mewn yn y cwt trwy'r bregath os leici di, meddwn i wrtho fo pan oedd Huws Ciwrat wedi mynd i fyny i'r pulpud ac yn deud In the name of the Father and the Son and the Holy Ghost.

Olreita, medda Huw. Dos di allan.

Olreita, meddwn i, ac allan a fi i eistadd yn y sêt-o-dan-pulpud, a setlo i lawr i wrando, a llaw dan fy mhen run fath â Now Bach Glo. Seusnag run fath â Chymraeg oedd Huws Ciwrat yn siarad, ac er mod i'n treio ngora i wrando arno fo, meddwl am betha eraill oeddwn i o hyd. Dim ond un gair ydw i'n gofio o'r bregath honno, a dyna pam rydw i'n cofio hwnnw, am mod i'n methu dallt beth oedd o'n feddwl. Monotonousness oedd y gair ddwedodd Huws Ciwrat, run fath yn union â tasa fo'n siarad Cymraeg. Mo-no-to-noss-ness, medda fo'n slo bach.

Dew, ia, lwc bod Huw wedi dwad hefo fi. Mae'n rhaid mai'r adag honno, pan oedd Huws Ciwrat yn deud Monotonossness y daru fi fynd i gysgu. Y peth nesa oeddwn i'n gofio oedd neidio i fyny yn y sêt pan ddaru'r organ ddechra canu Awake my soul and with thy strength, a rhoid gwib i mewn i'r cwt. A dyna lle'r oedd Huw yn chwthu am ei fywyd ac yn rowlio chwerthin am fy mhen i.

Un da wyt ti, medda Huw.

Oedd Moi yn rowlio chwerthin hefyd pan ddwedodd Huw yr hanas wrtho fo. Ar ôl dwad o Reglwys oeddwn i eisio mynd i Parc Defaid am dro, ond aethon ni ddim.

Does yna ddim byd yno pnawn Sul, wsti, medda Huw. Dydy'r cnau ddim yn barod i'w hel eto, a fedrwn ni ddim cael cnau daear yn y dillad dy Sul yma. Mi awn ni i edrach am yr hen Foi yn ei wely.

Olreita.

Dwad i edrach am Moi, medda Huw yn y drws ar ôl inni gnocio, a Mam Moi yn atab, a'i gwallt hi mewn pinna cyrls a golwg fel tasa hi newydd ddeffro ar ôl bod yn cysgu arni hi.

Dowch i mewn nghywion i, medda hi. Cerwch i fyny i'r llofft ato fo. Mi wna i panad o de mewn dau funud.

Oeddan ni'n teimlo'n fwy cyfforddus na'r adag euthon ni'n dau yno o'r blaen pan oedd Yncl Now Moi yn fyw, cyn iddo fo'i grogi'i hun, ond pan oeddan ni'n mynd i fyny grisia mi roddodd Huw bwniad imi.

Yli pwy sy fan yma, medda fo.

A dyna lle'r oedd Yncl Now Moi mewn ffram ddu ar y parad yn edrach arnan ni a'i wynab o run fath â gwynab angal.

Mi ddychrynais i pan welais i Moi yn gorfadd yn ei wely, ond wnes i ddim dangos dim byd.

Hylo, sud wyt ti'r hen Foi? medda Huw.

Smai? meddwn inna.

Hylo, lats, medda Moi, yn codi ar ei eistadd. Rydw i'n iawn, wchi, ond bod Mam yn gwrthod gadael imi godi. Mae hi'n deud falla ca i godi fory ar ôl i Doctor fod yma, ond dyna ddaru hi ddeud y tro dwytha hefyd.

Dyna be sy i gael am fynd i ddal samons hefo Now Bach

Glo, medda Huw tan chwerthin. Wyddost ti lle rydan ni wedi bod?

Na wn i. Ond mi faswn i'n leicio taswn i hefo chi.

Yn Reglwys yn chwthu'r organ yn lle Now Bach Glo, iddo fo gael mynd i hel cwningod hefo Now Gorlan.

Dyma iti chwthwr da ydy hwn, medda Huw, a dechra deud fy hanas i'n mynd i gysgu, nes oedd Moi yn rowlio chwerthin.

Ond er mod inna'n chwerthin hefo nhw fedrwn i yn fy myw dynnu fy llygaid oddiar wynab Moi. Sôn am lygaid. Oedd ei lygaid o'n sgleinio run fath yn union â llygaid y llwynog hwnnw welsom ni ar ysgwydd Leusa Tŷ Top yn Cymun, a'i wynab o'n wyn run fath â gwynab Huws Person ar ôl iddo fo wrthod rhoid gwin i Gres Elin Siop Sgidia, ond bod yna ddau bats coch ar wynab Moi, un ar bob boch. A phan oedd o ar ganol rowlio chwerthin dyma fo'n dechra pesychu fel dwnimbê.

Estyn y pot piso yna imi o dan gwely, Huw, medda fo rhwng pesychu. A dyma Huw yn rhoid ei law o dan y gwely a dwad a'r pot allan.

Dal o imi gael pwyri iddo fo, medda Moi pan gafodd o'i wynt.

Iesu, wyt ti'n pwyri gwaed, medda Huw, a'r tri ohonom ni'n stopio chwerthin, a Huw a finna'n edrach ar y gwaed yn y pot.

Dydy o ddim byd, wsti, medda Moi ar ôl iddo fo stopio pwyri a pesychu a Huw wedi rhoid y pot yn ôl o dan y gwely. Mi fydda i'n pwyri gwaed bob amsar ar ôl cael annwyd. Wyddoch chi pwy sy'n dwad i aros i Blw Bel, hogia?

Pwy?

Cefndar Joni Casgan Gwrw? medda Huw.

Ia, ond sud oeddat ti'n gwybod? medda Moi.

Gesio wnes i. Wedi clywad Joni Casgan Gwrw yn deud bod ei gefndar o'n dwad o Sowth ac yn brolio'i fod o'n focsiwr a basa fo'n rhoid cweir i rywun yn Pentra. Sud wyt ti'n gwybod, a chditha yn dy wely?

Mam ddwedodd wrtha i.

Dyma Mam Moi yn gweiddi i fyny grisia: Dowch, hogia bach, ichi gael panad o de.

Cerwch, lats, medda Moi. Mi gwela i chi fory yn Rysgol.

Ac i lawr grisia a ni i gael panad o de hefo Mam Moi.

Wedi bod yn Reglwys ydan ni, meddwn i wrthi hi. Yn chwthu'r organ i'r gwasanaeth Seusnag yn lle Now Bach Glo.

Dyna hogia da, medda hitha. Mi gaiff Moi yma fynd i Reglwys bob dydd Sul hefo chi ar ôl iddo fo fendio.

Gaiff o wir? meddwn i.

Ydy o'n cael codi fory? medda Huw.

Dydw i ddim yn gwybod eto, tan nes daw Doctor.

Ddaru ninna ddim sôn dim byd am Moi yn pwyri gwaed.

Fuo chi yn Capal heddiw? meddwn i.

Naddo. Dydw i ddim wedi bod er pan ddaru ni golli Yncl Now druan.

Fasa'n werth ichi fod yn Reglwys bora ma, medda Huw. Dew, oedd gynno ni biti drosti hi.

Biti dros bwy?

Dros Gres Elin Siop Sgidia. Huws Person yn gwrthod rhoid Cymun iddi hi.

O, felly wir. Yr hen gythraul iddo fo. Fo a'i Eglwys. Na chaiff wir, erbyn meddwl, chaiff Moi ddim mynd i Reglwys hefo chi ar ôl iddo fo fendio. Ddim tra bydd yr hen gythraul Huws Person yna yma beth bynnag. Gres druan. Yr hen ddiawl iddo fo.

A rhegi Huws Person buo Mam Moi tan nes daru ni adael.

Iesu, mi fu dest imi anghofio, meddwn i wrth Huw ar ôl mynd allan. Mae Mam a fi'n mynd i de i tŷ Leusa Tŷ Top. Rhaid imi'i gluo hi. Ta ta rwan.

Ta ta, medda Huw. Gwela i di fory.

Dew, oedd hi'n braf pan roddodd Mam ei het ora am ei phen a dwad hefo fi i Tŷ Top i de. Mi fasa'n werth ichi weld y ddwy pan ddaeth Leusa i'r drws ar ôl imi gnocio. Dyna lle'r oeddan nhw, ar yddfa'i gilydd a'r ddwy'n gweiddi crio a chwerthin bob yn ail, a Wmffra'n sefyll tu nôl i Leusa a gneud pob matha o stumia arnaf fi, cau un llygad a thynnu ei dafod allan a chrychu'i drwyn hefo'i fys a'i fawd nes oeddwn inna'n rowlio chwerthin.

Dew, difyr oedd gwrando ar Wmffra'n deud hanesion rhyfadd wrth y bwrdd amsar te, a Leusa'n chwerthin am ben pob dim oedd o'n ddeud, a dangos ei dannadd gosod. A Mam yn chwerthin hefyd. A'r drws yn llydan agorad a'r haul yn llifo i mewn i'r tŷ. Oedd yna bob math o sgram i fwyta, a finna'n dyfaru mod i wedi bwyta cinio dy Sul yn Tŷ Ni. Mi fu dest imi a mynd i gysgu yn Reglwys wedyn y nos Sul hwnnw, wedi bwyta gormod.

7.

JONI oedd enw cefndar Joni Casgan Gwrw hefyd, ac er mwyn gwybod pwy oeddan ni'n feddwl dyma ni'n ei alw fo yn Joni Sowth pan ddaeth o i aros yn Blw Bel, am mai hogyn o Sowth oedd o. A phan fydda rhywun o Sowth yn dwad i Pentra mi fydda pawb yn sbio arno fo yn Stryd fel tasa cyrn yn tyfu ar ei ben o, a chwerthin am ei ben o'n siarad, am fod ei Gymraeg Sowth o mor ddigri.

Wyddost ti be mae o'n galw cetyn? medda Huw.

Na wn i.

Pib. A pan fydd o'n sôn am smocio, pibo mae o'n ddeud.

Taw, meddwn i, ac yn rowlio chwerthin.

Iesu, siarad yn rhyfadd mae pobol Sowth yntê? medda Moi pan aethon ni i weld o diwrnod wedyn. Pasia pot piso yna imi eto.

A dyna lle'r oedd Moi druan, yn ei wely o hyd ac yn dal i bwyri gwaed.

A dyna'r tro dwytha inni weld yr hen Foi. Nos Sul wedyn ddaru Huw alw acw a'i wynab o'n wyn fel calch.

Ydach chi wedi clywad? medda fo yn y drws cyn dwad i mewn.

Clywad beth? medda Mam.

Tyrd i mewn o drws Huw, meddwn inna. Be sy?

Moi wedi marw, medda fo'n ddistaw bach.

Moi? Naddo, deud celwydd wyt ti, Huw.

Ond oeddwn i'n gwybod fod Huw'n deud y gwir, wrth ei wynab o. Dim ond eisio rywbath i ddeud oeddwn i, run fath a byddwn i'n chwibanu wrth fynd ar hyd Lôn Stabla ar ôl iddi hi dwyllu erstalwm, i smalio nad oedd arna i ddim ofn bwganod.

A ninna'n siarad hefo fo nos Lun, meddwn i fel taswn i o hyd yn gwrthod coelio.

Oedd o'n pwyri lot o waed noson honno, medda Huw.

Yr hen ddiciau yna, medda Mam. Mae o'n mynd a'r ifanc a'r hen fel ei gilydd.

A wedyn dyma fi'n dechra crio fel babi. Fedrwn i yn fy myw beidio, er mod i'n treio ngora glas, am bod gen i gwilydd i Mam a Huw 'ngweld i.

Oedd Moi a fonta'n ffrindia mawr, medda Huw wrth Mam. Ond gneud esgus drosta fi'n crio oedd Huw wrth gwrs, achos oedd o'n gymaint o ffrindia â finna hefo Moi. Welach chi byth mo Huw yn crio run fath â fi.

Ond mi ddaru Huw grio yn y cnhebrwng hefyd, er na welodd neb mono fo radag honno ond fi. Dim ond rhyw un deigryn bach ddaru bowlio i lawr ei foch o, a faswn inna ddim wedi gweld hwnnw heblaw imi weld Huw yn ei sychu o hefo llawas ei syrplan, pan oeddan ni ill dau yn sefyll hefo Côr ar lan y bedd ac yn canu:

Mae 'nghy-yfeill-io-on a-adre'n myned
O fy-y mlaen o-o un i-i un
Gan fy-y ngada-ael yn am-ddi-fad
Fel pereri-in wrtho'i hun . . .

Hwnna ddaru ni ganu yng ngnhebrwng Gryffudd Ifas Braich a Canon a'r lleill i gyd hefyd, ond canu am ein bod ni'n cael dwy geiniog am ganu oeddan ni yn y rheiny. Oedd hi'n wahanol yng ngnhebrwng Moi, achos ffrindia Huw a finna oedd o a roedd y geiria'n wir. Oeddwn i'n gweld dim byd pan ddaru Huws Person daflu llond dwrn o bridd ar arch Moi ar ôl iddyn nhw'i gollwng hi i lawr i'r bedd hefo rhaff, achos oedd fy llygaid i run fath a dwy ffenast ar ôl iddi fod yn bwrw glaw.

Ond tasach chi'n gweld Mam Moi ar ôl i Huws Person daflu'r pridd ar yr arch. Mi ddyliodd Huw a finna'i bod hi'n mynd yn lloerig. Oedd hi'n sefyll yn ei chwman ochor arall i'r bedd, a dau ddyn yn gafael ynddi hi, un bob braich. Ac ar ôl i'r pridd ddisgyn dyma hi'n rhoid sgrech ofnadwy, run fath a daru hi pan oedd Yncl Now Moi yn mynd i roid cyllath yn ei gwddw hi erstalwm, ac yn rhoid sgwd yn ei blaen. Ac mi fasa wedi neidio i mewn i'r bedd ar ben arch Moi heblaw bod y ddau ddyn yn gafael yn sownd ynddi hi.

Dew, i feddwl bod 'rhen Foi yn gorfadd yn fanna mewn arch, a'r pridd yna i gyd ar ei ben o, medda Huw pan aethom ni i weld y bedd bora dy Sul wedyn, ar ôl y gwasanaeth yn Reglwys.

A fonta'n siarad a chwerthin yn braf yn ei wely wsnos i dydd Llun dwytha, meddwn inna. Wyt ti'n coelio'r petha yna mae Huws Person yn ddeud am godi o-farw-fyw?

Wn i ddim, achan. Ond fasa Huws Person ddim yn deud c'lwydda a fonta'n Bersan chwaith.

Mae o'n gneud petha gwaeth na deud c'lwydda, Huw. Ydw i'n siŵr na fasa Canon byth wedi gwrthod rhoid gwin yn Cymun i Gres Elin Siop Sgidia run fath â daru Huws Person.

Dew, un rhyfadd wyt ti, medda Huw.

Ond fedrwn i yn fy myw gael Moi yn gorfadd yn fan honno oddiar fy meddwl.

Ydach chi'n meddwl bydd Moi yn codi o-farw-fyw run fath â mae Huws Person yn deud? meddwn i wrth Mam y noson honno. Ond oedd Mam wedi blino a doedd hi ddim mewn hwyl i atab cwestiynna.

Dos di i dy wely rwan ynghyw i, medda hi, iti gael codi'n fora fory. A phaid ti a phoeni am Moi. Mae o mewn lle gwell na chdi a finna heno.

Ond gweld yr hen Foi yn gorfadd o dan y pridd oeddwn i o hyd ar ôl mynd i ngwely, a thrwy'r nos hefyd, nes imi ddechra breuddwydio. A dyna lle'r oedd Moi, yn fy mreuddwyd i, yn gorfadd yn ei wely mewn stafall grand yn rhywla, ac yn gwenu'n braf arna i, a lot o angylion yn sefyll ac yn fflio o'i gwmpas o.

Dew, lle braf sy yma, medda fo pan welodd o fi. Ond cyn imi fedru deud dim byd yn ôl dyma'r angylion i gyd yn gafael yn ei wely o a dechra chwifio'u hasgelli, a gneud twrw ofnadwy dros y lle i gyd, run fath â ffesants Parc Defaid. A dyma nhw a'r gwely a Moi yn dechra codi'n sydyn ac i fyny â nhw trwy'r to, a Moi yn dal i wenu arna i tan nes aeth o o'r golwg. A welais i ddim byd arall tan imi ddeffro am chwech i fynd i nôl gwarthag Talcafn.

Mi fasa Moi wedi bod wrth ei fodd yn gweld Joni Sowth yn rhoid cythraul o gweir i Now Gwas Gorlan tu nôl i Blw

A dyna lle'r oedd Moi, yn fy mreuddwyd i, yn gorfadd yn ei wely mewn stafell grand yn rhywfa, ac yn gwenwn braf arna i, a dau angylion yn sefyll ac yn hofo'i gwmpas o.

A dyma nhw'n gweld
Moi yn dechrau codi'n sydyn
de i fyny a nhw trwy'r to a
Moi yn dal i wehu yrna i
tan nes aeth o'n golwg!

Bel. Faswn inna ddim wedi'i weld o heblaw imi weld Robin Gwas Bach Gorlan pan oeddwn i'n dwad i lawr o Ben Foel ar ôl bod yn nôl gwarthag.

Wyt ti wedi gweld Joni Sowth, medda Robin pan oeddan ni'n cerddad trwy Cae Tatws ar ôl iddo fo godi dipyn o datws i mi i fynd adra.

Do. Siarad yn rhyfadd mae o, yntê Robin?

Mae o wedi agor lle bocsio tu nôl i Blw Bel.

Taw achan.

Ydy wir. Ac mi gaiff rhywun, does dim ods pwy, fynd yno i ddysgu bocsio am swllt yr wsnos. Mi es i yno hefo Now noson o'r blaen i weld Joni Sowth yn mynd trwy'i giamocs. Dew, mae o'n werth i weld, wsti.

Taw achan.

Ydy wir. Mae o wedi gneud ring fawr sgwâr yn hen stabal Blw Bel, a rhaffa'n reilings o'i chwmpas hi. Ac i fanno mae'r hogia'n mynd bob nos rwan i ddysgu bocsio. Mae Joni Sowth yn eu galw nhw i fyny fesul un ac yn eu peltio nhw, ac yn cael amball beltan go dda yn ôl hefyd. Mae yna le i tua igian o'r hogia i eistadd ar y seti rownd y ring.

Ddaru o roid cweir i Now?

Naddo. Gweitia imi gael deud be ddigwyddodd. Ar ôl gwatsiad un rownd rhwng Joni Sowth a Ffranc Bee Hive, a Ffranc yn cael uffarn o gosfa, mi aeth Now a finna allan. Wedyn mi aeth Now i mewn i'r bar, a finna i Siop Tsips drws nesa. A pan ddaeth Now allan o'r bar oedd o'n geg i gyd. Yr Hwntw diawl iddo fo, medda Now, mi ddysga i iddo fo sawl chwech sy mewn swllt. Tyrd yn ôl yna hefo fi, Robin bach, iti gael gweld.

Aethoch chi yn ôl yna?

Do, a pan ddaethon ni at y drws oedd Joni Sowth yn sefyll yng nghanol y ring yn ei drywsus bach a'i grysbais lian a'i fenyg bocsio am ei ddwylo. Nawrte, medda fo yn ei Gymraeg Sowth. Am wth ar gloch acha nos Fawrth nesa mi fydd yma shew sbeshal—Joni Sowth yn erbyn pw bynnac leiciff rhoi sialens iddo fe, dros dair rownd. Ac os oes 'ma rhywun a dicon o bwnsh gitac e i rhoi'r K.O. i Joni Sowth fe gaiff ddecswllt yn ei bwrs.

Dew, siarad Sowth yn dda wyt ti, Robin.

A dyma Now yn gweiddi o'r drws: Olreit, Hwntw, mi gwela i di nos Fawrth. A pawb yn troi rownd i sbio arnan ni. Am wth ar gloch, medda Now wedyn, yn smalio siarad run fath a Joni Sowth.

Taken, medda Joni yn ei Saesneg Sowth, a gwên braf ar ei wynab o, nid yn sgowlio fel oedd Now.

Nos Fawrth nesa, Robin?

Ia. A mae Now wedi gofyn i Now Bach Glo fod yn ail iddo fo a finna i helpu. A Joni Casgan Gwrw yn ail i Joni Sowth. Tair rownd oedd Joni Sowth eisio, ond mi fynnodd Now gael ei gneud hi'n bedair. Imi gael siawns i roid cosfa iawn iddo fo os na fydd o'n fflat ar wastad ei gefn cyn diwadd y rownd gynta, medda Now wrtha i. Mae o a Now Bach Glo wedi bod yn bocsio yn llofft stabal Gorlan bob nos er hynny, i gael bod yn barod. Mae gan Now Bach Glo lygad du, ond toes neb yn cael ei gweld hi am bod llwch glo yn ei chuddiad hi.

Taw achan, meddwn i. Oeddwn i'n meddwl ei fod o'n edrach yn rhyfadd wrth fynd at ei waith bora ma.

Nos Fawrth ddaeth, ac mi oedd iard Blw Bel yn llawn dop o'r hogia ymhell cyn wyth o'r gloch, a lot yn gorfod aros wrth y drws a'r ffenast am nad oedd yna ddim lle tu mewn. Ond oedd Robin wedi gofalu am sêt i mi, achos oeddwn i'n un o'r rhai cynta yno, efo Huw, a mi gafodd Huw sêt wrth f'ochor i.

Iesu, mae hi'n boeth yma, medda Huw. Fasat ti ddim yn meddwl ei fod o'n focsiwr, fasat ti? medda fo wedyn pan ddaeth Joni Sowth i fyny i'r ring rhwng y rhaffa. A fasach chi ddim chwaith. Oedd ei groen o'n wyn ac roedd o'n dawnsio ar flaena'i draed yn ei gornal, yn gafael yn y rhaffa a'i gefn atom ni.

Ia, ond sbia ar ei fysls o, medda finna.

Dydyn nhw ddim patsh i fysls Now Gwas Gorlan. A sbia ar ei groen o. Mae o'n felyn, dest iawn run fath â croen blac.

Wedi llosgi yn yr haul yn cneua gwair mae o.

A dyna lle'r oedd Now yn eistadd yn ei gornal a'i wynab atom ni ac yn sgowlio fel mellt a thranna.

Ffranc Bee Hive oedd y ryffarî, ac ar ôl gweiddi am ddistawrwydd dyma fo'n galw ar Now a Joni Sowth at ei gilydd ac yn siarad yn ddistaw bach efo nhw am funud. Wedyn, dyma'r ddau'n smalio ysgwyd llaw ac yn ôl a nhw i'w corneli. Wedyn dyma Roli Pant, hwnnw fydda'n helpu Now Bach Glo, yn rhoid swadan i gaead pisar mawr, yn lle cloch, a dyma'r ddau, Joni Sowth a Now Gwas Gorlan, yn neidio i ganol y ring am y rownd gynta.

Am y munud cynta, ddaru neb hitio neb, dim ond y ddau'n gneud rhyw giamocs o flaena'i gilydd, a'u breichia chwith nhw'n saethu allan fel tasan nhw'n treio cosi trwyna'i gilydd. Ond oedd Joni Sowth yn dawnsio o gwmpas Now a Now'n ei watsiad o fel cath yn gwatsiad llgodan. Ac yn sydyn fel melltan, dyma fraich dde Now'n swingio allan run fath â cryman yn torri drain, a'i ddwrn o'n dal Joni Sowth ar ochor ei glust, nes aeth hwnnw i lawr ar ei ben ôl a'i goesa yn yr awyr ar ganol y ring.

Un . . . dau . . . medda Ffranc Bee Hive wrth ei ben o. Ond cyn iddo fo ddeud pedwar oedd Joni Sowth wedi neidio ar ei draed ac yn dawnsio o gwmpas Now fel o'r blaen.

Iesu, dyna iti beltan dda, medda Huw, yn codi ar ei draed ac eistadd bob yn ail, fel peth o'i go. Ac erbyn hyn oedd pawb yn gweiddi nerth eu penna, yn enwedig rheiny yn y drws a'r ffenast.

Un arall felna i'r Hwntw, Now, medda rhywun. Ond dyna'r unig beltan iawn fedrodd Now roid iddo fo. Er bod ei freichia fo'n chwifio run fath â melin wynt, ac yn saethu allan yn syth weithia, oedd Joni Sowth yn gneud rings o'i gwmpas o, a lle bynnag oedd dwrn Now Gorlan, doedd pen Joni Sowth ddim yno.

Dyma Roli Pant yn rhoid peltan i'r caead pisar wedyn i ddeud bod y rownd gynta drosodd, a'r ddau focsiwr yn mynd yn ôl i'w corneli, a neb yn rhyw lawar gwaeth.

Dyna iti be ydy seians, machan i, medda Huw ar ôl i'r ail rownd ddechra. Joni Sowth oedd wedi neidio'n ôl pan aeth Now amdano fo fel dyn lladd gwair efo'i bladur. A cyn i Now gael amsar i ddwad yn ôl ar wadna'i draed dyma llaw dde Joni Sowth yn mynd yn syth i ganol ei fol o. Hych, medda Now a disgyn ar ei bennaglinia a'i ddwy law ar lawr

run fath â tasa fo'n chwilio am rywbath. A Ffranc Bee Hive
yn dechra cyfri wedyn Un, Dau, Tri, pan drawodd Roli
Pant ar y caead pisar, i ddeud bod y rownd ar ben.

Oedd croen Now yn sgleinio ac yn chwys doman pan
oedd o'n eistadd yn ei gornal i ddisgwyl am y drydydd
rownd, a Now Bach Glo'n brysur efo'i lian yn sychu'r chwys
oddi arno fo ac yn deud rhywbath yn ddistaw bach wrtho
fo. Ond oedd Joni Sowth ddim fel tasa fo wedi blino o
gwbwl. Sefyll yn ei gornal oedd o a gafael yn y rhaff a
dawnsio, run fath ag oedd o ar y dechra.

Bing, medda caead pisar Roli Pant, a'r ddau yn neidio i
mewn am y drydydd rownd. Oedd Joni Sowth yn ddyn
hollol wahanol tro yma. Oedd o'n edrach yn fwy o ddifri, ac
yn symud yn fwy ara deg, run fath â teigar, o gwmpas Now,
a'i llygada fo fel tasa nhw'n goleuo dreigia. Ond oedd Now
yn neidio'n gyflymach nag o'r blaen, a'i ddyrna fo'n saethu
allan ac yn chwifio rownd pen Joni Sowth, ond heb gael un
beltan iawn i mewn.

Wedi gwylltio mae Now, wsti, medda Huw. Weli di'r
patch coch yna o dan ei lygad dde fo?

Yn sydyn dyma llaw dde Now yn saethu allan ac yn dal
Joni Sowth yn ei wynab. A dyma'r teigar yn dechra bacio'n
ôl, a Now yn mynd amdano fo o ddifri, ac yn cael swadan
neu ddwy wedyn i wynab Joni.

Ond fel melltan, dyma Joni Sowth yn neidio i'r ochr a'i
law chwith o'n sincio i mewn i fol Now, a'i law dde fo wedyn
yn dal Now ar ochor ei geg. Un ar ôl y llall, wedyn, oedd
dyrna Joni'n dal Now, weithia yn ei fol, ac weithia ar ochor
ei geg, nes oedd Now'n dechra siglo fel dyn chwil, a'i
freichia fo'n dyrnu'r gwynt.

A dyna lle'r oeddan ninna'n gweiddi nerth ein penna:
Ar ei ôl o, Now. Hitia fo, Now. A rhywun arall, oedd ddim
yn' ffrindia hefo Now, yn gweiddi: Cym on, Joni Sowth.
Gorffan o.

A'i orffan o ddaru Joni Sowth. Braich chwith Joni oedd y
gryman tro yma, pan ddaliodd o Now ar ochor ei ben nes
oedd o'n mynd â'i sodla i fyny i ben arall y ring.

Un . . . dau . . . tri . . . medda Ffranc Bee Hive, a chododd
Now ddim tan oedd o wedi deud wyth. Wedyn, dyma fo'n

codi'n slo bach, a Joni'n ei watsiad o fel llewpard o'r ochor arall, a rhoid digon o amsar iddo fo ddwad ato'i hun. Wedyn, dyma Joni Sowth yn neidio i mewn fel melltan a rhoid swadan arall i Now efo'i ddwrn chwith ar ochor ei ben nes oedd Now'n mynd â'i sodla i fyny wedyn. A chododd yr hen Now ddim ar ôl honno.

Un . . . dau . . . tri, medda Ffranc Bee Hive, ac ar ôl iddo fo gyfri deg dyma fo'n mynd at Joni Sowth ac yn codi'i fraich o i ddangos mai fo oedd wedi ennill, a hwnnw'n wên o glust i glust, a dim mymryn gwaeth, a Now druan fel lledan ar lawr o hyd, a Now Bach Glo'n taflu dŵr ar ei wynab o i dreio dwad a fo ato'i hun, ac yn sychu'i wynab o wedyn hefo'i lian sychu.

Oedd yna dipyn bach o glapio dwylo, ond dim llawar chwaith, ac mi aethon ni i gyd allan cyn i Now Gorlan ddwad ato'i hun, oeddan ni gymaint o gwilydd ohono. A dyma rhai o'r hogia mawr yn mynd i mewn i Blw Bel, a Huw a finna a'r lleill yn mynd i Siop Tsips drws nesa.

Dew, dyna ichi focsiwrs da ydy hogia Sowth, medda Roli Pant, a llond ei geg o o tsips a pys.

Fasat ti byth yn meddwl basa fo'n medru rhoid cweir i Now Gwas Gorlan a fonta ddim ond hannar ei seis o, medda Huw.

Cael eu dysgu pan mae nhw'n hogia bach mae nhw, medda Roli. Fasa ti a finna'n focsiwrs da run fath â fo tasa ni wedi cael dysgu'n iawn pan oeddan ni'n hogia bach. Dew, tsips da sy gynnoch heno, Miss Jos, medda fo wrth Ann Jos oedd wrthi'n rhoid pysgod yn y saim.

Wedyn mi aeth Huw a finna i fyny am dro at Bont Stabla i weld oedd Bob Car Llefrith neu rhywun arall yn treio dal samons. Ond ar ôl inni gyrraedd y Bont doedd yna neb yno ond ni ill dau, yn sefyll yn pwyso ar y Bont a sbio i lawr ar yr afon yng ngola'r lleuad. A felly buo ni am hir iawn, yn sefyll a pwyso ar ochor y bont a gwatsiad y lli a gwrando ar sŵn y dŵr a'r gwynt yn y dail, heb ddeud dim byd wrth ein gilydd.

Ni sy'n mynd i fyny, ynta'r afon sy'n mynd i lawr? medda fi wrth Huw o'r diwadd.

Dew, braf ydi cael pas am ddim ar y Bont yntê? medda Huw tan chwerthin.

Glywaist ti hanas Wil Colar Starts, Huw?

Pwy? Hwnna sy'n canu efo Band Salfesion?

Ia.

Naddo. Hanas be?

Ei hanas o'n gweld yr olwyn dân.

Taw achan. Na chlywais i. Yn lle gwelodd o hi?

Reit yn fan yma.

Taw achan.

Ia. Dyna pam aeth o'n perthyn i Salfesion. Mi ddoth yr olwyn dân i fyny ochor y Bont yma o'r afon a siarad hefo fo.

Taw achan.

Do wir. A deud wrtho fo am beidio mynd i feddwi i Blw Bel.

Pwy ddaru ddeud wrtho fo?

Yr olwyn, siŵr iawn.

Taw'r ffŵl. Fedar olwyn ddim siarad.

Na fedar, dw i'n gwbod. Ond oedd yna Lais yn yr olwyn, a hwnnw ddaru ddeud wrtho fo.

Llais pwy oedd o?

Llais ysbryd siŵr iawn.

Taw achan. Pwy ddeudodd wrthat ti?

Mam oedd yn deud. Amsar Diwygiad oedd hi. Oes gen ti ofn ysbrydion, Huw?

Iesu, oes achan.

Be fasat ti'n neud tasa olwyn dân yn dwad i fyny o'r afon yn fanma rwan?

Dim byd ond ei watsiad o, edrach be fasa'n digwydd. Yli, mae'r lleuad yn Rafon i lawr fanna run fath yn union ag olwyn dân. Falla mai hwnna welodd Wil Colar Starts pan oedd o'n chwil.

Ia, ond os basa'r olwyn dân, ar ôl rowlio i fyny'r Bont i fanma, yn dechra siarad hefo chdi, be fasat ti'n neud?

Iesu, ei gluo hi adra nerth fy mhegla.

Wedyn mi aeth y lleuad tu nôl i gwmwl yn yr awyr, nes oedd hi'n dywyll bits. Well inni'i throi hi adra, medda Huw, mae hi dest yn ddeg o'r gloch.

Dew, medda fi, ar ôl inni gyrraedd Lôn Bost, braf fasa medru bocsio run fath â Joni Sowth yntê Huw?

Ia achan.

Fasa gen i ddim ofn neb na dim byd wedyn.

Ond wyt ti'n gwffiwr da, neu fasat ti ddim wedi medru rhoid cweir i Joni Casgan Gwrw.

Ia, ond cwffio oedd hynny, nid bocsio. Mi fydda i ofn lot o betha er mod i'n medru cwffio. Ond taswn i'n medru bocsio'n iawn, fasa gen i ddim ofn dim byd wedyn.

Mi fasa gen ti ofn ysbrydion, medda Huw tan chwerthin, achos fedri di ddim bocsio efo rheiny.

Oedd Lôn Bost yn dywyll bits, run fath â mae hi rwan, a'r lleuad wedi mynd tu nôl i gwmwl. A dim siw na miw yn unlla, dim ond twrw sgidia hoelion mawr Huw a finna'n clepian ar y Lôn.

Iesu, ysbryd, medda Huw'n sydyn. Yli, dyna fo'n gorfadd yn ochor lôn yn fanna. A dyma ni ill dau'n dechra rhedag nerth ein pegla ar ôl clywad llais yn gweiddi: Cerwch adra'r diawlad bach.

Ar ôl inni gyrraedd Rheinws dyma Huw'n stopio a dechra chwerthin fel ffŵl.

Be sy'n matar arnat ti, Huw? medda fi.

Ond dal i chwerthin oedd Huw. Nid ysbryd oedd o, medda fo o'r diwadd. Now Bach Glo wedi meddwi.

Ar ôl inni ddwad i Groeslon, oedd yna lot o hogia mawr yn siarad efo'i gilydd. Sôn am Now Gwas Gorlan yn cael cweir gan Joni Sowth oeddan nhw, ond ddaru Huw a fi ddim aros yn hir i wrando.

Gwela i di fory, medda Huw.

Ddoi di hefo fi ar ôl Rysgol? meddwn i.

I ble?

I ofyn i Joni Sowth gawn ni ddysgu bocsio.

Do i, myn diawl, medda Huw. Nos dawch.

Nos dawch.

Ble buost ti mor hwyr? medda Mam ar ôl imi fynd i tŷ. Efo'r hen Huw yna'n gneud dryga, dw i'n siŵr.

Naci wir, Mam. Am dro i Bont Stabla buon ni, yn gwatsiad samons yn neidio yng ngola'r lleuad.

Potsiar fyddi di, wsti, os ei di i grwydro at yr hen afon yna fel hyn bob nos.

Welson ni ddim un potsiar yno.

Naddo reit siŵr. Mae'r hen gnafon yn rhy slei i neb fedru'u gweld nhw.

Ond wyddoch chi be, Mam? meddwn i ar ôl cael powliad o datws laeth. Oedd y lleuad yn Rafon run fath yn union â'r olwyn dân honno oeddach chi'n sôn amdani.

Pa olwyn dân? medda Mam.

Honno welodd Wil Colar Starts erstalwm. Falla mai'r lleuad welodd o, Mam.

Dos i dy wely, imi gael mynd ymlaen efo'r smwddio yma.

Ac ella mai'r dyn yn y lleuad ddaru siarad efo fo.

Dos i dy wely, medda Mam wedyn, yn reit gas.

Oedd y lleuad wedi dwad allan o'r tu nôl i'r cwmwl pan welais i hi wedyn, ar ôl tynnu amdanaf a gorfadd yn gwely a sbio allan trwy ffenast to. A'r hen ddyn yn y lleuad yn chwerthin arna i ac yn edrach run fath yn union â gwynab Wil Elis Portar.

Dyma finna'n gweiddi ar Mam o'r llofft wedyn. Mam, meddwn i, oedd Tada'n medru bocsio pan oedd o'n hogyn ifanc?

Doedd yna ddim atab am hir iawn, dim ond twrw'r hetar smwddio'n dyrnu i fyny-ag-i-lawr ar y bwrdd.

Dos i gysgu, yr hen gena bach, medda Mam o'r diwadd, a paid a gofyn hen gwestiynna gwirion.

A mynd i gysgu wnes i heb ofyn dim byd arall.

Hwn ydy'r Llais, tybad? Ynta dim ond y gwynt sy'n chwythu trwy Adwy'r Nant?

Myfi yw Brenhines yr Wyddfa, Priodasferch y Person Hardd. Gorweddaf yng ngwely fy nyrchafael, yn dragywydd ddisgwylgar, yn fythol feichiog, yn niderfyn awr esgor.

Fy nghluniau sy'n cofleidio'r niwl a'm bronnau'n anwesu'r isel gymylau rhyfygus; ymbalfalant hwythau yn nirgelleoedd fy noethni, ymhyfrydant yn rhyfeddodau'r dwfn, ac esgynnant drachefn yn euog-foddhaus i'w diddymdra.

Caethiwaist fi, caethiwaist fi, f'Anwylyd; a minnau a ymddarostyngaf i'th ewyllys; â phob anadl y deisyfaf di.

Cyfodwn pe medrwn ddwy fraich erfyniol i'r Nef, i ymbil arnat, fy Mherson Hardd; eithr tynghedwyd hwy'n gaethion y pridd ac yn greaduriaid y clai.

Dyrchafwn ddwylo cardota i'r ffurfafen i erfyn ei ffafrau; ond ordeiniwyd iddynt grafangu'r manwlith o ddeutu fy ngorweddfa.

Deffrown, ped ewyllysiai f'Anwylyd, a serennu llygaid trachwantus arno ef; ond nid oes a gyfyd f'amrannau o'u diollwng gwsg i syllu ar ei ogoniant ef ac i yfed o brydferthwch ei wedd.

Cerddwn i'w gyfarfod ar risiau'r gwynt; eithr ni syfl y troed a etifeddodd efynnau'r graig.

Rhua'r corwyntoedd dros fy mharlys, a'r glaw a ylch heb lanhau; eithr onid oes drugaredd yn yr haul, a thosturi yn y gwanwyn-awelon?

Gogleisiant fi â'u mân addunedau, merwinant fy nghlust â'u gwag addewidion; sawr eu heiddil ddeisyfu a leinw fy ffroenau.

Hithau loer fy nos-ddydd a draidd fy nghwsg â'i hisel

chwerthin; ac yn eiddigedd ei hanallu tywynna'i chynddaredd ar ffrwythlonder fy mru.

Tyred eto, fy Mherson Hardd, tyred eto a chymer fi, cyn dyfod o'r haul o'i orweddfan, a chyn ein tarfu gan fref yr oen; llwyr feddianna d'etholedig cyn gwywo cannwyll y lloer; arlwya ger fy mron orfoledd fy mhrynhawn.

A minnau a offrymaf iti drachefn fy mhoethoffrwm; a'm harogldarth a esgyn hyd at dy drigfannau.

*   *   *

Chwyth y cynnar oleuni dros dywyllwch fy llygaid a dedwydd wyf; canys yn y prynhawn daw i mi fy nghyntafanedig.

Fy mreichiau nis cofleidiant a'm traed ni ddysgant iddo'i fore rodfeydd; eithr fy nwyfron a'i maetha a'i gusan fydd gynnes ar fy ngrudd.

Dangosaf iddo ryddid yr uchel a'r isel eangderau; ac mi a'i gwnaf yn gelfydd yn ffyrdd caethiwed y pridd.

Plannaf fy hiraeth yn ei ymysgaroedd; ac adeiladaf dyrau gobeithion yn ninas ei benglog.

Llanwaf giliau ei lygaid â chudd ffynhonnau fy nagrau; a thynnaf o'r haul a'r lloer ei ddogn o chwerthin.

Tecach fydd ei bryd na'r dydd anweledig; grymusach na'r corwynt fydd nerth ei lwynau.

Hyrddiaf ei ieuenctid o'm bru'n goncwerwr; ac archaf ei fyned rhagddo a gorchfygu'r byd.

Rhin fy mronnau fydd iddo'n llewych i'w lwybrau; doethineb fy nghlai a'i tywys i bellafoedd y ddaear.

Brenhinoedd a thywysogion a ymgryma ger ei fron; a'r torfeydd a gyfyd eu llefau i'w foliannu.

Tiroedd a theyrnasoedd fydd iddo'n fraint; a bydd fawr y digrifwch yn ei balasau.

Gwna i'w elynion ymgreinio am ei drugaredd; a morynion disgleirwedd a erfyn am ei wefusau.

Ei enw a grwydra o enau i enau; a'i weithredoedd a dywynna o gyfrolau'r beirdd.

Minnau a orfoleddaf yn ei goncwestau; galwaf ar yr isel gymylau i gadw gŵyl.

*   *   *

Daeth yn brynhawn; try'r gwanwyn-awelon eu tonnau tyner o amgylch fy meichiowgrwydd.

Sisialant eu mân-freuddwydion yn fy nghlust a'm ffroenau; eithr ni chariant un sôn am fy nghyntafanedig.

Pletha'r haul ei fudandod am reffynnau fy ngwallt; a'i chwŷs sy'n wylo'n ddieiriau ar fy nhalcen.

Ond ni ddaeth eto chwŷs esgor i'm llawenhau; na phangau gollyngdod i lawenychu fy ngholuddion.

Mae syched arnaf; eithr sychedaf yn unig am edifeirwch y gawod law.

Gorfoledda'r ddaear; eithr ni ddaeth eto awr fy ngorfoledd i.

Llama'r ŵyn ar lechweddau fy siomedigaeth; brefant a chrefant am eu genedigaeth-fraint.

Eu miwsig sy'n goglais godreon yr isel gymylau; eithr ni syfl ac ni sieryd oen fy llawenydd i.

Pa hyd, pa hyd y pery fy nhymp? Pa hyd y gwyra'r ffurfafen lesni ei thosturi arnaf?

Pa hyd y sigla'r mynyddoedd eu pennau; ac y chwardd y bryniau eu gwawd ar yr amhlantadwy?

Pa hyd y tramwyaf wastadeddau diffeithwch fy mru; ac y cuddia'r gorwel balmwydd f'addewid?

Yn ofer y galwaf am fy niddanydd; byddar yw daear a'i duwiau a mud yw llateion y Person Hardd.

Gorweddaf yng ngwely fy narostyngiad; a chrefaf am feudwyaeth unigeddau'r nos.

*   *   *

Maith yw gwyliadwriaeth y nos; ac ni ddianc fy meudwyaeth rhag oynddaredd y lloer.

Llysg ei chwerthin ar fy neillion amrannau; a'i gwawd sy'n treiddio dyfnderoedd fy nghaethiwed.

Eithr ni ddarfu gobaith; sicr yw swae'r haul ac nid oes a geidw yn ôl deg ymgyrch y wawr.

Onid fel lleidr yn y nos y dychwel yntau'r Person Hardd i'm diddanu? Oni chlywaf fesuredig sŵn ei gerdded ar lawr y dyffryn?

Efe a ddaw, efe a ddaw; a chuddia'r lloer ei chenfigen tu ôl i'r isel gymylau.

Minnau, pan ddelo drachefn, a'i derbyniaf â dwyfron ddisigl fy moryndod; adwaenaf ei wefus er ei ddyfod ar wedd fy nghyntafanedig coll.

Ei Briodasferch fydd iddo'n Fam; a'r mab a gymer iddo'i hun ei enedigaeth-fraint.

Cilia tanau'r lloer oddiar fy nhrymion amrannau; daw'r tywyllwch i orwedd ar dywyllwch; ac o'r nos orweiddiog hon y daw i'm meudwyaeth oleuni.

9.

Now Nain oedd pawb yn galw Now Gwas Gorlan ar ôl iddo fo gael cweir gan Joni Sowth. A dyna sud cafodd o'r enw. Pan oedd o'n gorfadd ar wastad ei gefn ar ôl cael y beltan honno gan Joni, a Ffranc Bee Hive yn cyfri un-dau-tri wrth ei ben o, doedd yna ddim hanas o Now yn symud, ond ar ôl cyfri wyth, dyma Ffranc Bee Hive yn troi i Seusnag yn sydyn. Nain, medda fo mewn llais ychal, a Now fel tasa fo'n mynd i ddeffro a hannar troi ar ei fol. Ond cyn i Ffranc ddeud Ten, oedd o wedi mynd yn swp ar wastad ei gefn wedyn, a un o'r hogia'n gweiddi Dydy'i Nain o ddim yma, Ffranc, a pawb yn rowlio chwerthin, hyd yn oed ffrindia Now, oedd wedi cael eu siomi am fod o wedi cael cweir.

Does gan Now ddim Nain wsti, medda Roli Pant yn Siop Tships.

Hen Nain oedd o, beth bynnag, yn gadael i Joni Sowth roid cweir felna iddo fo, medda un arall o'r hogia.

Now Nain fydda nhw'n ei alw fo rwan, gei di weld, medda Huw wrtha i.

A Now Nain fuo fo.

Ond tasach chi'n nabod Nain Pen Bryn erstalwm mi fasach yn gweiddi Babi Nain arna inna hefyd.

Un dda oedd Nain. Bob tro fydda i eisio bwyd mi fydda i'n meddwl am Nain. Dew, mi faswn i'n medru gneud hefo pryd reit dda rwan hefyd. Ond nid dyna ddaru neud imi feddwl amdani hi rwan chwaith. Cofio amani hi'n fy mhasio i ar Lôn Bost yn fanma erstalwm. Sud dach chi heno, medda hi wrtha i, run fath â taswn i'n ddyn diarth a hitha heb fy ngweld i rioed o'r blaen. Hen dywydd garw, yntê? medda hi, a hitha'n braf run fath â mae hi heno. Wedi ffwndro oedd hi, wrth gwrs, a hitha'r adag honno dros ei deg a phedwar igain oed.

A pan fydda Nain yn ffwndro mi fydda'n mynd allan o

tŷ'n slei bach heb i neb ei gweld hi, a'i gneud hi am Berllan,
draw yn fan acw, ar ochor dde Lôn Bost yma, lle cafodd hi'i
geni. Does yna neb yn byw yno rwan a mae yna dylla mawr
yn y to, a mi ellwch weld yr awyr trwyddyn nhw. Ond pan
fydda Nain yn mynd yno wedi ffwndro, oedd yna bobol yn
byw yno. Pobol glên oeddan nhw hefyd. A mi fydda un
ohonyn nhw'n agor drws i Nain pan fydda hi'n cnocio a
deud wrthi hi: Dowch i mewn Betsan Parri. A rhoid panad
o de iddi hi. Wedyn ar ôl sgwrs bach, mi fydda Nain yn ei
throi hi adra'n reit sionc, a mi fydda Berllan yn cael llonydd
ganddi hi am ryw fis neu ddau, nes bydda hi'n dechra
ffwndro wedyn.

Un arw oedd Nain hefyd. Hi ddaeth i edrach ar ein hola
ni pan aeth Mam yn sâl. Sôn am ddychryn. Doedd gweld
Moi yn pwyri gwaed yn ddim byd i'r dychryn ges i diwrnod
hwnnw pan ddois i adra o Rysgol a gweld Mam yn eistadd
yn y gadar siglo yn sâl.

Ganol gaea oedd hi, a wedi bod yn bwrw eira drwy'r nos.
Yn y bora cyn mynd i Rysgol oeddwn i wedi bod yn brysur
yn gneud llwybyr trwy'r eira o drws tŷ ni i ganol lôn a
wedyn helpu Elis Ifas Drws Nesa a'r lleill i neud llwybyr i
lawr Rallt cyn iddyn nhw fynd at eu gwaith i Chwaral.
Oedd yr eira'n cyrraedd yn uwch na ffenast siambar a
finna'n meddwl bod ni wedi cael ein claddu'n fyw pan
oeddwn i'n deffro yn gwely. Ar ôl inni dorri llwybyr i lawr
Rallt, oedd yna ddwy wal ychal o eira ar bob ochor, a fedra
Elis Ifas na Wmffra Tŷ Top ddim sbio drostyn nhw, heb
sôn amdanaf fi.

Erbyn amsar mynd i Rysgol oedd Rallt run fath â llawr
gwydyr rhwng y ddwy wal fawr o eira. Gwatsia di syrthio
wrth fynd i lawr Rallt, ynghyw i, medda Mam.

Wna i ddim, siŵr iawn, medda finna wrth fynd allan
trwy'r drws. Ond cyn imi gyrraedd canol lôn dyma fi â
mhegla i fyny a 'mhen i'n hitio'r llawr nes oeddwn i'n teimlo
fel llwdwn. Wrth lwc, oedd Mam wedi cau drws a welodd hi
monof fi'n cael codwm.

Wedyn dyma fi'n codi ar fy nghwrcwyd. Oeddwn i wedi
dysgu sglefrio i lawr Rallt erstalwm pan fydda hi wedi
rhewi. Dim ond sefyll ar ganol Rallt oedd eisio, a gwthio

mymryn bach, yn slo bach, a wedyn mynd ar ein cwrcwyd ac oeddan ni'n mynd i lawr Rallt run fath â Trên Bach Chwaral. Doedd dim eisio rhoid brêc, achos oedd Rallt yn mynd i lawr at Lôn Fynwant, ac oedd honno'n wastad, a doeddan ni ddim yn stopio ar y rhew nes oeddan ni wrth Giat Fynwant. Wedyn, dim ond mynd trwy Fynwant i Lôn Bost yma ac oeddan ni yn Rysgol.

Dew, oedd hi'n oer yn Rysgol diwrnod hwnnw hefyd. Ac un peth ydw i'n gofio'n iawn. Oedd Preis Sgŵl wedi syrthio a torri'i fraich, ac oedd ei fraich o mewn sling. A dyna ddaru aros ar fy meddwl i trwy'r dydd, a gneud imi grynu fel deilan weithia, gweld llaw Preis Sgŵl yn sticio allan o'r plastar, a honno run fath â llaw dyn wedi marw, fel tasa hi ddim yn perthyn iddo fo.

Oeddwn i'n falch pan ganodd y gloch inni fynd allan i chwara, er mwyn imi gael cnesu. Chwara pledu eira oeddan ni, wrth gwrs, a mi ddigwyddodd hen ddamwain gas yn cowt Rysgol diwrnod hwnnw. Rywun ddaru daflyd pellan eira efo carrag ynddi hi a honno'n hitio Joni Casgan Gwrw yn ei ben, a torri twll yn ei ben o, a gwaed yn stillio allan ohono fo. Ond ddaru o ddim crio, na dim, chwara teg iddo fo, dim ond mynd i roid ei ben o dan y feis i olchi'r baw allan, a wedyn cael plastar i roid arno fo gan Preis Sgŵl.

Pan ddaeth hi'n amsar cinio, oeddwn i'n sâl eisio bwyd ac yn clywad ogla lobscows yn dwad allan o tŷ Now Bach Glo wrth basio, a meddwl tybad be oedd gan Mam i ginio i ni.

Ond pan es i trwy'r drws doedd yna ddim lliain ar bwrdd na dim byd, a tŷ ni run fath â tŷ gwag, ond bod Mam yn eistadd yn y gadar siglo. A pan ddaru hi droi'i phen i edrach arna i fuo dest imi gael ffit. Oedd ei gwynab hi'n wyn fel calch a'i llgada hi'n fawr fel tasan nhw dest a dwad allan o'i phen hi. A fedra hi ddim siarad, dim ond llyfu'i gwefus a sbio'n hurt arnaf fi.

Be sy Mam bach, medda fi, dest a chrio. Wedyn dyma fi'n rhedag nerth fy mhegla i gegin i nôl diod o ddŵr iddi hi, ac ar ôl iddi hi yfad dipyn bach o hwnnw mi ddaeth yn well.

Nain, medda hi'n wanllyd. Dos i Pen Bryn i nôl Nain.

Dyma finna trwy'r drws fel melltan a rhedag dros y rhew i Tŷ Nesa i ddeud wrth Gres Ifas fod Mam yn sâl. A dyma

Gres Ifas yn rhoid ei siôl amdani ar unwaith heb ddeud dim byd ac allan â hi i tŷ ni.

Mi â i nôl Nain, medda finna, a sglefrio am fy mywyd i lawr Rallt i Pen Bryn.

Erbyn i Nain a finna gyrraedd tŷ ni, oedd Gres Ifas wedi rhoid Mam yn ei gwely, a'r teciall yn berwi ar y tân a lliain ar y bwrdd.

Yr hen gricmala yna ydi o, Betsan Parri, medda Gres Ifas. Well inni gael Doctor Pritchard ati hi.

Ga i fynd i nôl o? medda fi.

Na, mae hi reit gyffyrddus rwan, medda Gres Ifas. Well iti ddwad acw i gael cinio, a galw hefo Doctor Pritchard ar dy ffordd i Rysgol.

Ac felly buo hi. A Nain Pen Bryn yn byw acw hefo ni am dri mis tan nes oedd Mam wedi mendio.

Dew, un arw oedd Nain hefyd. Fi'n dwad adra ryw ddiwrnod wedi bod hefo Huw yn Parc Defaid ac yn sâl eisio bwyd.

Ga i frechdan arall, Nain? medda fi.

Run fath â Now Bach Glo, pan aeth o i helpu yn cynhaea gwair Gorlan, pan oeddan nhw'n cael bwyd ganol dydd. A Mrs. Wilias Gorlan yn gofyn i Now pan oedd hi'n torri brechdan iddo fo: Gymeri di hi ar hyd y dorth, Now bach? medda Mrs. Wilias.

Cymera i, medda Now, ac yn ôl hefyd. A pawb yn rowlio chwerthin ond Mrs. Wilias. Sgowlio arno fo ddaru hi.

Ond pan ddwedais i: Ga i frechdan arall, Nain? ar ôl sglaffio pedair, un ar ôla'i gilydd, be ddaru Nain yn ei thempar ond taflyd y dorth ar draws y bwrdd.

Hwda'r hen gythraul bach byteig, medda hi. Cymera di'r dorth i edrach gei di ddigon.

Dew, un arw oedd Nain. Ond hen beth digon ffeind oedd hi hefyd. Sôn am neud gwyrthia. Oeddwn i am hir iawn yn methu coelio streuon oedd Bob Car Llefrith yn ddeud wrthan ni yn Rysgol Sul am Iesu Grist yn gneud gwyrthia. Troi dŵr yn wîn, codi pobol o-farw-fyw a petha felly, ac yn enwedig y stori honno amdano fo'n porthi pum mil hefo pum torth a dau bysgodyn. Ond ar ôl y nos Fawrth honno es i i Seiat yn Reglwys hefo Mam wnes i ddim ama dim un o streuon Bob Car Llefrith yn Rysgol Sul am Iesu Grist yn gneud gwyrthia.

Cyn i Mam fynd yn sâl oedd hi, blwyddyn ar ôl i Wmffra Tŷ Top fynd yn ôl i'r môr ar ôl ffreuo hefo Leusa'i wraig a deud na fasa fo byth yn dwad yn ei ôl ati hi.

Ond mae o'n siŵr o ddwad yn ei ôl, gei di weld, medda Mam wrth Leusa pan ddaeth hi acw i gwyno am bod Wmffra wedi'i gadael hi.

Ond sud ydw i'n mynd i fyw? medda Leusa.

Hitia befo fo, Leus, medda Mam. Mi gei di bres plwy run fath â finna os na ddaw o yn ei ôl.

Be? medda Leusa. Fi'n byw ar y plwy? Dim peryg yn y byd.

Wel, mae dy well di a finna wedi gorfod mynd ar y plwy, wsti, medda Mam wedyn.

Ond troi'i thrwyn a mynd allan wedi llyncu mul ddaru Leusa Tŷ Top.

Hen un larts ydy hi, yntê Mam?

Ia, nghyw i. Dydy hi ddim yn gwbod eto be ydi byw ar y plwy. Ond falla mai dyna fydd raid iddi hi.

Nos Fawrth oedd hi, beth bynnag, a finna wedi dwad adra o Rysgol yn y pnawn dest a llwgu, a Mam wedi gneud tatws laeth.

Does gynno ni ddim bara iti gael brechdan, medda hi, a finna'n codi 'mhen o'r tatws laeth i sbio arni hi, a'i gweld hi'n edrach yn ddigalon.

Hitiwch befo, Mam. Dew, mae'r tatws laeth yma'n dda.

Does gynno ni ddim tatws eto chwaith.

Hitiwch befo, Mam. Mi ga i rai bora fory ar ôl nôl gwarthag. Mi fydd Robin Gwas Bach Gorlan siŵr o godi sachad bach imi ar ffordd adra.

Ond be wnawn ni am fara, dywad?

Peidiwch a poeni, Mam. Ydach chi eisio imi ddwad hefo chi i Seiat heno?

Ia, well iti ddwad.

A wedyn mi awn ni i edrach am Nain i Pen Bryn.

Olreita.

A ffwrdd a ni i Seiat ar ôl imi molchi a gneud fy ngwallt ar ôl cael llond bol o datws laeth.

Huws Person oedd yn Seiat a doedd yna ddim Côr yn seti Côr ar nos Fawrth. Wedyn oeddwn i'n eistadd yn sêt ni hefo Mam, a doedd yna ddim gwerth o bobol yn Reglwys, run fath â fydda ar ddy Sul.

Ar ôl i Huws Person ddeud lot o weddïa, dyma fo'n dwad at yr un fyddwn i'n leicio ora ohonyn nhw i gyd. Hwnnw lle bydda fo'n gweddïo dros yr hogia oedd wedi listio hefo'r sowldiwrs a rheiny oedd wedi mynd yn llongwrs. Ac ar ganol y weddi mi fydda'n deud enwa'r hogia i gyd yn un rhes, fel hyn :

Elwyn Davies, Ernest Davies, William Evans, Herbert Francis, Robert Wheldon Griffiths, John Hughes, Arfon Jones, Idwal Jones, John Arthur Jones, Hughie Lewis, Alfred Morris, Ifor Owen, Emrys Price, Robert Pritchard, Heilyn Roberts, Ithel Thomas, David Williams, Edgar Williams, John Williams, Ritchie Williams . . .

Ac wedyn pawb yn dal â'u penna i lawr yn ddistaw am ddau funud, ac yn meddwl pob matha o feddylia, nes basach chi'n medru clywad pin yn syrthio ar lawr.

Ddaru o ddim enwi Elwyn Pen Rhes heno, Mam, medda fi â mhen i lawr.

Wedi cael ei ladd ddoe, medda Mam yn ddistaw bach.

A finna â mhen i lawr yn fanno yn cofio Elwyn Pen Rhes yn dwad adra o Ffrainc fis cyn hynny a Huw a finna'n rhedag i'w gwarfod o'n dwad i fyny Lôn Newydd.

Iesu, mae golwg arnach chi, Elwyn, medda Huw wrtho fo. Lle ydach chi wedi bod yn cael y baw yna ar eich dillad a'ch sgidia.

Lle wyt ti'n feddwl, y cythral bach gwirion, medda Elwyn. Yn y trenshis, siŵr iawn. At ein pennaglinia mewn mwd trwy'r dydd, machan i, a trwy'r nos hefyd, am dair wsnos heb symud.

Dew, a mi oedd golwg wedi blino arno fo. Ond oedd o'n llawn hwyl hefo ni.

Yli, medda fo wrth Huw. Dyro hwn am dy wynab iti gael clywad ogla da sy arno fo.

A dyma fo'n rhoid y mwgwd oedd o'n gario ar ei frest i Huw.

Fel hyn mae'i boid o, medda Elwyn a boid

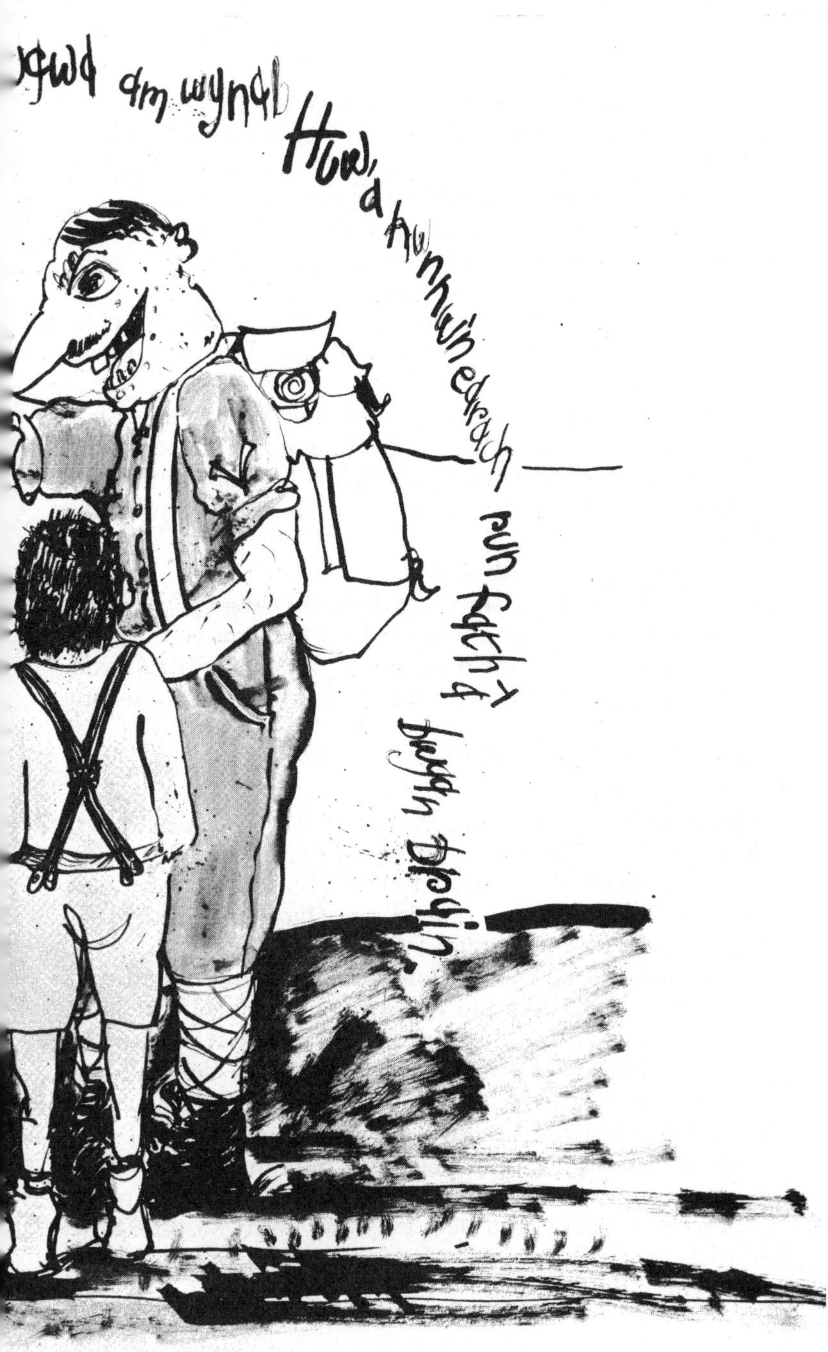

Fel hyn mae'i roid o, medda Elwyn, a rhoid y mwgwd am wynab Huw, a hwnnw'n edrach run fath â bwgan brain.

Ond fuo fo ddim am ei wynab o ddim ond am eiliad, a dyma Huw'n dechra stryffaglio i dynnu o'n rhydd.

Iesu, dw i'n mygu, medda fo, a dechra pwyri a sychu'i drwyn fel wnimbe, a'i llgada fo'n dyfrio. A dyna lle'r oedd rhen Elwyn druan yn rowlio chwerthin am ben Huw.

Ylwch, y diawlad bach diog, medda fo, a sefyll yn ochor wal a tynnu'r pac oedd ar ei gefn o. Mi gewch chi gario hwn i fyny i Ben Rhes imi.

A'r ddau ohonan ni'n mynd efo fo'r holl ffordd i Ben Rhes ac yn cario'i bac o bob yn ail, a gweld ei fam o'n dwad allan o tŷ fel dynas wedi drysu ac yn taflyd ei breichia amdano fo ac yn gweiddi El bach, El bach, ac yn crio a chwerthin bob yn ail.

Yr hen Elwyn Pen Rhes druan.

Ond deud oeddwn i am y wyrth ddaru ddigwydd i Mam a fi yn Seiat noson honno. Mae'n rhaid mai pan oeddan ni i gyd yn deud y Padar efo'n gilydd ar ôl canu Yr Arglwydd yw fy mugail, ni bydd eisiau arnaf, ddaru'r wyrth ddechra digwydd.

Ein Ta-a-d Rhwn Wyt yn y Nefoedd, medda Huws Person ar ei linia.

Rhwn wyt yn y Nefoedd, medda ninna â'n penna i lawr.

Sancteiddier D'enw . . . eiddier D'enw . . . Deled Dy deyrnas . . . eyrnas . . . Gwneler D'ewyllys ar y ddaear megis y mae yn y Nefoedd . . . efoedd . . . Dyro inni heddiw ein bara beunyddiol . . . yddiol . . .

Ac ar ôl deud bara beunyddiol fedrwn i ddim mynd dim pellach efo'r lleill, dim ond dechra hel meddylia. Cofio am Mam yn deud wrtha i cyn inni ddwad i Reglwys nad oedd gynnon ni ddim bara i neud brechdan, a dyna lle'r oeddwn i â mhen i lawr yn gofyn i Dduw am fara beunyddiol, a pres plwy ddim yn dwad tan dy Gwenar.

Sud oedd bosib i Dduw roid torth imi? meddwn i wrtha fi'n hun. A dechra meddwl am datws a chig a phwdin reis a petha felly, a cofio clwad ogla lobscows yn dwad o tŷ Now Bach Glo. A dyma fi'n dechra smalio gweddïo ar ben fy hun, heb wrando dim byd oedd y lleill yn ddeud.

Ein Tad, medda fi, yr Hwn wyt yn y Nefoedd, dyro inni heddiw lond plat mawr o datws a chig yn pobdy, a llond desgil fawr o bwdin reis, a lot o fara brith a pob math o gacan gyraints a chacan jam, a lot o gaws, a ham a wya a myshirŵms i frecwast, a siwt newydd erbyn Sulgwyn a lot o bres i wario . . . canys eiddot Ti yw'r deyrnas a'r gallu a'r gogoniant yn oes oesoedd. Amen.

Erbyn hyn oedd Huws Person yn deud y Fendith, a pawb yn dechra gneud eu hunain yn barod i fynd allan. Tangnefedd Duw, yr Hwn sydd uwchlaw pob deall, medda Huws Person, â fyddo gyda chwi o'r awr hon hyd yn oes soesoedd. Amen.

Amen, medda ninna.

Ac allan â ni.

Oedd hi'n noson braf ola leuad run fath â heno wrth inni gerddad i fyny i tŷ Nain yn Pen Bryn, ac mi oedd yna ola yn ffenast gegin pan ddaru ni gyrraedd, a Nain heb roid y bleinds i lawr.

Rhoswch am funud imi gael gweld ydy hi'n cysgu, medda fi, a rhedag o flaen Mam i gael sbio drwy'r ffenast. A dyna lle oedd Nain yn eistadd ar y gadar freichia wrth y tân a'i sbectol hi ar flaen ei thrwyn, dest a syrthio i ffwrdd, a'i Beibil Mawr hi'n agorad ar ei phennaglinia hi a'i dwylo hi arno fo a'i dau fawd hi'n mynd rownd a rownd ar ola'i gilydd. Oeddwn i'n meddwl mai cysgu oedd hi ond wrth weld ei dau fawd hi'n mynd ar ola'i gilydd, oeddwn i'n gwbod mai dim ond hepian oedd hi.

Helo, ni sy yma, Nain, medda fi wrth agor drws, a Mam yn dwad i mewn wrth fy sodla i.

Dowch i mewn a chaewch yr hen ddrws yna, medda hitha. Ma hi'n brigo heno a synnwn i ddim na chawn ni dipyn o eira fory. Mynd i neud tamad o swpar oeddwn i. Waeth ichi aros i gael tamad hefo mi ddim. Fydda i fawr o dro.

A dyma hi'n rhoid y tâp du oedd yn sownd wrth y Beibil Mawr yn y lle oedd o wedi agor a'i gau o a'i roid o ar y bwrdd crwn. Ac ar ôl i Nain fynd i cefn i nôl llestri dyma finna'n mynd at y Beibil i sbio lle oedd hi'n darllan, a dyna be welais i pan agorais i o lle oedd y tâp du:

Yr Arglwydd yw fy mugail. Ni bydd eisiau arnaf.

Oeddwn i'n gwbod y salm i gyd, wedi'i dysgu hi yn Rysgol Sul efo Bob Car Llefrith. Ond dyna beth rhyfadd, medda fi wrtha fi'n hun. Ma raid bod Nain yn eistadd yn fan yma'n ei darllan hi ar yr un pryd ag oeddan ninna'n ei chanu hi yn Seiat yn Reglwys.

Hogyn Margiad Wilias Pen Rhes wedi cael ei ladd, medda Mam pan oedd Nain yn rhoid y llestri ar y bwrdd.

Ddeudodd Nain ddim byd ond rhoid rhyw ochenaid bach, fel bydda hi'n gneud reit amal, am ddim byd, heb sôn am rywun yn cael ei ladd.

Ddaru Huws Person ddim mo'i enwi o hefo'r lleill yn Seiat yn Reglwys heno, medda finna.

Mi fydd hi'n ddigon calad ar Margiad wedi'i golli o, medda Mam.

Faint oedd ei oed o? medda Nain.

Dwy ar higian mis dwytha, medda Mam.

Mi fyddan wedi mynd i gyd, a ninna hefo nhw, cyn bydd yr hen Ryfal yma drosodd, medda Nain. Dowch at y bwrdd. Does gen i fawr o sgram i gynnig ichi heno.

Lobsgows oedd gan Nain i swpar inni. Mi fydda'n well gen i lobsgows Nain na dim un lobsgows ges i rioed ond dwn i ddim sud oedd hi'n medru'i neud o mor dda, achos dim ond amball i asgwrn fydda hi'n gael unwaith yr wsnos o Siop Bwtshiar a fi fydda'n nôl hwnnw iddi, ar ddy Sadwrn. A mi fydda gan Nain lobsgows ar hyd yr wsnos, waeth pa noson fydda hi.

Dew, mae'r lobsgows ma'n dda, Nain, medda fi.

Bwyta di lond dy fol, ngwas i, medda hitha. A dyma hi'n troi at Mam wedyn a deud: Ydw i reit falch bod chi wedi galw yma heno, achos mi ddigwyddodd rywbath rhyfadd iawn ar ôl imi fynd allan i Siop Ann Jos pnawn yma.

Mae rhywbath rhyfadd yn digwydd o hyd yn y lle yma, medda Mam. Neithiwr mi ddoth Wmffra Tŷ Top adra'n ôl o'r môr, ar ôl deud wrth Leusa na fasa fo byth yn dwad yn ei ôl eto. Be ddigwyddodd i chi tybad?

Wel, pan ddois i'n ôl o Siop Ann Jos hefo gwerth chwech o datws, be welais i yn sefyll ar garrag drws ond basgiad

fawr a honno'n llawn o bob math o betha, menyn a siwgwr
a ham a wya a caws a dwy dorth dan badall.

Tewch da chi.

Ia wir.

Be wnaethoch chi efo nhw?

Ma'r fasgiad a'r petha yn y cefn yna.

Hogyn Siop Wili Edwart oedd wedi gneud camgymeriad,
heb fynd a'r negas i'r tŷ iawn, reit siŵr. Mi ddaw o yma i'w
nhôl nhw fory, gewch chi weld.

Dyna oeddwn inna'n feddwl hefyd. Ond pan es i trwy'r
fasgiad i gael gweld be oedd ynddi hi, dyma fi'n cael hyd i
hwn.

A dyma Nain yn mynd i bocad ei barclod a tynnu darn o
bapur allan. Sbia be mae o'n ddeud, medda hi wrth Mam.

A dyma Mam yn cymryd y darn papur ac yn tynnu'i
sbectol allan a'i rhoid hi ar ei thrwyn a darllan yn ychal:

I Betsan Parri, fel offrwm diolch. Oddiwrth Ewyllysiwr
Da.

O ble wyt ti'n meddwl doth o? medda Nain.

Rargian fawr, dwn i ddim.

Ydach chi ddim yn cael eich pen blwydd tan mis nesa,
Nain, medda finna. Felly nid presant pen blwydd ydy o,
beth bynnag.

Naci, nid presant pen blwydd ydy o.

Falla mai angal ddaru ddwad a'r fasgiad o'r Nefoedd,
medda fi, wrth gofio amdanaf fi'n deud Padar yn Seiat a
gofyn i Dduw am bob matha o betha. Ac erbyn imi feddwl,
oedd y rhan fwya o'r petha oeddwn i wedi gofyn amdanyn
nhw i fwyta yn y fasgiad.

Ella mai'r hogyn sy'n iawn, medda Mam.

Wel, pwy bynnag ddaeth a nhw, mi faswn i yn ei alw fo
yn angal, medda Nain. Oeddach chi'n deud fod Wmffra Tŷ
Top wedi dwad adra o'r môr?

Dew, dyna i chi pwy oedd yr angal, ydw i'n siŵr, Nain.
yn clên ofnadwy ydy Wmffra. Mi roth o chweigian i Mam
dwytha oedd o adra, a mi roth lot o bresanta neis i
na hefyd.

'mffra. Tybad yn wir? medda Mam.

warae teg iddo fo'n wir os mai fo oedd o. Hen hogyn

bach ffeind fuo Wmffra rioed, medda Nain. Mi gawn ni wbod ryw ddiwrnod, reit siŵr. Os na ddoth o'n angal o'r Nefoedd mae o'n siŵr o gael mynd yno os ydy o'n gneud petha fel hyn.

Mae o wedi bod yn angal i fedru byw hefo Leusa, beth bynnag.

Ydach chi'n cofio'r bocs clycha hwnnw ges i'n bresant gyno fo, Mam? Ydw i'n siŵr mai clycha fel yna sy'n canu yn y Nefoedd, a ddaru Wmffra Tŷ Top ddim deud wrtha i ble cafodd o'r bocs. Ella mai o'r Nefoedd ddaru hwnnw ddwad hefyd.

Mae'r hogyn yma'n mynd i siarad yn fwy rhyfadd bob dydd, medda Nain.

Mae o'n siarad yn reit gall weithia hefyd, medda Mam, oedd yn wên o glust i glust. Ond wyt ti, nghyw i?

Yn treio, beth bynnag, medda finna. Ga i helpu chi hefo'r platia a golchi llestri, Nain?

Na, gad ti iddyn nhw i mi. Mae gen i eisio i dy Fam ddwad i'r cefn i weld y fasgiad. Mae yna ormod o lawar ynddi hi i mi. Well ichi fynd a dipyn ohonyn nhw adra hefo chi.

A dyma'r ddwy'n mynd efo'i gilydd i'r cefn a gadael i mi orffan bwyta'r lobsgows ar ben fy hun. A dyna lle'r oeddwn i'n bwyta'r lobsgows ac yn dal i ddeud Ein Tad Rhwn wyt yn y Nefoedd wrtha fi'n hun a treio meddwl pwy goblyn ddaru ddwad a'r fasgiad i Nain os nad Wmffra Tŷ Top oedd o. Ac os mai Wmffra oedd o, medda fi, mae raid mai angal go iawn, ac nid dyn run fath â pawb arall oedd Wmffra, a rhywun wedi torri'i ddwy asgall o pan oedd o'n angal bach, cyn iddo fo dyfu.

Well iti fynd a nhw yn y fasgiad, medda Nain yn y cefn.

A dyma'r ddwy'n dwad yn ôl a Mam yn cario'r fasgiad yn llawn o bob matha o betha i fwyta.

Sgin i mond diolch yn fawr ichi, medda Mam.

Paid a sôn. Mae arnoch chi fwy o'i hangan nhw na fi. Caewch y drws yna ar eich ôl. Rydw i am ddarllan dipyn bach eto.

A dyma Nain yn cymryd y Beibil Mawr oddiar y bwrdd crwn ac eistadd i lawr yn y gadair freichia. A dyna lle'r oedd hi, hefo'i sbectol ar ei thrwyn a'i phen yn y Beibil pan oeddan ni'n pasio'r ffenast wrth fynd adra.

Dew, oedd hi'n noson braf ar ffordd adra, noson ola leuad run fath â heno, a'r lleuad yn chwerthin yn braf arna ni.

Wyt ti'n meddwl mai Wmffra oedd o? medda Mam pan gymerais i'r fasgiad i'w chario i fyny Rallt.

Naci, Duw oedd o. Oeddwn i wedi gofyn am bob dim sy'n y fasgiad yma pan oeddan ni'n gweddïo yn Seiat yn Reglwys heno.

Oeddat ti wir, ynghyw i?

Oeddwn wir. A Duw sy wedi atab y weddi.

Ydy, mae Duw yn atab gweddïa. Mae O wedi f'atab inna lawar gwaith.

A pan es i i ngwely, oedd Mam yn canu'n braf:

> Mae Duw yn llond pob lle
> Presennol ym mhob man.

A finna'n mynd ar fy nglinia wrth ochor gwely i ddeud fy Mhadar cyn mynd i gysgu. Ein Tad Rhwn wyt yn y Nef-oedd, medda fi. Diolch iti am Dy datws-a-chig-yn-pobdy, a torth a menyn a siwgwr a caws a ham a wya a pob dim arall.

Dyna i chi be oedd gwyrth yntê?

Hwn ar y dde yn fan yma, yn mynd yr holl ffordd at ochor Rafon, ydy Cae Robin Dafydd. Dew, mae hi'n wyrth 'mod i'n fyw hefyd ar ôl be ddigwyddodd y diwrnod hwnnw pan ddaeth tîm ffwtbol Cybi Wanderers i chwara am y Cwpan efo'n Celts ni.

Ar ddy Sadwrn oedd hynny. Mi fyddan ni'n mynd dros ben wal ac ar draws cae at ochor Rafon i chwara ar ôl Rysgol ganol wsnos. Ifor Bach Pen Rhes fuo dest a boddi unwaith pan euthon ni yno, Huw a Ifor Bach a fi, i chwara ceffyla bach efo rêns oedd Elwyn, brawd mawr Ifor Bach, wedi'i gweu trwy rîl efo dafadd bob lliwia.

Ifor Bach oedd y ceffyl a Huw yn gafael yn y rêns a dreifio, a cansan gynno fo yn lle chwip, i stido Ifor Bach. A finna'n rhedag nerth fy mhegla tu nôl iddyn nhw ar draws Cae Robin Dafydd yn fan yma. Oedd yna gerrig stepia i groesi Rafon wrth waelod Cae Robin Dafydd, ac i fanno oedd Huw yn dreifio'i geffyl, a Ifor Bach yn carlamu fel fflamia ar draws cae.

A Huw'n gweiddi: Ji yp Pol. Fel fflamia rwan dros y cerrig ar draws Rafon.

Pol oedd enw casag Now Bach Glo. Dyna lle cafodd Huw yr enw.

Oedd yna li mawr wedi bod yn Rafon ar ôl glaw, a dim ond penna'r cerrig stepia oedd yn golwg. Ond yn ei flaen ddaru Huw ddreifio Ifor Bach, ac yn ei stido fo fel coblyn.

Dros Rafon rwan, Pol, medda Huw, a finna tu nôl iddo fo. A dyma Ifor Bach yn rhoid naid ar y garrag gynta, a oddiar honno i'r ail garrag, a oddiar honno wedyn i'r drydydd. A pan oedd o'n neidio i'r bedwerydd, reit yn ganol Rafon, dyma fo'n llithro ar ei dîn, ac i mewn â fo i'r dŵr. Oedd y rêns yn un hir a doedd Huw ddim ond ar y garrag gynta tu nôl i Ifor Bach a finna yn cae ar ochor Rafon pan ddaru Ifor Bach syrthio i mewn. Oedd y rêns yn frau, wrth gwrs, a mi dorrodd ar unwaith pan lithrodd Ifor Bach.

Iesu, be wnawn ni? medda Huw, a neidio'n ôl oddiar y garrag i ochor Rafon. Oedd Ifor yn dechra cael ei gario efo'r lli i lawr Rafon, a ninna'n rhedag ar hyd ochor Rafon i ddal i fyny efo Ifor Bach.

Dyma Huw yn dechra gweiddi Help nerth esgyrn ei ben. Help, medda finna ar dop fy llais. A pwy welson ni'n neidio dros ben wal o Lôn Bost a rhedag fel fflamia ar draws cae ond Elwyn, brawd mawr Ifor Bach.

Ifor yn Rafon, medda Huw ar dop ei lais, ac yn dal i redag, a'i wynt yn ei ddwrn.

Ifor yn Rafon, medda finna'r un fath â fo.

Erbyn hyn oedd Elwyn wedi'n dal ni, ac yn rhedag hefo ni. A heb dynnu ei gôt na'i sgidia na dim byd, dyma fo'n rhoid plym i mewn i'r dŵr a nofio allan i ganol Rafon nes cafodd o afael ar wallt Ifor. A mewn chwinciad, oedd o wedi dwad ag Ifor Bach i ochor Rafon at lle oeddan ni wedi stopio.

Iesu, dyna lwc ichi ddwad, Elwyn, medda Huw.

A dyna lle oedd Ifor Bach yn gorfadd ar wastad ei gefn yn deud dim byd, a'i llgada fo'n llydan agorad yn sbio i fyny i'r awyr, a Elwyn yn sychu'i wynab o. A golwg wedi dychryn ar Ifor Bach.

Wyt ti'n olreit, was? medda Elwyn wrtho fo.

Ydw, medda Ifor yn ddistaw bach.

Cerwch chi ill dau i hel pricia, medda Elwyn wrtha ninna. Wedyn mi wnawn ni dân inni gael sychu'n dillad. Fedrwn ni ddim mynd adra fel hyn â'n dillad ni'n dyferyd.

Damia, medda Elwyn, ar ôl inni ddwad a'r pricia a'u gosod nhw'n barod. Wneiff fy matshus i ddim tanio. Mae nhw wedi glychu.

Mae gen i fatshan, medda fi.

A chyn pen dau funud oedd gynnon ni fonffeiar iawn ar lan Rafon. A dyna lle oedd Elwyn a Ifor Bach yn neidio o gwmpas yn noethlymun i gadw'n gynnas, a Huw a finna'n dal eu dillad nhw o flaen tân i sychu.

Peidiwch a deud wrth neb, hogia, cofiwch chi rwan, medda Elwyn.

Dew, mi ddylach chi gael medal am achub Ifor felna, medda fi.

Iesu, dylach siŵr iawn, medda Huw.

Cofiwch chi beidio deud wrth Mam, neu mi ga i gythral o gweir, medda Ifor Bach.

Ella mai fi ddyla roid cweir iddo fo am fod yn gythral bach mor wirion yn syrthio i Rafon, medda Elwyn. Ond gwell peidio deud wrth neb, lats. Wneiff yr hen wraig ddim ond poeni os clywith hi. A cha inna ddim ond ffrae os gwneiff un ohonoch chi agor ei geg.

Dew, medal ddylach chi gael, medda Huw wedyn. Dyna ydw i'n ddeud beth bynnag.

A finna hefyd, medda fi.

Mi gafodd Elwyn Pen Rhes fedal hefyd cyn iddo fo gael ei ladd gan y Jyrmans. Ond nid am achub Ifor Bach ei frawd pan ddaru o syrthio i Rafon cafodd o hi.

Y D.C.M. gafodd o.

Diwrnod hwnnw pan ddaru ni redag i'w gwarfod o'n dwad adra o Ffrainc ar Lôn Newydd, doedd yna neb yn gwybod bod Elwyn Pen Rhes wedi ennill y D.C.M. Ganol dydd diwrnod wedyn, pan oedd Elwyn yn dal i gysgu yn ei wely wedi blino, daeth y teligram i ddeud am y D.C.M. Fi aeth a'r teligram i tŷ Elwyn i Pen Rhes. Ar ffordd adra o Rysgol amsar cinio oeddwn i, a mi fyddwn i'n galw yn Post bob amsar cinio i edrach oedd eisio mynd a teligram i rywun, achos oedd Mister Robaitsh Post yn rhoid chwech am fynd a teligram.

Cerwch a hwn i Pen Rhes, medda fo wrtha i pan es i i Post.

A diwrnod wedyn yn Rysgol, dyma Preis Sgŵl yn deud wrtha ni na fydda yna ddim ysgol dydd Gwenar, a bod ni i gyd yn mynd i gael te parti yn cae Ysgol Pont Stabla am fod Elwyn Pen Rhes wedi ennill y D.C.M.

Dew, diwrnod braf oedd y dy Gwenar hwnnw. Oedd yna broseshion ar hyd Stryd, o ben Lôn Newydd reit i fyny at Giat Reglwys, a wedyn i fyny at Ysgol Pont Stabla. A ninna i gyd yn ein dillad dy Sul yn sefyll ar y pafin yn ei watsiad o, a pawb wedi cael fflag i chwifio pan oedd y proseshion yn pasio.

Ar y blaen oedd Band Llanbabo. Oedd y band wedi dwad yr holl ffordd o Llanbabo am fod cefndar Elwyn yn chwara trambôn yno fo. Tu nôl i'r band oedd ceffyl a coitsh Robin Dafydd, a Robin Dafydd yn eistadd yn y ffrynt ar sêt ychal yn dreifio, hefo chwip hir run fath â genwair bysgota.

Oedd top y goitsh i lawr er mwyn i bawb gael gweld i mewn iddi, a dyna lle oedd Elwyn Pen Rhes yn eistadd yn y goitsh run fath â Lord, yn codi'i law arna ni a bowio, ac yn wên o glust i glust. A Misus Wilias Pen Rhes, ei fam o, yn eistadd wrth ei ochor o, yn ei dillad gora, ac yn edrach run fath â'r Frenhinas adag Coroneshion. A Ifor Bach a'i dad yn eistadd ar ochor arall yn edrach yn bwysig iawn a dim gwên ar eu gwyneba nhw.

Gwatsia di syrthio, Ifor Bach, medda Huw ar dop ei lais pan oedd pawb yn clapio'u dwylo wrth i'r goitsh basio. A pawb yn chwifio'u fflagia. Ond chlywodd Ifor Bach mono fo. A welodd o mohona ninna chwaith, achos oedd yna ormod o bobol bob ochor i Stryd yn sbio arnyn nhw. A mi oedd Tad Wil Bach Plisman a Jos Plisman Newydd yn martshio hefo'r goitsh, un bob ochor iddi hi.

Tu nôl i'r goitsh oedd yr Oddfellows, yn martshio fesul dau a dau, a bob un hefo sash las hir dros ei ysgwydd a rownd ei fol. Oedd Wil Colar Startsh yno, a Defi Difas Snowdon View, a Elis Ifas Drws Nesa, a Wmffra Tŷ Top a Bleddyn Ifans Garth, a lot fawr o bobol bwysig, achos oedd yna neb yn gweithio'n Chwaral y diwrnod hwnnw.

Tyrd yn dy flaen, medda Huw pan ddaru Band Llanbabo ddechra canu wrth Siop Chwech a Dima.

Ac yn lle aros lle oeddan ni, yn chwifio fflagia, dyma Huw a Moi a finna'n rhedag i fyny heibio'r goitsh a dechra martshio wrth ochor y band. A martshio wrth ei ochor o ddaru ni yr holl ffordd at Ysgol Pont Stabla, lle oedd y goitsh yn stopio, a pawb yn mynd i mewn i'r cwarfod lle oeddan nhw'n rhoid y fedal i Elwyn.

Dowch yn eich blaen, medda Huw ar ôl y cwarfod, neu mi gollwn ni'r te parti.

Ac i mewn â ni i cae Ysgol Pont Stabla a dechra sglaffio

pob math o gacenna a brechdanna efo'r lleill. Wedyn oedd yna broseshion yn ôl o Ysgol Pont Stabla, a Elwyn a'i fam a'i dad a Ifor Bach yn y goitsh run fath ag o'r blaen, heblaw bod Elwyn yn gwisgo'i fedal ar ei frest. A Band Llanbabo yn dal i ganu. Mi aethon ninna hefo nhw wedyn, a martshio i lawr yr holl ffordd at ben Lôn Newydd.

Dew, diwrnod braf oedd hwnnw.

I cae Robin Dafydd fydda syrcas yn dwad hefyd, a'r Sioe Lewod. Dew, oedd hi'n wyrth bod Now Bach Glo yn fyw hefyd ar ôl y tro hwnnw hefo'r eliffant. Hen gythraul brwnt oedd Now Bach Glo bob amsar, hyd yn oed pan fydda fo heb gael diod. Mi welson ni o'n stido Pol y Gasag unwaith ar Allt Bryn nes oedd hi dest iawn a syrthio yn y llorpia. Oeddan ni wedi gwylltio cymaint wrtho fo, oeddan ni eisio'i ladd o hefo cerrig, ond oeddan ni ormod o'i ofn o.

Sefyll yn gwatsiad yr eliffant tu nôl i reilins oeddan ni yn y Sioe Lewod y tro hwnnw. Rhes ohonon ni'n chwerthin am ben yr eliffant yn rhoid ei drwnc allan trwy'r reilins i gael cnau a tameidia o fala a petha felly gynnon ni, a stwffio nhw i'w geg.

Gwatsiwch rwan, lats, medda Now Bach Glo, a mynd i'w bocad a tynnu bocs matshus allan. A pan ddaru'r eliffant roid ei drwnc allan trwy'r reilins wrth ymyl Now Bach Glo, dyma hwnnw'n rhoid y bocsiad o fatshus iddo fo. A'r eliffant yn mynd a nhw i'w geg run fath â tasan nhw'n gnau neu fala, a pan ddaru o'i rhoid nhw yn ei geg efo'i drwnc, dyma ni'n gweld lot o fwg yn dwad o'i geg o. Ma raid na ddaru o ddim llosgi, achos ddaru o ddim gwylltio na dim byd, ond sbio efo'i llgada bach ar Now Bach Glo. A ninna i gyd yn gobeithio basa fo'n cael ei drwnc am fol Now a'i godi o dros ben y reilins a'i luchio fo i abargofiant.

Doedd hi ddim run peth efo Moi a'r myncwns, chwara teg i Moi. Wedi cael mynd i mewn am ddim oedd Huw a Moi a finna am gario dŵr i'r llewod i'r dyn sioe yn y bora. Blwyddyn cyn i Moi farw oedd hi.

Sud cawn ni fynd i mewn i Sioe heno? medda Huw.

Dros ben wal pan fydd yna neb yn sbio, siŵr iawn, medda Moi.

Does dim eisio mynd dros ben wal, medda finna. Mae dyn sioe wedi deud cawn ni gario dŵr o Rafon iddo fo a mynd i mewn am ddim.

Oedd Moi wedi bod yn lle Doctor Pritchard ar ffordd o Rysgol yn y pnawn yn nôl ffysig i'w fam a bocs o bils i Yncl Now Moi. A dyma ni'n mynd i'r Sioe cyn mynd adra. A pan aethon ni i weld y myncwns, doedd gynnon ni ddim cnau na dim byd i roid iddyn nhw.

Edrach ydyn nhw'n leicio rhain, medda Moi, a mynd i'w bocad i nôl y bocs pils.

Dyma fo'n taflyd un i mewn ac un o'r myncwns yn neidio a cythru yn y bilsan a'i rhoid hi yn ei geg hefo'i ddwylo. A dyna lle'r oedd y mwnci'n cnoi'r bilsan a sbio'n wirion arnan ni, a golwg wrth ei fodd arno fo.

Mae o'n leicio nhw, medda Moi, a taflyd pilsan arall i mewn. Ac un o'r myncwns arall yn neidio a cythru ynddi hi, a dechra cnoi run fath â'r llall, a sbio'n wirion arnan ni.

Ar ôl hynny, dyma Moi yn dechra taflyd un bilsan ar ôl y llall i mewn i'r myncwns, nes oedd gynno fo ddim un ar ôl, a'r bocs yn wag.

Iesu, be wna i rwan? medda fo. Be ddydith Yncl Now pan a i adra?

Deud bod chdi wedi'i colli nhw, siŵr iawn, medda Huw.

Neu deud na chest ti monyn nhw, medda finna.

Pan aeth pobol i Sioe noson honno, doedd yna ddim hanas o'r myncwns. A dyma dyn sioe yn sefyll ar ei draed a deud wrth y bobol na fedran nhw ddim cael gweld y myncwns am fod pob un ohonyn nhw wedi cael ei daro'n sâl.

Iesu, mi ges i gweir gen Yncl Now neithiwr, medda Moi wrthan ni yn Rysgol bora wedyn.

Am be? Am bod chdi wedi colli'r bocs pils? medda Huw.

Neu am ddeud na chest ti monyn nhw gen Doctor Pritchard? medda finna.

Ia, medda Moi. Oedd Yncl Now wedi gweld Doctor Pritchard ar Stryd, a hwnnw wedi deud wrtho fo ei fod o wedi'u rhoid nhw i mi. A wyddoch chi be oeddan nhw, lats?

Na wn i, medda Huw.

Na finna chwaith.

Pils i'w weithio fo oeddan nhw. Mae o wedi bod yn rhwym am dridia.

Ond eisio deud oeddwn i am y diwrnod hwnnw ddaru Cybi Wanderers ddwad i chwara am y Cwpan yn erbyn Celts ni yn Cae Robin Dafydd. Oedd hi wedi bod yn bwrw trwy dy Gwenar a bora dy Sadwrn hwnnw, ond wedi codi'n braf yn y pnawn cyn i'r gêm ddechra.

Eistadd ar wal ochor arall i Lôn Bost yn gwatsiad pobol yn mynd i mewn i cae oeddan ni, Huw a Moi a finna. A dyna lle oeddan nhw yn un rhes hir, dest iawn i lawr at Giat Reglwys, yn mynd i mewn yn slo bach, un ar ôl un, ar ôl talu chwech wrth y giat. Oedd hogia bach run fath â ni yn cael mynd i mewn am dair ceiniog. Oedd Tad Wil Bach Plisman a Jos Plisman Newydd yn sefyll wrth y giat yn gwatsiad y bobol yn mynd i mewn.

Dew, ma hi siŵr o fod yn gêm dda, medda Huw. Mi faswn i'n leicio gweld Wil Cae Terfyn yn gneud rings rownd hogia Cybi Wanderers. Ond dim ond tair ceiniog sy gen i a dw i eisio prynu da-da erbyn fory, a cael tships yn Siop Ann Jos wrth fynd adra heno.

Tair ceiniog sy gen inna hefyd, medda Moi. Mi awn ni dros ben wal ar ôl i pobol fynd i mewn.

Does gen i ddim ond ceiniog, medda finna. Taswn i wedi mynd efo Mam i neud negesa yn lle dwad i fanma, mi fasa gen i ddigon o bres i dalu.

A dyna lle oeddan ni'n treio meddwl sud basan ni'n medru mynd i mewn am ddim pan sbiais i ar draws ffordd at y giat, lle oedd Tad Wil Bach Plisman a Jos Plisman Newydd yn sefyll.

Ylwch, hogia, ma Jos Plisman Newydd yn ein gwatsiad ni.

I lawr o ben wal yna, medda Plisman. A ninna'n neidio i lawr ar unwaith.

I fyny Lôn Bost â ni, medda Huw.

Ia, pen pella cae ydi lle gora i fynd dros ben wal, medda Moi.

Ydw i am aros yn fanma am dipyn i weld pobol yn mynd

i mewn, medda finna. Mi ddo i ar eich hola chi mewn dau funud.

A dyna lle oeddwn i'n sefyll a 'nwy law yn fy mhocad, ac un law yn chwara hefo'r geiniog oedd gen i pan ddaru rhywun yn y rhes o bobol oedd yn gweitiad am gael mynd i mewn godi'i law a gweiddi arnaf fi. Dyma finna'n sbio tu nôl, meddwl mai ar rywun arall oedd o'n codi'i law a gweiddi, ond doedd yna neb tu nôl imi.

Hei, tyrd yma, medda'r un oedd yn codi'i law, a dyma finna'n cerddad yn fy mlaen ato fo. A pwy oedd o ond Bleddyn Ifans Garth, cefndar Elis Ifas Drws Nesa, hwnnw fydda'n dwad i fyny Rallt i edrach am Elis a Gres Ifas weithia, a dwad i tŷ ni am panad o de pan fydda yna neb adra yn Drws Nesa. Gweithio yn Chwaral oedd o.

Chdi ydi hogyn Tŷ Nesa Elis Ifas Rallt, yntê? medda fo.

Ia.

Wyt ti'n mynd i weld Celts yn ennill y cwpan?

Na. Ydw i ddim yn meddwl.

Wyt siŵr iawn. Hwda, dyma chdi. Tyrd di i mewn hefo fi. A dyma fo'n mynd i'w bocad a rhoid tair ceiniog yn fy llaw i.

Esgob. Diolch fawr, medda fi.

Sud mae dy Fam?

Iawn diolch. Oeddwn i i fod i fynd hefo hi i neud negesa pnawn yma, ond oeddwn i eisio gweld pobol yn mynd i mewn i cae. Dyna pam ddois i yma efo Huw a Moi.

O, felly? Lle mae nhw wedi mynd?

I fyny Lôn Bost am dro.

Ydyn nhw am fynd i mewn?

Ydyn, 'dw i'n meddwl.

Pwy wyt ti'n feddwl wneiff guro heddiw?

Celts siŵr iawn.

Mi ddylat ti wisgo ruban gwyrdd run fath â fi i ddangos d'ochor. Hwda, mi dorra i hwn yn ei hannar i ti gael un hannar.

Esgob, diolch fawr.

A dyma Bleddyn Ifans yn tynnu'r ruban gwyrdd oddiar ei frest a mynd i'w bocad i nôl cyllath a'i dorri o yn ei hannar a rhoid un hannar i mi.

Oes gen ti bin?

Nagoes.

Hwda, dyma chdi.

Esgob, diolch fawr eto.

Oeddwn i'n rêl boi yn mynd i mewn trwy'r giat i cae efo Bleddyn Ifans Garth, a'r ruban gwyrdd ar fy mrest i. A pan ddaeth hogia Celts ar y cae oeddwn i'n gweiddi Cym on the Celts yn uwch na neb.

Ydw i am fynd draw i fan acw imi gael lle gwell i weld, medda fi wrth Bleddyn Ifans.

Ia, dos di os leici di. Ydw i'n iawn yn fan yma.

A dyma fi'n cerddad yn slo bach i fyny'r lein i chwilio am adwy rhwng y dynion oedd yn sefyll ar ei hyd hi, er mwyn imi gael lle iawn i weld, ac i weiddi Cym on the Celts.

Arglwydd, yli pwy sy'n fanma, medda rhywun, ar ôl imi gerddad i fyny dest iawn at lein gôl Celts. A pwy oedd yna ond Huw a Moi, yn edrach run fath â dau gi wedi bod yn lladd defaid.

Sud ddiawl doist di i cae a chditha'n deud nad oedd gen ti ddim ond ceiniog? medda Moi.

Hy, sud ddaru chi ddwad ynta?

Dros ben wal draw yn fan acw siŵr iawn, pan oedd Tad Wil Bach Plisman a Jos Plisman Newydd yn y pen arall.

Yli crand ydi o efo'i ruban gwyrdd, medda Huw.

Gen Bleddyn Ifans Garth, cefndar Elis Ifas Drws Nesa, ces i o. Ddaru o dorri'r un oedd gynno fo yn ei hannar efo cyllath a rhoid un hannar i mi.

Ia, ond sud dest i i cae?

Bleddyn Ifans ddaru roid tair ceiniog imi i ddwad i mewn hefo fo. Mae o i lawr yn gwaelod fan acw. Dwad i fyny i fan yma imi gael gweld yn well wnes i.

Cym on the Celts, medda Huw ar dop ei lais pan oedd y bêl wedi dwad i fyny at geg gôl Celts a Wili Robaitsh Gôl yn rhoid naid amdani a'i chicio hi allan i ganol cae.

Ylwch, medda fi, well ichi gael tamad o'r ruban gwyrdd yma bob un i ddangos eich ochor.

A dyma fi'n tynnu'r ruban a'i dorri o'n dri darn a rhoid un bob un iddyn nhw a un i minna.

Oes gen ti bin? medda Huw.

Dyma chdi, medda Moi. Mi fydd pawb yn meddwl bod ni wedi talu am ddwad i mewn rwan.

Dowch inni gael mynd rownd i'r ochor acw, wrth Rafon, medda Moi. Mae yna lai o bobol a mwy o le'n fan acw, a mae Jos Plisman Newydd yn dwad i fyny.

Dew, dyna ichi driblar da ydy Wil Cae Terfyn, medda Huw ar ôl inni gael lle ar ganol lein ar ochor Rafon i cae.

A mi fasa'n werth ichi weld Wil Cae Terfyn hefyd yn gneud rings rownd hogia Cybi Wanderers. Ar ôl cael pas o ochor chwith neu ochor dde, oedd Wil yn rhedag i lawr cae efo'r bêl, a honno run fath â tasa hi wedi cael ei chlymu efo lastig wrth ei draed o. Wedyn, pan oedd o'n dwad at un o hogia Cybi Wanderers, oedd o'n stopio'n stond, a'r bêl yn stopio o'i flaen o. Wedyn oedd o'n dawnsio am dipyn bach bob ochor i'r bêl a'r boi Cybi yn ei watsiad o fel cath yn gwatsiad llgodan. A cyn iddo fo wybod lle oedd o, oedd Wil Cae Terfyn wedi tapio'r bêl rhwng ei goesa fo efo blaen ei droed a rhedag rownd iddo fo, a gadael boi Cybi ar ei dîn yn y mwd. Wedyn oedd Wil yn mynd yn syth trwy'r lleill fel cyllath trwy fenyn nes oedd o yn ymyl gôl Cybi.

Mae nhw'n deud bod Everton ac Aston Villa wedi treio cael Wil Cae Terfyn, medda Huw pan oedd Wil yn ei gweu hi am gôl Cybi.

Chân nhw mono fo, wsti, medda Moi. Mae well gen Wil aros efo Celts.

Gôl! medda ni ill tri ar dopia'n llais pan sgoriodd Wil y gôl gynta. Oedd Wil wedi saethu'r bêl i'r rhwyd, a dyna lle oedd golcipar Cybi ar ei fol yn y mwd, â'i draed i fyny, a'i freichia fo allan run fath â tasa fo'n treio cyrraedd yr holl ffordd i Lôn Bost. A'r bobol i gyd ar y lein yn gweiddi a dawnsio fel petha o'u coua, a hogia Celts i gyd yn rhedag at Wil i ysgwyd llaw efo fo a rhoid eu breichia amdano fo a chwalu'i wallt o. A'r ryffarî â'i bib yn ei geg yn rhedag yn ôl i ganol cae.

Dyna i ti ryffarî da ydy Titsh, medda Moi.

Titsh oeddan ni'n ei alw fo am mai dyn bychan bach oedd o, a mop o wallt cyrls du gynno fo. Pan oedd o'n rhedag yn olagymlaen rhwng yr hogia, a gwyro i lawr i watsiad y bêl, â'i bib yn ei geg, oedd o'n edrach yn llai na Bob Bach Pen

127

Clawdd, hwnnw fyddan ni'n bryfocio am ei fod o'r un hyd a'r un lêd a fynta'n ddeugian oed. A doedd Titsh, pan oedd o'n sefyll i fyny, ddim yn cyrraedd dim ond at bennaglinia Wil Robaits, golcipar Celts. Dew, un tal oedd hwnnw.

Ritchie Huws Pen Garnadd ddaru sgorio'r ail i Celts, dest cyn diwadd hannar cynta'r gêm. Oedd Ritchie a'i ddau frawd, Albert a Llywelyn, yn perthyn i tîm Celts. Dew, tri chwaraewr da oeddan nhw hefyd. Ond Ritchie oedd y gora o'r tri. Oedd gyno fo gic mul yn ei droed chwith, a honno ddaru Ritchie sgorio oedd y gôl ora welais i rioed. Oedd o'n rhedag i lawr ochor chwith Celts ar ben ei hun efo'r bêl, dest wrth ymyl lle oeddan ni'n sefyll ac yn gweiddi Cym on the Celts. A pan oedd o newydd groesi lein ganol, ac yn mynd fel fflamia heibio inni, dyma fo'n cymryd shot. A'r bêl yn fflio trwy'r awyr a'i gneud hi am gornal bella gôl Cybi, dest o dan y crosbar, a golcipar Cybi'n fflio o pen arall â'i freichia i fyny i dreio'i safio hi.

Drosodd aeth hi, medda Moi.

Naci, myn diawl, gôl, medda Huw.

Gôl, medda finna ar dop fy llais, a Titsh yn chwibanu'i bib, a pawb wedyn yn gweiddi Gôl ar dop ei lais. A dyma Titsh yn chwibanu'i bib wedyn, yn hirach, i ddeud bod hi'n haff-taim.

Ni bia'r gwpan, medda Huw, pan oeddan ni wedi cerddad at ochor Rafon ac yn lluchio cerrig i Rafon i ladd amsar.

Paid a bod rhy siŵr, medda Moi. Mae'r cae'n fwd i gyd, a hogia Celts wedi blino. A mi fyddan yn chwara'n erbyn y gwynt rwan, a'r haul yn eu llgada nhw hefyd.

A dyma Titsh yn chwibanu'i bib, a ninna'n mynd yn ôl at y lein.

Ffowl, medda Moi ar dop ei lais, newydd i'r gêm ail-ddechra. Dyna iti gythraul budur.

Un o hogia Cybi oedd wedi baglu Wil Cae Terfyn o'r tu nôl, nes oedd hwnnw'n sglefrio ar ei fol yn y mwd am tua pedair llath. A ddaru Titsh ddim cymryd dim sylw o'r peth, na chwibanu'i bib na dim, dim ond chwifio'i law i ddeud wrth yr hogia am fynd yn eu blaena a chwara. Ond oedd y bobol rownd y cae i gyd fel petha o'u coua, a lot ohonyn nhw'n rhegi ac yn diawlio a galw Titsh yn bob matha o enwa. A Bleddyn Ifans a criw oedd efo fo yn dadla'n ffyrnig ar y lein hefo Jos Plisman Newydd.

A cyn bod y twrw wedi gorffan, dyma ryw un llais bach yn gweiddi o rywla: Gôl! Ac erbyn inni edrach, dyna lle oedd y bêl yn gôl Celts a Wil Robaits ar ei hyd yn y mwd. Oedd pawb yn ddistaw am hir iawn wedyn.

Tw-wan, medda Huw. Iesu, gobeithio na chan nhw ddim gôl arall.

Ond rhwng y mwd a'r baglu a'r pwnio, mynd yn fwy budur oedd y gêm, a Titsh yn chwibanu'i bib am ffowl o hyd. Ac oedd hi'n anodd gwybod pwy oedd Celts hefo crysa coch a pwy oedd Cybi Wanderers efo crysa melyn, achos oedd yr hogia'n fwd o'u penna i'w sodla, a wedi colli'u lliwia. Ag oedd hogia Cybi'n pwyso o hyd, a'r bêl yn dal yn ymyl gôl Celts ar hyd yr adag, a Wil Robaits yn ei waith yn ei dyrnu hi allan o hyd, a'i freichia fo fel melin wynt. A gol-cipar Cybi'n gneud dim byd ond cerddad yn olagymlaen a rhwbio'i ddwylo a'i goesa i gadw'n gynnas, am nad oedd gynno fo ddim byd i neud.

Oedd Wil Robaits wedi dyrnu'r bêl allan dair gwaith efo'i ddau ddwrn efo'i gilydd, a pawb yn gweiddi Go dda, Wil, a Cym on the Celts. Ac yn sydyn, dyma Titsh yn chwibanu'i bib a rhywun yn gweiddi Gôl! A dyna lle oedd y bel wedi stopio yn y mwd ar lein gôl Celts a'r hogia i gyd rownd Titsh yn taeru fel fflamia. Ond rhedag yn ei gwman i'r lein ganol â'i bib yn ei geg ddaru'r ryffarî, a'r hogia'n rhedag ar ei ôl o a dal i daeru, a'r bobol ar y lein yn gweiddi fel petha o'u coua.

Doedd hi ddim yn gôl, hogia, medda Huw.

Dw inna ddim yn meddwl chwaith.

Na finna chwaith.

Ond yr un oedd fwya o'i go oedd Wil Robaits Gôl. Dyna lle oedd o, a'i wynab o'n goch, yn cerddad yn olagymlaen a dyrnu'r awyr, a dangos y bêl yn y mwd ar lein gôl i'r bobol oedd o'i gwmpas o.

Yn sydyn, dyma Wil Robaits yn eistadd i lawr yn y mwd wrth y postyn a rhoid ei ben yn ei ddwylo fel tasa fo eisio crio. A wedyn dyma fo'n codi a dechra carlamu fel fflamia i

A cyn i neb wybod be oedd yn digwydd, dyma
Wil Robaits yn gafael yng ngwar Titsh
hefo'i ddwy law a'i godi o addiar ei draed a troi
rownd a'i gario fo felly yn ôl at gôl Celts....

ganol cae, lle oedd yr hogia eraill yn dal i daeru hefo'r ryffarî.

A cyn i neb wybod be oedd yn digwydd, dyma Wil Robaits yn gafael yng ngwar Titsh hefo'i ddwy law a'i godi o oddiar ei draed a troi rownd a'i gario fo felly yn ôl at gôl Celts, a traed Titsh yn cicio'r awyr o dano fo, run fath â tasa fo'n reidio beic.

Pan ddaru Wil Robaits a Titsh gyrraedd y gôl dyma Wil yn ei roid o i lawr a pwyntio at y bêl yn y mwd ar y lein a taeru hefo fo. Ond dal i daeru'n ôl oedd Titsh. A dyma Wil yn gafael ynddo fo wedyn a pwyso'i ben o i lawr nes oedd ei drwyn o yn y mwd wrth ymyl y bêl.

Wnei di goelio rwan ta, y cythral gwirion, medda Wil wrtho fo.

Mi aeth petha'n draed moch wedyn.

Mi redodd lot o bobol oedd ar y lein i ganol cae a dechra taeru yn fanno hefo hogia Cybi, a rhai ohonyn nhw'n dechra rhedag at gôl Celts, i dreio cael gafael ar Titsh, ac am hannar ei ladd o. Ond oedd Tad Wil Bach Plisman a Jos Plisman Newydd yno o'u blaena nhw a wedi rhoid Titsh rhyngthyn nhw ac yn deud wrth y bobol am gadw draw. Ond welais i rioed bobol wedi gwylltio cymaint.

Wedyn dyma Tad Wil Bach Plisman yn galw hogia Celts a Cybi Wanderers at ei gilydd, ac ar ôl siarad am dipyn bach dyma nhw'n gneud ring rownd y ryffarî a dechra cerddad allan o cae a'r bobol yn cerddad bob ochor iddyn nhw ac yn gweiddi, a rhai ohonyn nhw'n rhegi a diawlio.

Sôn am broseshion Elwyn Pen Rhes. Hwn hefo Titsh oedd y proseshion rhyfedda welais i yn fy mywyd.

Pan oeddan ni'n cerddad i lawr heibio Giat Reglwys, a Titsh ar y blaen, a'r ddau blisman un bob ochor iddo fo, a hogia Celts a Cybi Wanderers tu nôl iddyn nhw, a'r bobol ar eu hola nhw yn gweiddi ac yn lluchio tolpia i dreio hitio Titsh, dyma Moi yn deud: Ydw i'n mynd i nôl torchan.

Naci, gad iddo fo gael chwara teg, medda Huw.

Ond i chwilio am dorchan aeth Moi. A peth nesa welson ni oedd torchan yn fflio trwy'r awyr. Ac yn lle hitio Titsh, landio ar fôn clust Tad Wil Bach Plisman ddaru hi, nes syrthiodd ei helmet o oddiar ei ben o. Ond ddaru Tad Wil

Bach Plisman ddim byd ond gwyro i lawr i godi'i helmet a'i rhoid hi'n ôl am ei ben a cerddad ymlaen, nes daethon nhw at Blw Bel, lle oedd yr hogia'n newid a molchi. Ac i mewn â nhw hefo Titsh a lot o bobol yn sefyll o gwmpas Blw Bel a taeru am hir iawn. Ond welodd neb mo Titsh yn dwad allan, achos mi aethon â fo trwy drws cefn.

Chdi daflodd y dorchan yna ddaru hitio Tad Wil Bach Plisman? medda Huw ar ffordd adra.

Naci wir, medda Moi. Mi fethais i gael hyd i dorchan. Wil Bach Plisman mae rhai yn ddeud ddaru'i thaflyd hi.

Iesu, mi gaiff o gweir pan aiff o adra, os mai fo ddaru, medda Huw.

Dew, diwrnod ofnadwy oedd hwnnw. Does yna neb yn chwara ffwtbol yn Cae Robin Dafydd rwan. Dim ond gwarthaig yn pori.

PWY sydd gyda'r wawr yn rhodio rhwng y blodau yn yr ardd; er i ddwylaw dyn Ei hoelio, welwyd neb erioed mor hardd . . .

A wedyn y lleisia'n codi nes oedd pawb yn eu clywad nhw o waelod isa Nant:

> Iesu yw E-f-e
> Iesu yw E-f-e
> Iesu yw E-f-e . . .

A wedyn yn mynd yn ddistaw bach wrth ganu'r lein ddwytha:

> Rhwn fu fa-a-rw-w a-ar y-y Pre-en.

Yn fanacw ar ochor Braich oeddan nhw'n sefyll efo'i gilydd, y côr hwnnw ddaeth yma o Sowth i hel pres am fod y pylla glo wedi mynd ar streic. A ninna wedi dwad i fyny o Reglwys ar ôl gwasanaeth i wrando arnyn nhw, a pobol capeli wedi dwad hefyd, a pobol oedd yn cerddad i fyny-ag-i-lawr Lôn Bost i gyd wedi stopio i wrando.

Blwyddyn ar ôl i Rhyfal ddarfod oedd hi, a dy Merchar cynt oeddan nhw wedi bod yn dadorchuddio'r Gofgolofn wrth Giat Reglwys. Ni oedd un o rhai cynta i gael Cofgolofn ac oeddan nhw wedi dewis dy Merchar i'w dadorchuddio hi am bod siopa i gyd yn Stryd yn cau bob pnawn dy Merchar.

Dew, diwrnod rhyfadd oedd hwnnw hefyd. Oedd pawb mewn dillad du ac oedd hi run fath â tasa na hannar cant o gnebrynga'n digwydd ar unwaith, achos oedd yna enwa hannar cant o hogia ar y Gofgolofn, a'r enwa i gyd yn sgleinio run fath ag aur ar y garrag ar ôl iddyn nhw'i dad-orchuddio hi.

John Morus Cerrig Bedda oedd wedi'i gneud hi. Dew, un da am neud llynia a torri enwa ar gerrig bedda oedd John Morus. Oedd o'n medru gneud angylion hefyd, a rheiny'n sefyll ar ben y cerrig efo asgelli, run fath yn union â tasa'n nhw'n fyw ac yn barod i fflio allan o Fynwant. Ond torri enwa ac adnoda a llynia ar gerrig glas oedd John Morus yn medru neud ora.

Be ddyliach chi o hon, hogia? medda fo wrth Huw a Moi a finna un diwrnod pan aethon ni i'r iard i weld sud garrag fedd oedd o'n neud i Gryffudd Ifas Braich ar ôl iddo fo gael ei ladd yn Chwaral.

Dew, un neis yntê? medda Huw.

A dyna be oedd ar y garrag. Llun dwy law, a rheiny'n gafael yn ei gilydd ac yn ysgwyd llaw. Ac o danyn nhw

ER SERCHOG GÔF

am

GRUFFYDD EVANS

12 ERYRI TERRACE, BRAICH

A hunodd Medi 24, 1915, yn
55 mlwydd oed

Yng nghanol ein bywyd yr ydym mewn angau.

Ydach chi ddim wedi sbelio'i enw fo'n iawn, medda Moi. Gryffudd Ifas oedd ei enw fo.

Naci, machgan i, medda John Morus. Fydda i byth yn methu sbelio enw neb. Gryffudd Ifas oedd pawb yn ei alw fo, wsti, ond Gruffydd Evans oedd ei enw iawn o.

Guto Braich fydda Yncl Now yn ei alw fo, medda Moi.

Ia, oedd d'Yncl Now a fonta'n ffrindia mawr.

Adnod ydy honna ar y diwadd? medda finna.

Ia, o'r Beibil mae hi'n dwad, medda John Morus.

Beth bynnag am hynny, y Gofgolofn oedd y gwaith gora

ddaru John Morus, ac oedd o yno yn y dadorchuddio yn ei ddillad dy Sul a wedi cael sêt yn y ffrynt hefo'r bobol bwysig. Tyrd Olau Gwyn ddaru ni ganu gynta. Dew, fydda i eisio crio bob tro fydda i'n canu honno:

Ty-yrd olau gwy-yn trwy gylchty-wy-llwch du-u,
　　　Bydd o-o fy mlaen
Ma-ae'n nosa mi-innaumhello'm cartref cu-u
　　　Bydd o-o fy mlaen.

A meddwl am ola bach run fath â nacw sy'n dechra dangos rhwng y cymyla yn Nant Ycha.

Oedd Huw a finna wedi cael siwt newydd erbyn y dadorchuddio, a wedi cael trywsus llaes bob un am y tro cynta.

Mi fasa Moi yn ei drywsus llaes heddiw hefyd tasa fo wedi cael byw, medda Huw, pan oeddan ni'n sefyll tu nôl i'r bobol, yn canu efo llyfr hymns rhyngthon ni. Oeddan ni ddim yn Côr am bod ein lleisia ni'n dechra torri.

Basa achan, medda finna.

Meddwl am bobol wedi marw oedd pawb y diwrnod hwnnw, yn enwedig ar ôl pregath Huws Person ar ôl y dadorchuddio.

Diwrnod trist ydy hwn yn ein hanes ni, medda Huws Person ar ei bregath. Ond diwrnod inni fod yn falch ohono hefyd. Diwrnod galar a llawenydd. Galar am ein hanwyliaid sydd wedi eu cymryd oddi arnom ni; galar am aelwydydd gwag; galar am wŷr a phlant sydd heb ddyfod adref; galar ein hiraeth dwys am rai a gymerwyd oddi arnom ym mlodau eu dyddiau.

A'r merchaid i gyd â'i hancetsi pocad allan yn crio'n ddistaw bach, a rhai ohonyn nhw'n gneud nada hefyd, nes oedd pawb yn eu clywad nhw. A'r dynion i gyd â'u penna i lawr yn edrach yn ddigalon.

A Huw a finna'n deud dim byd, dim ond meddwl am Moi druan yn Fynwant.

Ond wedyn dyma Huws Person yn mynd yn ei flaen, a'r gwynt yn chwalu'i wallt gwyn o dros ei ben o i gyd.

Ond balchder hefyd, medda fo. Balchder am aberth ein

bechgyn; am eu parodrwydd i offrymu eu bywydau ar allor rhyddid ac i amddiffyn eu gwlad rhag trais a gorthrwm.

Ac nid balchder yn unig, medda Huws Person, a dechra codi'i lais a mynd i hwyl. Nid balchder yn unig, ond llawenydd hefyd. Llawenydd am y fuddugoliaeth a gawsom trwy eu haberth hwy; llawenydd am y sicrwydd sydd gennym yng Nghrist y cawn eu gweled eto ryw ddydd a ddaw, oll yn eu gynau gwynion ac ar eu newydd wedd, yn debig oll i'w Harglwydd yn dod i'r lan o'r bedd.

Erbyn hyn oedd y rhan fwya o'r merchaid wedi stopio crio, a pawb yn codi a canu hefo'n gilydd:

> Os rhaid im roi yn ô-ôl i Ti-i
> Y-y gorau pe-eth sy ge-ennyf fi
> Mi-i geisiaf ddwe-eud er hyn yn hy-y
> Dy-y wy-yllys Di-i.

Ac wrth bod yna lot o Seuson yno, dyma ni'n canu Abide with me i orffan.

Ond deud oeddwn i am y Côr o Sowth oedd yn canu ar ochor Braich yn fanacw nos Sul wedyn. Oedd pawb wedi bod yn cael golwg arall ar y Gofgolofn a lot o floda ffres wedi cael eu rhoid o'i chwmpas hi. Ac wedi bod yn sbio arni hi a darllan y cardia oedd efo'r bloda oedd Huw a finna hefyd pan ddaru ni fynd i fyny tua Pont Stabla am dro a dwad i fyny i fan yma i glywad y Côr o Sowth.

Dew, petha bach, biti drostyn nhw, wsti, medda Huw.

Ar streic mae nhw, yntê? medda finna.

Ia. Mae'u gwragadd a'u plant nhw'n llwgu yn Sowth, a nhwytha'n mynd o gwmpas i hel pres i gael bwyd iddyn nhw.

Lle mae nhw'n aros?

Does gynnyn nhw ddim lle i aros. Heddiw ddaru nhw gyrraedd yma, a mae pobol Pentra yn mynd i roid gwlau iddyn nhw. Mae na ddau ohonyn nhw'n dwad i aros hefo ni heno.

Dewi, biti na fasa gynnon ni le yn tŷ ni. Ydw i siŵr basa Mam yn gadael iddyn nhw ddwad i aros hefo ni.

A'r Côr yn canu:

Wrth go-ofio'i riddfa-annau'n yr a-ardd
A'i chwy-ys fel defny-ynnau o wa-aed,
Are-edig ar ge-efn oedd mor ha-ardd
A'i da-aro â chle-eddyf ei Da-ad;
Ei a-arwain i Ga-alfari fry-yn
A'i ho-oelio ar Gro-oesbren o'i fo-odd,
Pa da-afod all de-ewi am hy-yn,
Pa ga-alon mor ga-aled na tho-odd.

Iesu, canwrs da ydyn nhw, medda Huw. Ma nhw'n well o lawar na Côr Dirwast ni. Wyddost ti pam?

Na wn i.

Llwch glo sy'n mynd i'w gyddfa nhw. A ma hwnnw'n rhoid lleisia da iddyn nhw.

Taw ffŵl.

Ia wir. Dyna ddaru nhad ddeud, beth bynnag.

Ond ma llwch Chwaral yn mynd i yddfa dynion Côr Dirwast hefyd. Dyna be oedd Mam yn ddeud wrtha i. Dyna pam ma rhai ohonyn nhw'n yfad cymaint, yr hen gnafon iddyn nhw, medda Mam.

Ia, ond ma raid bod llwch glo yn well na llwch Chwaral am neud pobol yn ganwrs da.

Erbyn hyn oedd yna fwy o bobol o lawar wedi dwad i fyny, a pawb wedi closio at ei gilydd o gwmpas y Côr Sowth, nes oedd Huw a finna wedi cael ein cau i mewn yn eu canol nhw. Oedd y bobol oedd wedi sefyll i wrando ar Lôn Bost wedi dwad i mewn trwy'r giat, nes oedd ochor Braich yn fan acw yn ddu o bobol. Oedd Pentra i gyd yno dest iawn.

Dew, noson ola braf oedd hi hefyd, nid noson ola leuad run fath â heno, achos Mis Medi oedd hi, a'r haul heb fynd i lawr ac yn twynnu ar y creigia bach ar ochor Braich. A rhywun wedi bod yn gneud tân eithin ar ben Braich, a ogla hwnnw'n dwad atan ni, wedi cael ei gario efo'r gwynt.

Yn Eden co-ofiaf hy-ynny by-yth

medda'r Côr wedyn:

Fe-endithion go-ollais rif y gwli-ith,
Sy-yrthiodd fy ngho-oron wiw,
O-ond buddugo-oliaeth Calfari-i
E-enillodd ho-on yn ôl i mi-i
Mi-i ganaf tra-a bwyf by-yw.

A pawb o'r bobol yn gwrando'n ddistaw, run fath â tasa
nhw yn Reglwys neu Capal, tan nes daeth y Côr at y pennill
dwytha:

Ffy-ydd dacw'r fa-an a dacw'r Pre-en
Y-yr hoeliwyd a-arno Dwysog Ne-en
Y-yn wirion y-yn fy lle-e.
Y-y ddraig a si-igwyd gan Dduw-ddy-yn,
Fe-e glwyfwyd da-au, gorchfygodd u-un,
A-a Iesu o-oedd E-f-e.

Yn sydyn, dyma Defi Difas a criw o ddynion Côr Dirwast
oedd yn sefyll hefo fo ar y blaen, yn ymyl Côr Sowth, yn ei
tharo hi wedyn:

Y-y ddraig a si-igwyd gan Dduw-ddyn,
Fe-e glwyfwyd da-au, gorchfygodd u-un,

A cyn bod nhw wedi dwad at y lein ddwytha, dyma'r dyn
oedd yn arwain Côr Sowth, oedd a'i gefn ata ni yn arwain
ei gôr, dyma fo'n troi rownd i'n gwynebu ni a codi'i freichia
a dechra arwain Defi Difas a'r lleill, a rheiny'n canu ar
dopia'u llais:

A-a Iesu o-oedd E-f-e.

Wedyn dyma'r arweinydd yn codi'i law i ddeud wrtha ni
i gyd am ganu, a troi at Côr Sowth i ddeud wrthyn nhwytha
am ganu, a troi rownd at y bobol wedyn, nes oedd Huw a
finna a'r bobol i gyd o'n cwmpas ni yn canu nerth esgyrn ein
penna, a'n lleisia ni'n cael eu cario hefo'r gwynt i fyny-ag-i-

Yn sydyn, dyma Defi Djtas
oedd yn sefyll hefo fo qn
yn ei tharo hi wedyn:
Y-y ddraig a s
Fe-e glywfiogd dd

...iw o ddynion Côr Dirwest

...aen, yn ymyl Côr Soath.

...gd gan Dduw-ddyn,

...gorchfygald o-un,

lawr Nant nes ma raid bod pobol yn medru'n clywad ni o ben Lôn Newydd ac o ben Llyn Du, os oedd yna rywun yno'n gwrando:

Y-y ddraig a si-igwyd gan Dduw-ddy-yn,
Fe-e glwyfwyd da-au, gorchfygodd u-un,
A-a Iesu o-oedd E-f-e.

Dew, oedd yna ddim diwadd arna ni. Ac oedd Huw a finna'n dechra meddwl na fasa ni byth yn stopio canu, pan ddaru'r arweinydd roid ei law i fyny i ddeud wrtha ni am dewi. Ac ar ôl inni dewi o'r diwadd dyma fo'n troi rownd at ei gôr a codi'i law ar un o'r dynion oedd yn sefyll ar yr ochor chwith. A dyma hwnnw'n dechra canu solo ar ben ei hun, a'r arweinydd wedi troi rownd yn ôl i'n gwynebu ni, a sefyll hefo'i freichia i lawr yn gwrando run fath â ninna. Dew, tenor da oedd hwnnw hefyd:

Y Gŵr a fu gy-ynt o dan ho-oelion
Dros ddy-yn pechadurus fel fi-i
A yfodd o'r cwpan i'r gwaelod
Ei hunan ar ben Calfari-i.

Pan oedd o'n deud Calfari-i dyma'r arweinydd yn codi'i freichia'n sydyn i ddeud wrtha ni am ddwad i mewn, a dyma pawb yn dechra canu wedyn ar dopia'u llais:

Ffynhonnell y Cariad Tragwyddol,
Hen gartre meddyliau o he-edd,
Dwg finnau i'r unrhyw gy-fa-mod
Na thorrir ga-an angau na-a'r be-edd.

Mi aeth petha'n waeth byth wedyn, a hyd yn oed pan ddaru'r arweinydd godi'i law i ddeud wrtha ni am dewi, ddaru'r bobol ddim stopio canu. Oedd Huw a finna ddim yn siŵr prun ta canu ta crio oeddan ni. Oedd gen i lwmp mawr yn fy ngwddw, beth bynnag, ac oedd Huw wedi rhoid ei fraich am f'ysgwydda i, ac oeddwn i'n siŵr wrth ei lais o bod yna lwmp yn ei wddw fonta hefyd. Dew, mi fydd yna lwmp yn dwad i ngwddw i byth er radag honno bob tro fydda i'n canu'r geiria yna:

> . . . Hen gartre meddyliau o he-edd,
> Dwg finnau i'r unrhyw gy-fa-mod
> Na thorrir ga-a-an angau na-a'r be-edd.

Ond mi aeth petha'n rhyfeddach byth ar ôl i'r bobl stopio canu. Oedd y distawrwydd fel tasa fo'n gwasgu arna ni, nes oeddan ni'n methu'i ddiodda fo. Oedd yr haul newydd fynd i lawr dros ben Braich a hitha'n dechra twyllu. A rhyw hen wynt oer yn dechra chwythu trwy'r coed o'n cwmpas ni, a gneud sŵn annifyr yn y dail, a gyrru ias oer trwyddan ni, run fath â tasa'r lle'n llawn o ysbrydion. A'r ochor arall i Lôn Bost, ar y dde draw'n fan acw, oedd y llechi'n symud yn hen doman Chwaral, a gneud twrw run fath â ma nhw'n neud rwan. Ond oedd Huw a fi'n meddwl radag honno mai lleisia'r bobl yn canu oedd wedi'u styrbio nhw. Ond, heblaw am sŵn y gwynt yn y dail a twrw'r llechi'n symud yn y doman, oedd yna ddim siw na miw gan neb. Dim ond pawb yn sbio fel lloua ar y dyn oedd yn arwain Côr Sowth, a golwg rhyfadd ar wynab amball un, fel tasa nhw'n disgwyl a disgwyl am rywbath, ond na wyddan nhw ddim am be.

Yn sydyn dyma ni'n gweld Defi Difas yn y ffrynt wrth ymyl Côr Sowth yn codi'i law ar y bobl.

Gawn ni i gyd ymuno mewn gweddi, medda fo.

A heb i neb ddeud dim byd arall wrthyn nhw, dyma'r bobl i gyd yn syrthio ar eu pennaglinia yn y gwair, a Huw a finna hefo nhw, a pawb yn rhoid eu penna i lawr a cau'u llgada. A llais Defi Difas yn gweddïo. Ond oedd neb yn gwybod be oedd o'n ddeud, achos oedd y gwynt yn cario'i lais o ffordd arall. Ond oedd pawb yn gweddïo wrthyn nhw'u hunain, achos oeddan ni'n clywad rhai ohonyn nhw yn ein hymyl ni yn mwmian wrthyn nhw'u hunain. Dim ond un weddi iawn oeddwn i'n wybod, heblaw Ein Tad, a honno oedd un ddaru nhw ddysgu inni pan gafodd Huw a finna'n conffyrmio. A honno ddaru mi weddïo radag honno. Ydw i'n ei chofio hi o hyd hefyd:

Bydded i'th sanctaidd ofn orffwys arnaf, O fendigedig Arglwydd, i'm diogelu tra'n y byd. A bydded i'th gariad fod yn wrthrych fy mywyd ac yn gysur i mi yn awr fy marwolaeth. Er mwyn dy drugaredd. Amen.

Ond oedd hi'n weddi rhy fyr i bara ar hyd yr amsar oedd y bobol ar eu pennaglinia, ac ar ôl ei gorffan hi oedd gen i ddim byd i ddeud wrtha fi'n hun. A methu meddwl am ddim byd, dim ond gwrando ar sŵn y dail yn y coed a twrw'r llechi yn doman Chwaral, a llais Defi Difas yn cael ei gario hefo'r gwynt. A pan glywais i Defi Difas yn deud rhywbath am farw, dyma fi'n dechra meddwl wedyn am Moi yn Fynwant, ac am Elwyn Pen Rhes yn Ffrainc, ac am Yncl Now Moi yn hongian wrth raff, ac am Em brawd Now Bach Glo yn ei arch ar y soffa, ac am lot o rai eraill oeddwn i'n nabod oedd wedi marw.

Dew, faswn i'n leicio tasa nhw'n canu Yn y dyfroedd mawr a'r tonnau, medda fi wrtha fi'n hun. Nid oes neb a ddeil fy mhen. A meddwl am Ifor Bach yn cael ei gario i lawr Rafon ar wastad ei gefn ar ôl lli mawr a Elwyn yn ei achub o.

Ond ar Huw oedd golwg rhyfadd pan agorais i'n llgada a sbio arno fo. Oedd ei wynab o'n wyn fel calch a'i llgada fo wedi cau, ac mae'n rhaid ei fod o wedi bod yn crio'n ddistaw bach, achos oedd yna ddagra ar ei focha fo, run fath ag oedd diwrnod cnebrwng Moi. A finna'n cofio am Huw yn gofyn imi yn Rysgol sud oedd Preis Sgwl yn medru crio a'i llgada fo wedi cau, diwrnod hwnnw cafodd o'r newydd fod Bob Preis wedi cael ei ladd.

Wyt ti'n olreit, Huw? medda fi'n ddistaw bach.

Dew, lle ydan ni, dywad? medda Huw, yn agor ei llgada a'i sychu nhw hefo llawas ei gôt. Ydw, achan, dw i'n iawn.

Ar ôl i Defi Difas dewi, ac ar ôl inni fod yn ddistaw wedyn am hir, a pawb yn dal ar eu pennaglinia, dyma ni'n gweld arweinydd Côr Sowth yn codi ar ei draed a codi'i law ar y bobol.

Giawn ni'n awr giani, medda fo, yn siarad run fath â Joni Sowth. Pawb i aros ar ei linie. Ac fe gianwn ni, fel teyrnged i'r bechgyn sydd a'u henwe ar eich Cofgolofn chi, emin atnabyddis Ieuan Glan Geirionydd. Mor ddedwith yw y rhai trwi ffith. Nawrte. A dyma fo'n dechra arwain, a'r bobol i gyd yn canu ar eu pennaglinia:

Mor ddedwydd yw y rha-ai trwy ffy-ydd
Sy'n my-ynd o bli-ith y by-yw,
Eu henwau'n pe-eraro-ogli sydd,
A'u hu-un mor da-awel yw.

Ar ôl eu ho-oll flinde-erau dwys
Gorffwyso ma-aent mewn he-edd,
Ymhell o sŵ-ŵn y by-yd a'i bwys
Heb bo-oen yn llw-wch y be-edd.

Fel yna oeddan ni'n canu, yn dawal braf, heb neb wedi cynhyrfu na neb yn canu ar dop ei lais, run fath ag oeddan nhw chydig amsar yn ôl. Oedd y llechi wedi stopio gneud twrw yn doman Chwaral hefyd, a'r gwynt wedi gorffan gneud sŵn yn y dail. Oedd hi run fath â tasa yna lot o ysbrydion clên wedi dwad allan o'r coed a cerddad trwy'r bobol a rhoid eu dwylo ar dalcenna pawb a'u smwytho nhw. Ond os daeth yna ysbrydion felly, ma raid bod nhw wedi mynd heibio rhai o'r bobol heb roid llaw ar eu talcenna nhw, achos oedd amball un yn codi'i lais dipyn bach wedyn wrth ganu'r pennill dwytha:

Llais un gorthry-ymydd by-yth ni dda-aw
I'w de-effro i wylaw mw-wy,
Na phrofedi-igaeth le-em na chro-oes
Un lo-oes ni the-eimlant hw-wy.

Oedd hi dest iawn yn dywyll erbyn hyn, a mi gododd pawb ar eu traed a dechra sgwrsio hefo'i gilydd. A dau o ddynion Côr Sowth yn dwad o gwmpas hefo'u capia i hel pres.

Wyt ti am roid rywbath, Huw? medda fi. Mae gen i ddwy geiniog. Ydw i am roid ceiniog.

A finna hefyd. Weli di hwnna sy'n dwad ffordd yma? Hwnna ydy un o'r ddau sy'n dwad i aros hefo ni.

Shwd mai, boi bach? medda'r dyn wrth Huw, yn wên o glust i glust.

Iawn diolch, medda Huw, a rhoid ceiniog yn ei gap o.

A finna'n gneud run fath.

Dew, ydw i'n sâl, achan, medda Huw ar ôl iddo fo fynd. Eisio taflyd i fyny. Awn ni adra trwy Lôn Goed yn lle ar hyd Lôn Bost.

Olreita.

A pan ddaethon ni i'r coed, o olwg y bobol eraill, dyma Huw yn dechra taflyd i fyny.

Wedi byta gormod amsar cinio, medda fo ar ôl iddo fo orffan. Dew, ydw i'n well rwan. Hwnna oedd y canu gora glywais i rioed, achan. Wyddost ti be faswn i'n leicio?

Na wn i.

Mynd yn berson.

A finna hefyd achan.

Gneud dim byd ond canu a gweddïo trwy'r dydd.

Fasa raid iti stopio rhegi.

Dew, ydw i byth am regi eto.

A peidio smocio.

Ond ma Huws Person yn smocio.

Ia, ond ddyla fo ddim, gydag iawn.

Ydw i wedi stopio rhegi. A dydw i ddim am smocio eto chwaith.

Na finna chwaith.

Ond wyt ti'n meddwl fyddan nhw'n chwerthin am ein penna ni yn Rysgol?

Waeth gen i amdanyn nhw. A mi fydda i'n mynd i weithio'n Chwaral flwyddyn nesa.

Mae yna lot o ddynion da'n gweithio'n Chwaral. Dynion run fath â Defi Difas.

Oes. A rhai run fath â Wil Colar Startsh.

Ia, ond dyn duwiol ydi hwnnw. Cael diwygiad ddaru o.

Falla mai wedi cael diwygiad ydan ninna hefyd, wsti. Ond dydw i ddim eisio bod yn dduwiol. Dim ond bod yn dda.

A finna hefyd.

A dyna lle buon ni yn gneud pob math o benderfyniada, tan nes daethon ni allan o'r coed ac at ben Lôn Newydd.

Nos dawch rwan, medda Huw. Mi fydd y ddau ddyn o Côr Sowth wedi cyrraedd tŷ erbyn a i adra. Gwela i di yn Rysgol fory.

Nos dawch, Huw.

Doedd yna neb ar Lôn Pen Bryn ar ffordd adra, a ma raid bod pawb wedi cyrraedd adra o ochor Braich, achos oedd yna ola yn ffenestri tai bob ochor i lôn. Oeddwn i'n dal i glywad lleisia Côr Sowth a'r bobol yn canu yn fy nghlustia, a meddwl amdanaf fi fy hun, ar ôl tyfu i fyny, wedi mynd yn berson, a pregethu o'r pulpud bob dy Sul, a deud pob matha o betha wrth bobol Reglwys am Dduw a Iesu Grist a'r Ysbryd Glân. A Huw yn wardan yn Reglwys hefo fi, a pawb yn deud dyn mor dda oedd o. Dew, oeddwn i'n teimlo'n braf, a mewn tempar dda, ac yn deud mod i am fod yn well na pawb arall, run fath yn union â taswn i wedi cael diwygiad. Ac yn brysio adra i ddeud wrth Mam.

Ar ôl agor drws a mynd i mewn, oeddwn i'n mynd i ddeud : Ydw i wedi cael diwygiad, Mam. Ond pan welais i ei gwynab hi dyma'r geiria'n stopio yn fy nghorn gwddw i. A finna'n stopio'n stond a sbio arni hi. Oedd hi'n eistadd yn gadar siglo a golwg run fath â tasa hi wedi bod yn crio arni hi. A'i gwynab hi'n wyn fel calch.

Unwaith oeddwn i wedi'i gweld hi fel yna o'r blaen. A'r adag honno oedd ar ôl iddi hi godi o'i gwely ar ôl bod yn sâl am dri mis, pan oedd Nain hefo ni. Pan oeddwn i'n mynd i Rysgol bora hwnnw, oeddwn i ddim yn gwybod bod Doctor Pritchard am adael iddi hi godi. Ond pan ddois i adra o Rysgol, dyna lle oedd hi, yn eistadd yn gadar siglo yn sbio i'r tân, a finna ddim yn gweld dim ond ochor ei phen hi wrth ddwad trwy'r drws.

A'r adag honno hefyd, pan welais i hi'n eistadd yn y gadar oeddwn i'n mynd i ddeud : Hwrê, Mam wedi codi. A'r geiria ar flaen fy nhafod i pan ddaru hi droi'i phen i sbio arnaf i. A dyma'r geiria'n stopio'n stond yn fy nghorn gwddw i. Achos oedd ei gwynab hi ddim run fath ag oedd o cyn iddi hi fynd yn sâl. Na'r un fath ag oedd o pan oedd hi'n gorfadd yn ei gwely yn siambar. Oedd ei gwynab hi'n wyn fel calch, run fath â gwynab mewn arch, ond bod ei llygada hi'n agorad, a rheiny'n sgleinio'n ddu run fath â cyraints duon a mynd trwydda fi fel pinna dur pan oedd hi'n sbio arnaf i. Dew, oeddwn i wedi dychryn pan welais i hi'r adag honno. Wedyn dyma hi'n chwerthin arnaf i a oedd gen i ddim ofn wedyn.

Ond oedd hi ddim yn chwerthin noson honno es i adra'n meddwl bod fi wedi cael diwygiad. Oedd hi wedi bod yn crio, a golwg gwyllt arni hi, a'i llygada hi'n mynd trwydda fi fel pinna dur, run fath â'r tro o'r blaen.

Be sy, Mam? medda fi, wedi dychryn.

D'yncl Wil wedi bod yma, medda hitha, yn dal i sbio arnaf i hefo'i llygada pinna dur.

Y cythral, mi lladda i o os daw o yma eto, medda fi, wedi gwylltio a wedi anghofio pob dim am y diwygiad.

Brawd Mam oedd Yncl Wil. Oedd o wedi bod yn byw hefo ni erstalwm, pan oeddwn i'n fabi bach, ac oedd o'n chwara'r organ yn Reglwys weithia radag honno, yn lle Tad Ffranc Bee Hive, tan nes daru o ddechra mynd i feddwi a cael ei hel adra o Chwaral am fynd ar ei sbri. Ar ôl hynny mi aeth o'n dramp a fydda Mam byth yn sôn amdano fo, a neb yn gwybod dim byd o'i hanas o. Tan y noson honno ddaeth o i tŷ ni ryw flwyddyn cyn noson Côr Sowth.

Oedd hi'n hannar nos, a Mam a finna yn gwely, pan ddaeth yna gnoc ar drws. A dyma Mam yn codi a mynd i drws.

Pwy sy yna? medda hi, heb agor drws, a finna'n gwrando, wedi dychryn.

Agor y drws yma'r diawl, medda llais dyn chwil o tu allan.

Yncl Wil, medda fi wrtha fi'n hun, yn crynu fel deilan.

A dyma fi'n clywad Mam yn gweiddi: Dos i fan fynnoch di. Chei di byth roid dy droed yn y tŷ yma.

A Yncl Wil yn gneud sŵn run fath â ci'n chwyrnu tu allan. A wedyn, pob man yn ddistaw. A Mam yn dwad yn ôl i siambar yn crynu fel deilan. Wedyn mi es i a hitha i gysgu heb ddeud dim byd.

Ddaru o ddwad i mewn i tŷ? medda fi noson Côr Sowth.

Do, medda Mam, a dechra crio'n ddistaw bach.

Wedyn, fedrwn i ddim cael dim sens ganddi hi. Oedd hi'n cymryd dim sylw pan oeddwn i'n siarad hefo hi, dim ond sbio drwydda i, a siarad hefo hi'i hun, neu hefo rywun oedd hi'n feddwl oedd yn sefyll tu nôl iddi hi.

Yr hen gnafon, medda hi, a sbio tu nôl. Ia, chi ddaru ddanfon yr hen gythral yma.

A dyna lle oedd hi'n dal i daeru hefo rywun oedd ddim yna.

Mi es inna i ngwely, yn reit ddigalon.

P<small>AM</small> ddiawl ddaru mi ddewis dwad ar hyd Lôn Bost ffordd yma heno? Mi faswn i wedi medru mynd am dro dros Mynydd neu dros Ochor Foel. Ydw i'n siŵr basa hi wedi bod yn brafiach mynd ar unrhyw un o'r ddwy ffordd nag ydy hi ar Lôn Bost yma.

Adag holides Ha fyddwn i'n mynd efo Mam dros Mynydd i edrach am Anti Elin yn Bwlch. Dew, ffarm bach braf oedd gan Anti Elin hefyd. Dwy fuwch a llo yn beudy, a dwy hwch yn cwt mochyn, a lot o ieir yn rhedag o gwmpas y lle, a cae o flaen tŷ a coedan eirin ynddo fo, a honno'n berwi o eirin mawr duon. A llyn corddi a tŷ gwair. Yn tŷ gwair wnes i dorri mraich.

Mi fydda Mam yn mynd dros Mynydd i edrach am Anti Elin bob wsnos, ond dim ond ar ôl i Rysgol dorri fyddwn i'n cael mynd hefo hi. Bob dy Merchar fydda Mam yn mynd, achos erbyn dy Merchar mi fydda bwyd wedi mynd yn brin, a pres plwy ddim yn dwad tan dy Gwenar. A mi fydda Mam yn mynd a rhwyd fawr hefo hi, a dwad a hi'n ôl yn llawn dop o bob matha o betha i fwyta, petha fydda hi'n gael gan Anti Elin i ddwad adra o Bwlch.

Dew, diwrnod braf oedd hwnnw pan ddaru mi dorri mraich yn Bwlch hefyd. Oedd Mam a finna wedi cychwyn dros Bont Stabla ben bora, achos oedd yna waith pedair awr o gerddad dros Mynydd i Bwlch. A oedd hi ddim ond dest wedi dechra goleuo erbyn inni ddringo i fyny trwy Coed Rhiw a dwad allan wrth Giat Mynydd.

Dim ond dest dechra goleuo mae hi, medda fi, pan ddaru ni stopio i gael ein gwynt wrth Giat Mynydd.

Naci. Mae hi wedi goleuo ers dros awr, medda Mam. Coed Rhiw oedd yn ei gneud hi'n dywyll.

Ydy o'n wir bod yna fwganod yn Coed Rhiw?

Ydy, wsti. Mae yna rai pobol wedi'u gweld nhw.

Welson ni ddim un, beth bynnag.

Oedd hi'n rhy dywyll, wsti.

Esgob, ylwch Cownti Sgŵl i lawr fanacw. Edrach yn neis mae hi o fan yma, yntê, hefo'r haul arni hi?

Ia, i fan yna byddi di'n mynd os gwnei di basio sgolarship.

Dew, ia. Fydda i siŵr o basio.

Ar ôl cerddad ar hyd Mynydd am ryw hannar awr dyma Mam yn pwyntio at hen adeilad bychan ar ochor Mynydd a tylla yn ei ffenestri o.

Wyt ti'n gweld nacw? medda hi. Honna oedd Rysgol oeddwn i'n mynd iddi pan oeddwn i'n hogan.

Esgob, un fychan ydy hi. Oes yna neb yn mynd i Rysgol yna rwan, achos mae yna dylla yn ffenestri.

Na, mae yna ysgol newydd rwan, rochor arall i Mynydd. A weli di'r rhes o dai acw, yn y gwaelod yn fan acw?

Gwela.

Yn fan yna oeddwn i'n byw pan oeddwn i'n hogan bach. Ac yn fan yna ces i ngeni.

Tewch, Mam. Be wnaethoch chi ar ôl gadael Rysgol?

Mynd i weini i Maenchester.

Esgob, oeddwn i ddim yn gwybod bod chi wedi bod mor bell â hynny.

Do. Lle braf ydy Maenchester. Mi a i a chdi yno ryw ddiwrnod, iti gael gweld y Siou Lewod yn Belle Vue.

Ar ôl inni gerddad am ryw awr wedyn, a mynd trwy Giat Mynydd nesa, oeddan ni'n medru gweld Bwlch draw'n bell, bell o'n blaena ni. Oedd yna lôn gul yn mynd i fyny'r mynydd rochor arall, ac wrth ymyl y lôn, hannar ffordd i fyny, oedd Bwlch.

Dacw hi Anti Elin, medda fi. Gwela i hi yn sefyll o flaen tŷ yn ei barclod gwyn.

Mae gen ti llgada gwell na fi, medda Mam. Rhoid bwyd i'r ieir mae hi, reit siŵr.

A mae yna rywun yn Cae Mawr hefyd.

Guto dy gefndar yn hel cerrig, reit siŵr.

Dew, mi fyddwn i wrth fy modd pan fydda Bwlch yn dwad i'r golwg. Oeddwn i'n anghofio ar unwaith mod i wedi blino, ac yn meddwl am y cinio iawn fasan ni'n gael gan Anti Elin a'r hwyl gawn i hefo Guto.

Helo, Gel, medda fi ar ôl inni fynd i fyny Rallt a troi i lôn bach Bwlch. Gelart oedd enw iawn ci Anti Elin ond Gel oedd pawb yn ei alw fo. A dyma Gel yn dechra neidio drostan ni i gyd a cyfarth fel fflamia. Un da am roid croeso oedd Gel.

Dos di i Cae Mawr i helpu Guto hel cerrig, medda Mam ar ôl inni fynd i mewn i tŷ ac eistadd i lawr.

Gad i'r hogyn bach eistadd am funud, iddo fo gael panaid o de a dadflino, medda Anti Elin.

Dynas glên oedd Anti Elin, ond welais i rioed moni hi'n chwerthin. Hyd yn oed pan fydda hi'n siarad yn glên mi fydda golwg digalon arni hi, a siâp gneud cŵyn ar ei gwefusa hi bob amser. Ac oedd Catrin, fy nghneithar, chwaer bach Guto, yn eistadd yn y gornal run fath ag arfar, yn deud dim byd wrth neb. Oedd Catrin wedi llosgi'i gwynab pan oedd hi'n hogan bach, wedi cael ei sgaldian pan ddaru teciall droi ar y tân, ac oedd golwg ofnadwy ar ei gwynab hi, a'r croen yn sgleinio'n binc, a wedi crychu i gyd. Fydda hi byth yn mynd allan na deud sud ydach chi wrth neb, a hitha dest yn bymthag oed. Dim ond eistadd trwy'r dydd wrth y tân yn darllan neu'n gweu sanna.

Ga i fynd i Cae Mawr i helpu Guto rwan? medda fi ar ôl cael panad o de a dadflino.

Ia, dos di, medda Mam, a paid ti a gneud dryga.

Hogyn mawr cry oedd Guto, a gwallt du, du, a gwynab gwyn, main, a llgada duon, a dipyn bach o liw coch ar ei focha fo run fath ag oedd ar focha Moi. Ond oedd dim diciáu arno fo, achos ddaru o basio i fynd at y sowldiwrs flwyddyn wedyn, a chafodd o ddim ei ladd gan y Jyrmans tan diwrnod dwytha'r Rhyfal. Ond oedd Anti Elin a Catrin wedi marw erbyn hynny, ac ar ben ei hun bach basa fo yn Bwlch tasa fo wedi dwad adra.

Clos pen glin a legins brown a rheiny'n sgleinio fydda Guto'n wisgo pan fydda fo'n dwad i edrach amdanon ni. Ond pan es i ato fo i Cae Mawr, dyna lle oedd o hefo berfa'n hel cerrig yn ei drowsus llaes, a hwnnw wedi'i neud yn gwta hefo dau linyn wedi'i clymu am ei bennaglinia fo, run fath â Chwarelwrs.

Smai, Guto? medda fi.

Helo, was. Ddoist ti o'r diwadd, a finna dest wedi gorffan hel cerrig. Os ei di draw i'r ochor acw mi fyddan ni wedi gorffan mewn llai na hannar awr.

Ga i fynd a'r ferfa, Guto?

Cei siŵr iawn, os medri di'i rowlio hi.

Medra siŵr iawn. Dew, ma pwysa arni hefyd.

Oedd y ferfa dest iawn yn llawn o gerrig, ac wrth imi dreio'i chodi hi hefo'r llarpia dyma hi'n troi ar ei hochor.

Y diawl bach blêr, medda Guto, a dwad i droi'r ferfa'n wastad.

Dew, pwysa oedd arni.

Well iti fwyta mwy o fara llaeth iti gael magu mysls. Cod y cerrig yna i gyd yn ôl i'r ferfa rwan.

A dyna lle buo fi'n codi'r cerrig, ac erbyn imi orffan, oedd Guto wedi gorffan hel cerrig yn rochor arall.

Tyrd yn dy flaen, medda fo, a gafael yn llorpia'r ferfa fel tasa hi'n ysgafn fel pluan, a'i rowlio hi i'r doman wrth y beudy, a'i dadlwytho hi. A finna'n cerddad wrth ei ochor o a gwatsiad pob dim oedd o'n neud.

Fasa ti'n leicio dwad am blym i Llyn Corddi?

Dew, baswn.

Ac i Llyn Corddi â ni, a tynnu amdanan yn noethlymun, a Guto'n rhedag tua deg llath a plym yn syth i mewn i ganol y llyn.

Tyrd yn dy flaen, medda fo pan ddaeth o i'r golwg yn sychu'r dŵr o'i llgada a'i wallt du o dros ei wynab o i gyd.

Ond eistadd yn crynu fel deilan wrth ymyl y lle bas wnes i, ac un droed yn y dŵr, am dipyn bach. Wedyn dyma Guto'n nofio ataf fi a lluchio dŵr ataf fi. Wedyn mi es inna i mewn dros fy mhen.

Fedra i ddim nofio, Guto, medda fi tan chwythu.

Tyrd yn dy flaen, mi dysga i di.

A dyna lle buo ni'n cael sbort am hir iawn, a Guto'n gweiddi: Paid a bod ofn, a Tyrd yn dy flaen rwan, wrth dreio dysgu imi sud i nofio.

Mi dysga i di'n iawn tro nesa, medda fo ar ôl inni ddwad allan o'r dŵr ac eistadd i sychu yn yr haul. Ac ar ôl gwisgo amdanan dyma ni'n mynd i tŷ i nôl cinio.

Oedd Gel yn gorfadd o dan bwrdd ac asgwrn mawr gynno

yna lle buo ni'n cael sbort am hir iawn.
Guto'n gweiddi : Paid a bod ofn, a
dy flaen rŵan, wrth drego dysgu imi
sud i hofio.

fo, yn rhy brysur i gymryd dim sylw o neb. A lobscows yn ogleuo dros y tŷ i gyd, a Mam, hefo'i barclod o'i blaen, wedi bod yn gweithio i Anti Elin, yn codi lobscows o sosban i'r platia hefo cwpan. Ar ôl inni orffan bwyta, oedd yna lond desgil fawr o esgyrn wedi dwad o'r sosban, a lot o gig arnyn nhw. A dyma Anti Elin yn gafael yn y ddesgil.

Mi a i a rhain allan, medda hi.

Ble wyt ti'n mynd a nhw? medda Mam.

Swpar Gel ydyn nhw.

Brensiach annwyl, paid a'u rhoid nhw i'r ci, Elin bach. Mae yna ormod o gig arnyn nhw. Mi rho i nhw yn y rhwyd i fynd adra.

Ac i'r rhwyd cawson nhw fynd, a'r hen Gel druan yn gorfod byw ar yr asgwrn oedd gynno fo o dan bwrdd.

Ar ôl cinio mi aeth Guto a finna i hel eirin oddiar y goedan yn cae o flaen tŷ. A cyn pen hannar awr oeddan ni wedi cael llond basgiad fawr, a rheiny i gyd yn ddu ac yn feddal neis. Oedd Guto a finna wedi bwyta tua dwsin bob un, a fedran ni ddim bwyta dim mwy wrth bod ni wedi bwyta cymaint o lobscows.

I chdi a dy fam i fynd adra ma rhain, medda Guto. Weli di'r cae acw rochor arall i lôn? Mae yna lond hwnna o goed llus a rheiny'n berwi o lus. Awn ni yno i hel rhai tro nesa. Awn ni i cwt gwair ar ôl mynd i tŷ, iti gael gweld ein tâs wair ni.

Ac yn fanno digwyddodd y ddamwain.

Oedd Cae Mawr yn dwad i lawr heibio ochor tŷ gwair, ac wrth gerddad i fyny cae oeddan ni'n medru mynd i mewn trwy drws top, a hwnnw'n wastad hefo pen y das. Ond oedd yna fwlch llydan rhwng y wal a'r das.

Tyrd yn dy flaen, medda Guto, a neidio heb ddim lol o'r rhiniog dros y bwlch i ben y das wair.

Ew, fedra i ddim, medda fi, wedi stopio'n stond ar y rhiniog, a'n ffroena fi'n llawn o ogla da'r gwair.

Medri, siŵr iawn. Rwan, neidia. Mi dalia i di.

Olreita, medda fi, a chymryd naid. Ond wnes i ddim cyrraedd pen y das na llaw Guto chwaith. Ac i lawr â fi ar hyd ochor y das .i'r gwaelod isa. A dyna lle oeddwn i'n

gorfadd yn fanno pan agorais i fy llgada, a mraich i'n brifo
o dana i. A Guto ar ei bennaglinia wrth fy mhen i.

Wyt ti wedi brifo? medda'i lais o o bell.

Esgob, wn i ddim. Ma mraich i'n teimlo'n rhyfadd.

Treia godi, wedyn mi awn ni i tŷ.

Esgob, fedra i ddim, Guto. Ma'r fraich yma run fath â
darn o bren.

Ar ôl edrach ar fy mraich i, a gweld bod hi wedi chwyddo,
dyma Guto'n fy nghodi fi ar ei gefn run fath â taswn i ddim
ond pluan, a nghario fi o cwt gwair i tŷ.

Wedi cael codwm yn cwt gwair o brifo'i fraich, medda
Guto wrth Mam, oedd wedi rhedag allan pan welodd hi ni'n
pasio ffenast.

Yr hen drychfil bach, wedi bod yn gneud dryga dw i'n
siŵr, medda hi pan welodd hi fi'n crio. Ond oedd hi ddim yn
gas chwaith, achos ynghywi oedd pob peth ar ôl i Guto fy
rhoid i i lawr, a finna'n gafael yn fy mraich hefo llaw dde.
A Mam yn fy rhoid i ar ei glin a dechra sbio ar fy mraich i.

Dos a fo i siambar, medda Anti Elin. Well iddo fynd i
wely Guto. Os ydy o wedi torri'i fraich mi fydd raid cael
Doctor Gruffydd i'w rhoid hi yn ei lle. Dos i nôl Doctor
Gruffydd, Guto.

A ffwrdd â Guto fel melltan. A Mam yn helpu fi i dynnu
amdanaf a'n rhoid fi yn gwely. Dew, gwely mawr braf oedd
o hefyd, run fath â hwnnw oedd gynno ni yn siambar adra.
Heblaw bod hwn yn brafiach. Oeddwn i'n medru gweld
Lôn Mynydd trwy ffenast, dros ben y goedan eirin wrth
waelod cae o flaen tŷ. Ac wrth ben lle tân oedd yna lun
mawr o wynab dyn a mwstash du gynno fo, a ffrâm ddu
amdano fo a Er Serchog Gof, a darn o ryw farddoniaeth o
dano fo. Mam ddaru ddeud wrthaf fi wedyn mai Yncl Harri,
gŵr Anti Elin oedd o, ond wrth gwrs oeddwn i ddim yn ei
alw fo'n Yncl Harri, achos oedd o wedi marw erstalwm.

Mi es i i gysgu trwy pnawn ar ôl i Doctor ddwad i roid fy
mraich i mewn plastar. A breuddwydio bob matha o betha
rhyfadd. Oeddwn i wedi mynd i drochi i Llyn Corddi ar ben
fy hun a wedi nofio'n rêl boi reit ar draws y llyn ac yn
gorfadd ar wastad fy nghefn yn y dŵr yn sbio ar yr awyr a'r
cymyla. Ac yn sydyn dyma angal mawr yn fflio i lawr o tu

nôl i gwmwl, a mwstash du gynno fo, a landio yn y gwair ar ochor Llyn Corddi.

Be wyt t'in neud yn fanna? medda fo. Oes gen ti ddim hawl i drochi yn Llyn Corddi.

Dyma finna'n nofio ar draws y llyn i'r ochor arall a'i gneud hi am y garrag lle oeddwn i wedi rhoid fy nillad, ond cyn imi gyrraedd oedd yr angal â'r mwstash du wedi fflio yno o mlaen i, a dwyn fy nillad i. Dyma finna'n dringo o'r dŵr a neidio heibio fo a rhedag fel fflamia yn noethlymun heibio beudy ac i fyny Cae Mawr at drws tŷ gwair, a'r angal yn fflio ar f'ôl i. A pan oeddwn i wrth drws tŷ gwair dyma fi'n ei glywad o'n chwythu ar fy ngwegil i a'i fwstash o'n cosi nghefn i. A heb ddim chwanag o lol dyma fi'n cymryd coblyn o naid a landio ar fy mhen ôl yn braf ar dop y das wair. A dyna lle oedd yr angal yn sefyll wrth drws top ac yn sgyrnygu arnaf fi o dan ei fwstash du, a finna'n chwerthin am ei ben o.

Paid ti a meddwl na fedra i ddim dwad ar d'ôl di i fanna, medda fo, a dechra ysgwyd ei asgelli run fath â deryn mawr, a nillad i o dan ei fraich o.

Hy, fedrwch chi ddim dwad i fanma, medda fi, a gneud stumia arno fo.

Na fedra i wir? medda fo. Gwatsia di dy hun.

A dyma fo'n fflio i mewn dros y bwlch i ben y das, a disgyn ar fy mhen i. A dyna lle oeddan ni'n rowlio yn y gwair, ac yn treio taflyd ein gilydd run fath ag oedd yr angal hwnnw hefo Jacob, oedd Bob Car Llefrith yn deud ei hanas o wrthan ni yn Rysgol Sul dy Sul cynt.

A finna'n cofio'r adnoda ddaru Bob Car Llefrith ddysgu inni radag honno:

A Jacob a adawyd ei hunan; yna yr ymdrechodd gŵr ag ef nes codi y wawr.

A phan welodd na byddai drech nag ef, efe a gyffyrddodd â chyswllt ei forddwyd ef; fel y llaesodd cyswllt morddwyd Jacob, wrth ymdrechu ohono ag ef.

A'r angel a ddywedodd: Gollwng fi ymaith, oblegid y wawr a gyfododd. Yntau a atebodd: Ni'th ollyngaf oni'm bendithi.

Ond dew, oedd yr angal a'r mwstash du yn gryfach na fi

o lawar, a fedrwn i neud dim byd ond gafael yn sownd ynddo fo, tan nes daru ynta roid ei law yn fy morddwyd inna a gneud imi ollwng fy ngafael. A dyma fo'n fy nhaflyd i dros ochor bella'r das wair, a finna'n disgyn i lawr i ddyfnjwn mawr heb ddim gwaelod iddo fo, a dal i ddisgyn i lawr ac i lawr ac i lawr heb stopio nes daru fi agor fy llgada a gweld Mam yn sefyll wrth ochor gwely a panaid o de yn ei llaw hi.

Dyma ti, ynghyw i, medda hi. Yfa di hwn rwan. Mae Doctor wedi deud bod raid iti aros yn gwely, ac wyt ti am gael aros yma hefo Guto am wsnos o holides. Ydw i'n mynd adra rwan. Mi ddo i i dy nôl di'r wsnos nesa.

Ydw i ddim eisio aros, Mam. Well gen i ddwad adra hefo chi. Fedra i gerddad yn iawn hefo mraich mewn sling.

Na, well iti neud be ma Doctor yn ddeud. Mi fyddi di'n iawn yma hefo Guto am wsnos. A mi fydda i yma'n ôl dy Merchar.

Dechra crio wnes i, a methu yfad y te, a gweiddi: Ydw i eisio dwad hefo chi, Mam.

Na, well iti beidio, ynghyw i. Aros di fan lle'r wyt ti, a cofia di fod yn hogyn da.

Ac ar ôl rhoid fy ngobennydd i'n iawn a lapio dillad gwely amdanaf fi, a rhoid cisan imi, dyma Mam yn troi ar ei sawdl a mynd allan trwy drws siambar.

Mam, medda fi, a chwilio am ryw esgus i ddwad a hi'n ôl i siambar.

Be sy, ynghyw i? medda'i llais hi o'r gegin.

Dowch yma am funud bach.

Be sy rwan?

Pwy ydy'r dyn yna hefo mwstash du?

D'Yncl Harri ydy hwnna, ynghyw i. Gŵr Anti Elin. Mae o wedi marw erstalwm.

Sud fedar o fod yn Yncl imi a fonta wedi marw?

Rwan, dos di i gysgu'n hogyn da, a paid a gofyn hen gwestiynna gwirion.

Cau drws siambar wedyn.

Mam!

Ond ddaru hi ddim atab wedyn. A finna'n gorfadd yn llonydd yn gwrando arnyn nhw'n siarad yn y gegin, tan nes clywais i Mam yn deud: Wel, ydw i'n mynd rwan. Diolch yn fawr. Mi fydda i'n ôl dy Merchar nesa.

Dyma fi'n taflyd dillad gwely i ffwrdd a codi i sbio trwy ffenast. Oedd hi dest yn mynd o'r golwg heibio talcan tŷ yn ei ffrog ddu a'i het bach fflat, wedi gwisgo run fath â tasa hi wedi bod mewn cnebrwng, ond bod ganddi hi flodyn pinc ar ochor ei het. A'r rhwyd yn llawn dop ar ei braich hi. Dew, ydw i siŵr bod hi'n drwm, medda fi wrtha fi'n hun.

Mi ddaeth i'r golwg wedyn wrth fynd i lawr Rallt, yn cerddad yn siarp, a finna'n ei gwatsiad hi tan nes aeth hi o'r golwg wedyn ar ôl cyrraedd gwaelod Rallt. Eistadd yn ffenast wnes i am hir iawn, yn meddwl baswn i'n medru'i gweld hi wedyn yn dwad i'r golwg ar lôn Mynydd, dros ben y goedan eirin o flaen tŷ. Ond oedd yna niwl ar Mynydd ac oedd hi'n dechra mynd yn dywyll, a welais i moni hi wedyn. A dyna lle buo fi'n eistadd yn ffenast yn sbio ar y niwl a dychmygu'i gweld hi'n cerddad ar lôn Mynydd, ar ben ei hunan bach. Wedyn dyma fi'n mynd yn ôl i gwely'n ddigalon, a dechra crio fel babi, a mhen yn y gobennydd, a methu'n glir a stopio.

Pan ddaeth Guto i'w wely ataf fi a dechra siarad, ddaru mi ddim atab, dim ond smalio mod i'n cysgu, rhag iddo fo weld bod fi'n crio. Ond bora wedyn, pan oeddan ni'n cael brecwast wrth bwrdd yn gegin, a finna hefo mraich mewn sling ac yn bwyta hefo un llaw, oedd Guto'n gŵyn i gyd.

Ches i ddim winc o gysgu gynno fo, Mam, medda fo wrth Anti Elin.

Taw da chdi. Be oedd y matar arno fo?

Crio yn ei gwsg oedd o.

Hiraeth oedd arnat ti yntê? medda Anti Elin.

Oeddwn i'n cysgu'n sownd, medda finna. Oeddwn i ddim yn gwybod bod fi'n crio.

A gweiddi, medda Guto. A cicio trwy'r nos. Ydw i'n siŵr bod fy nghlunia i'n gleisia duon.

Mi gewch fynd i hel dipyn o lus imi heddiw, medda Anti Elin ar ôl gofyn sud oedd fy mraich i. Mi gaiff Catrin neud cacan lus i de.

A Catrin yn bwyta, a deud dim byd wrth neb, dim ond yn sbio'n rhyfadd ar fy mraich i mewn sling.

Gwatsia di'i fraich o, medda Anti Elin pan oeddan ni'n cychwyn hefo pisar bach bob un i hel llus yn cae rochor arall i Rallt. Oedd yna gamfa i fynd dros ben wal i cae o Rallt, ond doedd dim eisio mynd i lawr rochor arall, achos oedd cae yn dechra o ben wal. Dew, a'r lle'n berwi o lus ar ôl inni ddringo i pen ycha cae. Fuo ni ddim gwerth o amsar yn hel llond pisar bach bob un, a wedyn dyma ni'n eistadd i lawr yn yr haul a bwyta dipyn bach bob un, nes oedd ein cega ni'n dduon. A Guto'n dangos imi sud i neud neclais hefo coes gwair a llus.

Awn ni a hi adra'n bresant i Catrin, medda fo ar ôl inni neud un hir. Fedri di weld y Wyddfa o fanma, wsti. Dacw hi, yli, â'i phen yn y cymyla.

Esgob, oeddwn i'n meddwl bod y Wyddfa'n bell i ffwrdd. Agos mae hi, yntê Guto?

Ia, ond mi ddalia i na fedri di ddim gweld Brenhinas y Wyddfa?

Dew, na wela i ddim brenhinas yn unlla. Weli ditha ddim un chwaith. Smalio wyt ti.

Naci wir. Ydw i'n sbio arni hi rwan. Ond nid pawb fedar ei gweld hi.

Dynas go iawn ydy hi, Guto? Wela i neb.

Naci siŵr. Y mynydd yn fancw sy wedi gneud llun dynas yn erbyn yr awyr, a dim ond ar ddiwrnod clir run fath â hwn fydd hi'n dwad i'r golwg. Gorfadd ar ei hyd ar ben y mynydd mae hi. Sbia rwan.

A dyma Guto'n rhoid un fraich am fy ngwar i ac yn pwyntio hefo'i fraich arall at y mynydd oedd wrth ochor Pen y Wyddfa.

Weli di'r clogwyn acw lle mae defaid yn pori?

Gwela.

Wel, sbia di dros hwnna, ar ôl fy mys i, dipyn bach i'r ochor chwith wrth ben y clogwyn. Wyt ti'n gweld siâp pen dynas yn gorfadd ar ei hyd?

Ydw, dw i'n meddwl.

Wedyn ei brest hi dipyn bach yn is i lawr.

Gwela.

A wedyn ei bol hi, a hwnnw wedi chwyddo.

Dew, gwela.

A wedyn ei thraed hi, yn dangos dipyn bach o dan ei sgert hi.

Esgob ydw, ydw i'n ei gweld hi i gyd rwan.

Dyna chdi, ynta. Honna ydy Brenhinas y Wyddfa. Ar ôl iti ei gweld hi unwaith, mi fedri di ei gweld hi o hyd wedyn.

Pam ma nhw'n ei galw hi'n Frenhinas y Wyddfa?

Am mai ar Ben Wyddfa ma hi, siŵr iawn.

Ia, ond pam ma nhw'n ei galw hi'n Frenhinas?

Am mai hi bia'r Wyddfa, siŵr iawn. A ma nhw'n deud os gwnaiff hi godi a dwad i lawr Wyddfa, mi fydd yn Ddiwadd Byd.

Esgob, gawn ni fynd a'r llus yma adra rwan.

Ia, mi awn ni. Ar ôl cinio, mi gei di aros yn tŷ i ddarllan, tra bydda i'n carthu beudy a rhoid bwyd i'r moch a torri gwair.

Lle ydy fanacw, Guto? medda fi pan ddaru ni sefyll ar ein traed â'n cefn at y Wyddfa.

Shir Fôn a Bliwmaras a'r môr sy i lawr ffordd acw. Dew, lle neis ydi Bliwmaras, achan. Y lle brafia yn y byd i gyd ydy Bliwmaras.

Wela i ddim môr, Guto.

Na, fedri di ddim gweld y môr o fanma. Rhaid iti fynd i Ben Wyddfa i weld y môr yn iawn. Neu i Bliwmaras at ei ymyl o.

Esgob, welais i rioed ddim môr, dim ond mewn llyfra.

Mi â i a chdi i Bliwmaras am dro ryw ddiwrnod, ar ôl iti ddysgu nofio'n iawn. A mi awn ni i drochi i'r môr. A mi gawn ni eistadd ar y traeth i watsiad y llanw yn dwad i mewn.

Dew, dyna un o'r wsnosa brafia ges i rioed yn fy mywyd, yn mynd o gwmpas Bwlch hefo Guto, a mraich i mewn sling. Oedd dim mymryn o hiraeth arnaf fi ar ôl y noson gynta honno, a ddaru Guto ddim cwyno ddim unwaith wedyn mod i'n ei gicio fo nac yn crio yn fy nghwsg. A pan ddaeth Mam i nôl i dy Merchar wedyn, oeddwn i ddim eisio mynd adra hefo hi.

Ga i aros hefo Guto am wsnos arall, Mam? medda fi ar ôl iddi hi roid cisan imi a gofyn sud oedd fy mraich i.

Na, well iti ddwad adra hefo fi heddiw, medda hi, imi gael mendio'r hen fraich yna iti.

Ydi hi ddim yn brifo dim.

Ia, ond well iti fynd adra hefo dy Fam heddiw, medda Anti Elin.

Ac oedd Mam a finna'n hapus braf yn cerddad adra dros lôn Mynydd y pnawn hwnnw, a finna'n helpu i gario'r rhwyd er bod gen i un fraich mewn sling.

Ond ar lôn dros Ochor Foel ddaru mi weld y môr am y tro cynta erioed. Blwyddyn cyn i Canon farw oedd hi, a finna wedi mynd hefo trip Côr Reglwys i Glanabar. Ac yn lle mynd hefo trên be ddaru ni ond penderfynu cerddad dros Ochor Foel i lawr i Lôn Bost a mynd yn y trên o fanno i Glanabar. Oeddwn i erioed wedi bod mewn trên o'r blaen chwaith.

Ar ddy Sadwrn oedd hi. Ddaru ni i gyd gwarfod wrth Giat Foel ben bora, ac mi oedd yna fwy o bobol yn Côr bora hwnnw na dim un bora dy Sul yn Reglwys.

Ew, diwrnod braf ydy hi, yntê? medda Huw, oedd wedi cyrraedd o mlaen i, a'i focha fo'n gochion ac yn wên o glust i glust. Ydw i wedi dwad a dipyn o frechdan yn fy mhocad rhag ofn na chawn ni ddim digon o fwyd.

A finna hefyd.

Faint o bres sy gen ti i wario?

Dau swllt, a deunaw Côr.

Dew, ydan ni'n gyfoethog. Mae gen i hannar coron mewn tairceinioga gwynion. A hefo dcunaw pres pocad Côr gawn ni yn Glanabar mi fydd gen i bedwar swllt. Ddoi di am drip ar stemar ar ôl inni gyrraedd?

Do i, os cawn ni fynd. A mi ydw i eisio pas ar gefn mul hefyd.

A finna hefyd.

A felna oeddan ni'n rwdlian wrth fynd trwy Giat Foel a'r niwl yn codi oddiar y gwair a'r eithin, run fath â tasa rhywun yn troi dillad gwely a plancad wyrdd o danyn nhw.

Ar ôl inni fynd hannar ffordd i fyny Ochor Foel oeddwn i'n dechra blino. Oedd Huw wedi mynd ar y blaen hefo'r lleill, a fi oedd y dwytha un, a'r lleill yn mynd yn bellach oddiwrtha i o hyd. Pawb ond Ffranc Bee Hive a Ceri, hogan Canon. Oedd rheiny'n cerddad hefo'i gilydd tu nôl i'r lleill ac oeddan nhw'n cerddad o mlaen i ar ôl i'r lleill fynd o'r golwg dros Ochor Foel. Dyma fi'n gweld Ffranc yn rhoid ei fraich am ganol Ceri, a hitha'n tynnu'i fraich o i ffwrdd a stopio a dechra ffraeo hefo fo. Wedyn mi aeth Ffranc yn ei flaen ar ben ei hun a mynd o'r golwg dros Ochor Foel run fath â'r lleill, a Ceri'n cerddad yn slo bach o mlaen i.

Yn sydyn dyma hi'n stopio a troi rownd a ngweld i'n dwad i fyny. A dyma hi'n cerddad yn ôl ataf fi a gwên ar ei gwynab hi.

Hylo, machgen bach i, medda hi, a dipyn o lediaith arni hi ar ôl bod i ffwrdd mewn ysgol yn Lloegar. Wyt ti wedi blino?

Dipyn bach, medda finna, yn chwythu fel mochyn a wedi cochi at fy nghlustia.

Gafel di yn fy llaw i, medda hi, a gafael yn fy llaw i'r un pryd, a'i llaw hi'n feddal ac yn gynnas braf. Oeddwn inna'n cerddad yn siarpach wedyn a fuo ni ddim gwerth o amsar cyn cyrraedd top Ochor Foel. Ac yn fanno dyma fi'n ei weld o, gweld y môr am y tro cynta rioed, a stopio'n stond a gwasgu llaw Ceri'n dynnach.

Oedd yr olygfa run fath â tasa'r awyr o'n blaena ni wedi agor fel cyrtans a dangos y Nefoedd inni, a llawr y Nefoedd run fath ag oeddwn i wedi dychmygu amdano fo pan oeddwn i'n gorfadd ar Foel Garnadd wedi colli ffordd ac yn sbio i'r awyr. Oedd y llawr yn las, las, a'r haul yn sgleinio arno fo, ac yn mynd draw allan yn bell a mynd yn un hefo wal arian y Nefoedd yn y pen draw. Wedyn, ar y chwith, oedd yna garpad gwyrdd o ddail coed, a'r môr yn mynd i mewn rhyngtho fo run fath â pasej mewn tŷ mawr fel Ficrej. A hwnnw'n las run lliw â'r môr. Ac oedd yna gastall yn sefyll ar y carpad gwyrdd, yn edrach o bell run fath yn union â castall dol, ond ma raid bod o'n fawr wrth sefyll yn ei ymyl o.

Oedd pob peth run fath ag oeddwn i wedi dychmygu

amdano fo pan fyddan ni'n canu yn Reglwys am Wlad Sydd
Well i Fyw ac am bobol yn iach heb boen na braw ar ôl
croesi Afon Iorddonen. A nenwedig pan fyddwn i'n gwrando
ar Mam yn canu pan fydda hi'n smwddio:

Gwe-el uwchla-aw cymy-ylau amser
  O-o fy e-enaid gwe-el y ti-ir,
  O-o fy e-enaid gwe-el y ti-ir,
Lle-e mae'r a-awel fy-yth yn dyner,
  Lle-e mae'r wy-ybren fy-yth yn gli-ir,
  Lle-e mae'r wy-ybren fy-yth yn gli-ir,
    Ha-apus dyrfa-a
    Ha-apus dyrfa-a
Sy-ydd a'u hwy-yneb tu-ua'r wla-ad
Sy-ydd a'u hwy-yneb tu-ua'r wla-ad.

Yn y castall acw ma Duw yn byw, ydw i'n siŵr, medda fi
wrtha fi'n hun. A ma Iesu Grist yn byw yno hefo'i Dad
rwan, reit siŵr, a wedi mendio ar ôl cael ei groeshoelio.

Oeddwn i wedi tynnu ngwynt ata pan ddaru'r Nefoedd
yma agor o mlaen i a gneud imi stopio a gwasgu llaw Ceri.
Ond oeddwn i ddim yn gwybod mod i'n crio fel babi tan nes
imi glywad Ceri'n deud: Wedi blino wyt ti, yntê? Gad inni
eistedd yn fan yma am funud.

Naci wir, hapus ydw i, medda fi wrth sychu'n llgada hefo
llawas fy nghot, a dechra chwerthin. Mae hi run fath â
tasan ni yn y Nefoedd, yntydi?

A dyma Ceri'n rhoid ei chot lwyd ar lawr ar y gwlith ac
eistadd i lawr, a finna'n eistadd wrth ei hochor hi, a hitha'n
rhoid ei braich am f'ysgwydd i, a mhen i'n pwyso'n braf ar
ei hochor hi, a hwnnw'n feddal run fath â gobennydd, a
ogla sent arni hi.

Dyma fi yn y Nefoedd rwan, beth bynnag, medda fi wrtha
fi'n hun.

Wyt ti'n gweld y Castall acw i lawr yn y coed? medda
Ceri.

Esgob, ydw.

Ga i ddeud stori wrthat ti amdano?

Ew, cewch. Ydy hi'n stori wir?

Ydy, siŵr iawn. Faint ydy d'oed ti?

Mi fydda i'n ddeg mis Tachwadd.

Erstalwm, oedd yna frenin yn byw yn y castell acw, ac roedd ganddo fo un ferch, a honno'n ddeunaw oed.

Run oed â chi, yntê?

Ia. Ac un diwrnod fe ddaeth yna ddyn ifanc cyfoethog o Lundain i'r castell ar gefn ei geffyl gwyn, a gofyn i'r brenin am gael priodi'i ferch o. A pan glywodd hithau'i thad yn deud Cewch, dyma hi'n rhedeg i fyny'r grisia i'r llofft uchaf yn y castell a chloi ei hun i mewn, a'i thad hi'n chwilio amdani ymhob man a methu cael hyd iddi hi. A'r noson honno dyma'i chariad hi, hogyn ifanc a gwallt melyn a llygaid glas ganddo fo, oedd yn byw yn y tŷ mawr gwyn acw, rochor arall i'r afon, dyma hwnnw'n dod yn ddistaw bach at y castell yn y tywyllwch a chwibanu o dan ei ffenest hi. A dyma hitha'n gneud rhaff hefo dillad gwely a gollwng ei hun i lawr ochor y castell ato fo. Ac mi redodd y ddau i ffwrdd a welodd neb byth monyn nhw wedyn.

Oeddwn i dest a mynd i gysgu yn gwrando ar Ceri'n deud y stori pan dynnodd hi'i braich oddiamdanaf fi a gneud imi agor fy llgada. Oedd y lleill i gyd i lawr yn y gwaelod, dest a mynd o'r golwg yn y coed oedd yn dwad allan ar Lôn Bost.

Well inni fynd rwan, neu ddaliwn ni byth monyn nhw, medda Ceri. Fedri di redeg?

Medra siŵr iawn.

I lawr ar f'ôl i ynte.

A dyma hi'n dechra rhedag fel y gwynt i lawr Ochor Foel, â'i gwallt hi'n chwifio o gwmpas ei phen hi.

A finna'n rhedag fel fflamia tu nôl iddi hi.

13.

DECHRA'N ddrwg ddaru'r diwrnod hwnnw ar ôl noson
Côr Sowth. Oedd dim rhyfadd iddo fo orffan yn waeth.
Oedd hi'n stido bwrw glaw yn y bora a finna'n eistadd yn
Rysgol a nhraed i'n wlyb achos bod fy sgidia i'n gollwng
dŵr. Oeddwn i'n methu'n glir a gwrando ar be oedd Preis
Sgŵl yn dreio ddeud, dim ond gwatsiad y glaw'n stillio ar
ffenast run fath â tasa lot o ysbrydion drwg yn crio, a sbio ar
y pylla mawr o ddŵr budur yn cae chwara.

Geography oeddan ni'n gael gen Preis, ac oedd o wedi
bod yn tynnu llun map o Affrica ar y blacbord a wedi bod
yn deud wrthan ni gwlad mor boeth oedd hi, yn llawn o
bobol dduon, a rheiny weithia'n bwyta'i gilydd, a'r haul yn
twnnu ar eu penna nhw trwy'r dydd, o fora tan nos. Wedyn
mi aeth i ddeud hanas Doctor Livingstone yn pregethu am
Iesu Grist wrth y canibaliaid a mynd ar goll yn y coed. Ond
oedd fy nhraed i rhy wlyb i wrando, a'r twrw ar y ffenast
hefyd. A dyma fi'n codi'n llaw i ofyn gawn i fynd allan i tŷ
bach.

Ond eisio sychu nhraed oeddwn i. Oedd gen i bâr o sanna
sych ym mhocad fy nhopcôt yn y clocrwm, a papur llwyd i
roid yn fy sgidia ar ôl newid sanna. Ac ar ôl tynnu am fy
nhraed a newid sanna a rhoid papur llwyd yn fy sgidia a'i
rhoid nhw'n ôl am fy nhraed, dyma fi'n cael hyd i stwmp ym
mhocad wasgod. Mi â i i tŷ bach am smôc, medda fi, er bod
fi wedi deud wrth Huw noson cynt na faswn i byth yn
smocio wedyn.

Dyma fi'n sleifio ar hyd y lle sych o dan y fargod at y tai
bach tu nôl i Rysgol. Dew, fuo dest imi gael ffit pan welais
i o. Dyna lle oedd Wil Elis Portar yn gorfadd ar wastad ei
gefn yn y lle piso, a sgôr fawr yn ei wddw o, nes oeddwn i'n
meddwl mai ei geg o oedd yn agorad, a'r lle'n waed i gyd.
Wnes i ddim ond cymryd un golwg arno fo, a rhedag fel

167

fflamia i ddeud wrth Preis Sgŵl, a finna'n crynu fel deilan, a fonta'n methu dallt be oeddwn i'n dreio ddeud.

W-W-Wil E-E-Elis P-P-Portar, syr, medda fi. Yn g-gorfadd a-allan yn f-fanna. M-mae o we-wedi ma-marw.

Dyma Preis yn gweiddi ar Wilias Bach o Standard Ffôr a'r ddau'n mynd allan i tai bach. Wedyn dyma ni'n gweld Wilias Bach trwy ffenast yn mynd fel melltan ar draws cae chwara trwy'r glaw heb ei gôt na'i het.

Mynd i nôl nhad mae o, medda Wil Bach Plisman.

A Preis yn dwad i mewn yn wyn fel calch a deud wrtha ni bod raid inni i gyd fynd adra, a na fydda na ddim ysgol pnawn, a deud nad oedd neb i fynd ar gyfyl tai bach. Oedd Tad Wil Bach Plisman wedi cyrraedd erbyn inni gael ein hel allan, ac yn siarad yn ddistaw yn drws Rysgol hefo Preis a Wilias Bach, a hwnnw'n wlyb doman.

Be welaist ti? medda Huw ar ôl inni groesi Stryd a sefyll yn drws Siop Chwech a Dima i mochal glaw a gwatsiad edrach welan ni nhw'n dwad a corff Wil Elis Portar allan o tai bach.

Dyna lle oedd o, yn gorfadd ar wastad ei gefn yn y lle piso, medda finna, a'r hogia i gyd o nghwmpas i yn gwrando â'u cega'n agorad.

Oedd o wedi marw? medda Joni Casgan Gwrw.

Oedd. Oedd y gwaed yn stillio o'i wddw fo, a'i gap o wedi syrthio oddiar ei ben o, a'i geg o'n gam, a un llygad yn agorad, run fath â fydda fo pan fydda fo'n wincio arna ni. A twca mawr, run fath â twca Joni Edwart Bwtsiar, ar lawr wrth ei ymyl o, a hwnnw'n waed i gyd hefyd.

Oeddwn i'n siarad fel melin am bod siarad yn gneud imi stopio crynu, a finna ddim eisio dangos i'r hogia mod i wedi dychryn. Ac oeddwn i'n teimlo eisio taflyd i fyny bob tro oeddwn i'n stopio siarad.

Ddeudodd o rywbath wrthat ti? medda Dewi Siop Gornal. Un gwirion oedd hwnnw.

Taw ffŵl, sud medra fo ddeud dim byd a fonta wedi marw.

Oedd o'n iawn dy Sadwrn, medda Joni Casgan Gwrw. Gwelais i o'n mynd i lawr Stryd am stesion hefo bocs mawr ar ei gefn.

Bocs Dafydd Jos, brawd Ann Jos Siop, yn mynd yn ôl i Mericia, medda Huw.

Gwelais i o neithiwr ddwytha, medda Dewi Siop Gornal.

Gweld pwy?

Wil Elis Portar, siŵr iawn. Oedd o ar Ochor Braich yn canu ar dop ei lais.

Mi fydd raid iti fynd i'r cwest, medda Wil Bach Plisman wrtha i.

Be ydi cwest?

Yn fanno fyddan nhw'n deud sud daru o farw, a penderfynu ddaru o ladd ei hun ynta rhywun arall ddaru'i ladd o.

Lladd ei hun ddaru o, siŵr iawn.

Sud wyt ti'n gwybod?

Fi gwelodd o yntê?

Ia, dyna pam fydd raid iti fynd i'r cwest, iddyn nhw gael dy holi di, er mwyn iddyn nhw gael penderfynu'n iawn mai lladd ei hun ddaru o. Be wyddost ti na ddaru rhywun ddim mynd a fo i tai bach Rysgol neithiwr a torri'i wddw fo?

Ella mai wedi meddwi oedd o, medda Dewi Siop Gornal.

Taw, ffŵl. Sud fedra fo feddwi ar nos Sul?

Ac yn sydyn dyma fi'n meddwl am Yncl Wil, a meddwl falla mai fo ddaru ladd Wil Elis Portar yn ei ddiod, a basa fo'n cael ei grogi. Eitha gwaith a fo hefyd, medda fi wrtha fi'n hun. Taw, ffŵl, medda fi wedyn.

A dyna lle buo ni'n dadla tan nes daru hi stopio bwrw. A'r cwbwl welson ni o Wil Elis Portar oedd moto Tad Dewi Siop Gornal yn mynd i cefn Rysgol a cael ei ddreifio i ffwrdd mewn chwinciad, a Tad Wil Bach Plisman yn eistadd yn y ffrynt hefo'r dreifar. Oedd gas gen i feddwl am fynd adra ar ben fy hun.

Ddoi di i helpu fi dorri pricia yn sied, Huw?

Do i, achan, medda Huw. Ond ma raid imi fod adra erbyn amsar cinio imi gael gweld dynion Côr Sowth cyn iddyn nhw fynd i ffwrdd.

Olreita, awn ni.

Dew, dynion clên ydy'r ddau ddyn Côr Sowth yna sy'n aros hefo ni, medda Huw wrth fynd i fyny Rallt. Yli be ges i gen un ohonyn nhw.

A dyma Huw'n mynd i'w bocad, a dwad a clamp o gyllath

bocad allan, nid run fath â honno ges i gen Wmffra Tŷ Top erstalwm, ond un ddu a dau lafn ynddi hi, llafn mawr a llafn bach, a min run fath â rasal ar y ddau.

Doeddan nhw ddim dest a llwgu eisio bwyd, wsti, run fath ag oeddan ni'n meddwl neithiwr, medda Huw. Oedd Mam wedi gneud coblyn o swpar mawr i'r ddau, ond ddaru nhw ddim bwyta dim gwerth.

Dew, oeddan nhw'n haeddu swpar iawn hefyd, ar ôl canu mor dda.

Deud streuon oeddan nhw, yn lle bwyta. Ac ar ôl swpar mi fuo nhw a ninna'n canu am oria wedyn.

Pam ma nhw wedi mynd ar streic?

Eisio mwy o gyflog ma nhw. Ac oeddan nhw'n deud wrth nhad bod nhw'n cael cymaint ddwywaith â fo rwan, a bod nhw'n siŵr o gael y codiad, a basa'r streic drosodd mewn llai nag wsnos.

Be oedd dy dad yn ddeud?

Dew, gwrando a deud dim byd oedd o. A nhwytha'n deud wrtha ni lle mor braf ydy Cwm Rhondda, lle ma nhw'n gweithio, a bod nhw'n mynd i Gaerdydd hefo'u gwragadd i siopa bob pnawn dy Sadwrn, run fath â fyddwn ni'n mynd i lawr Stryd, a cael mynd i weld Cardiff City.

Yn Sowth ma Swansea hefyd, yntê Huw?

Ia. Oeddan nhw'n deud bod fanno'n lle braf hefyd.

Ydy o'n brafiach na Bliwmaras?

Ydy, ac yn fwy o lawar. Mae o dest gymaint â Lerpwl.

Taw, achan.

Dyna oeddan nhw'n ddeud neithiwr, beth bynnag. Dew, mi fydd pobol wedi dychryn pan glywan nhw am Wil Elis Portar. Be ddwedith dy Fam, dywad?

Wn i ddim, achan.

Ond erbyn inni gyrraedd adra, oedd Mam ddim yn tŷ. Oedd hi wedi gadael y goriad o dan mat, fel bydda hi'n arfar pan fydda hi'n mynd allan, er mwyn imi fedru mynd i mewn os byddwn i adra o'i blaen hi. Ac mi aeth Huw a finna i mewn trwy tŷ i sied yn cefn.

Yli min da sydd ar y gyllath yma, medda Huw, yn eistadd ar stôl yn naddu darn o bren, a finna hefo'r fwyall yn torri pricia. Pam ddaru Wil Elis Portar ladd ei hun, tybad?

Wedi mynd o'i go oedd o, siŵr iawn, medda finna.

Pam ma pobol yn mynd o'u coua, dywad?

Gwylltio ma nhw, wsti.

Gwylltio am be?

O, am bob matha o betha. Run fath â fyddi di a finna'n gwylltio weithia, heblaw bod nhw'n gwylltio'n waeth. Yli un gwyllt oedd Yncl Now Moi.

Ia, ond oedd o'n glên wrth Moi.

Ond oedd o'n meddwi hefyd. Ma dynion chwil hannar o'u coua, wsti, Huw.

Dew, ydw i'n falch nad ydy nhad i ddim yn meddwi. Iesu, wyt ti'n cofio'r ffeit honno tuallan i Blw Bel rhwng Now Morus Llan a Bob Robaits Ceunant erstalwm?

Ydw, achan. Wedi mynd o'u coua'n chwil oedd rheiny hefyd, wsti.

Ond oedd Wil Elis ddim yn meddwi.

Nag oedd. Cael ffitia oedd o.

A toedd o ddim yn gwybod be oedd o'n neud pan oedd o wedi cael ffit. Ma raid mai mewn ffit ddaru o ladd ei hun.

Ella wir. Wyddost ti pwy ddaeth i tŷ ni neithiwr pan oeddan ni'n canu hefo Côr Sowth?

Na wn i.

Yncl Wil.

Taw, achan.

Ia, ac oedd o wedi meddwi. A ddaru Mam ddim gadael iddo fo aros hefo ni, ond deud wrtho fo am fynd allan i fan fynno fo, run fath â daru hi tro o'r blaen. Ac oedd hi'n wyn ac yn crynu fel deilan pan ddois i adra neithiwr. A wyddost ti be ydw i wedi bod yn feddwl, Huw?

Na wn i.

Wnei di ddim deud wrth neb?

Na wna, siŵr iawn.

Meddwl mai Yncl Wil ddaru ladd Wil Elis Portar yn ei ddiod.

Iesu, tybad?

Un gwyllt ydy o, wsti Huw.

Mi gaiff o'i grogi os mai fo ddaru.

Eitha gwaith a' fo, ddeudwn i.

Yn lle basan nhw'n ei grogi o, dywad? Yn jêl Cnarfon neu yn Lerpwl. Mae yna jêl fawr yn Lerpwl.

Wn i ddim be fasa Mam yn ddeud.

Na, hel meddylia wyt ti, wsti. Cael ffit ddaru Wil Elis Portar, ydw i'n siŵr. Iesu, rhaid imi fynd rwan, neu wela i mo dynion Côr Sowth. Gwela i di pnawn yn ben Lôn Newydd ar ôl te. Da boch di rwan.

Da boch di, Huw.

Ar ôl gorffan torri pricia dyma fi'n mynd allan a cnocio'n drws Tŷ Nesa i ofyn oedd Mam yno.

Ydy Mam yma? medda fi pan ddaeth Gres Ifas i'r drws.

Nagdi, nghariad i, medda hitha. Ond mi gwelais i hi'n mynd i fyny Rallt bora ma. Wyt ti wedi cael cinio?

Ydw diolch, Mrs. Ifas, medda finna'n deud clwydda.

Ma'n siŵr bod yr hen Wil Elis Portar yna wedi'ch dychryn chi yn Rysgol, y petha bach. Yr hen drychfil iddo fo, yn gneud ffasiwn beth.

Ydach chi wedi clywad ta?

Do, yr hogyn glo yna ddeudodd pan oedd o'n pasio gynna.

Ella bod Mam yn Tŷ Top. Mi â i yno i edrach.

Ia, yn fanno ma hi, reit siŵr iti.

Ond oedd Mam ddim yn Tŷ Top chwaith pan es i i gnocio'n drws. A'r un atab ges i gen Leusa Tŷ Top. Oedd hi wedi gweld Mam trwy ffenast yn pasio i fyny Rallt.

Mi es inna'n ôl i tŷ wedyn a rhoid sosban ar tân i aildwymo'r lobscows oedd ynddo fo, a gosod llian a platia a powlia a llwya ar bwrdd yn barod am ginio. Ella bod Mam wedi mynd i nôl llaeth i Tal Cafn inni gael tatws laeth i swpar, medda fi wrtha fi'n hun. Ond peth rhyfadd hefyd fasa hynny, achos fi fydda'n dwad a llaeth o Tal Cafn ar ôl bod yn nôl gwarthaig. Neu ella mai wedi mynd i Tŷ Nain mae hi, a wedi aros i gael cinio hefo Nain.

Beth bynnag, ar ôl gweitiad am hir, a'r lobscows yn berwi, dyma fi'n cymryd cinio ar ben fy hun, ac eistadd i lawr wedyn yn gadar siglo i ddarllan Taith y Pererin. Dew, dyna lyfr rhyfadd oedd hwnnw, a llynia da ynddo fo. Newydd ddechra'i ddarllan o'n iawn, yn lle dim ond sbio ar y llynia, oeddwn i radag honno, ac oeddwn i wedi dwad at hanas

Cristion yn mynd i mewn i'r Plas Prydferth y pnawn hwnnw, ac yn pasio'r ddau lew wrth y drws. Ond oeddwn i wedi bwyta dwy bowliad o lobscows, a dest ar ôl i Cristion basio'r ddau lew mi es i i chwrnu cysgu yn gadar siglo. Ac yn lle gweld y Plas Prydferth, be welais i ond Jêl Cnarfon.

Oeddan nhw wedi dal Yncl Wil, yn fy mreuddwyd i, ar ôl iddo fo dorri gwddw Wil Elis Portar, ac oedd o i fod i gael ei grogi yn Cnarfon diwrnod hwnnw, a Mam a finna wedi cael gwadd i fynd i Cnarfon i weld o'n cael ei grogi. Mi ddoth moto Tad Dewi Siop Gornal i nôl ni yn y bora a pan ddaru o ddwad i fyny Rallt oedd Tad Wil Bach Plisman yn eistadd yn y ffrynt hefo'r dreifar, ac yn dwad hefo ni'r holl ffordd i Gnarfon, a Mam a finna'n eistadd tu nôl. A pan ddaru ni gyrraedd Cnarfon dyma'r moto yn stopio wrth ddrws castall mawr.

Naci, nid castall ydy o, medda Tad Wil Bach Plisman. Jêl Cnarfon ydy hwn. Dowch i mewn.

Ac i mewn â ni ar hyd pasej hir, cul, heb ddim carpad arno fo, a dynion oedd yn jêl yn sbio arna ni trwy reilings ar bob ochor, run fath â myncwns yn Sioe Lewod, tan nes daethon ni i ben y pasej a mynd trwy ddrws arall. A dyna lle oedd o'n sefyll, a rhaff am ei wddw fo, a'r Crogwr yn sefyll wrth ei ymyl o.

Eisteddwch i lawr yn fanma, medda Tad Wil Bach Plisman, a rhoid cadar bob un inni, a Yncl Wil yn sgyrnygu arna ni heb ddeud dim byd.

Rwan ta, medda llais y Crogwr. Un . . . dau . . . tri. A dyma'r trapdôr yn agor a Yncl Wil yn diflannu trwyddo fo a'r rhaff am ei wddw fo, heb ddeud dim un gair.

Eitha gwaith a fo, medda fi.

Ond oedd Mam wedi tynnu'i hancaits bocad allan ac yn crio. Wedi'r cwbwl, y mrawd i oedd o, wsti, medda hi, a sychu'i llgada.

Wedyn mi aeth Tad Wil Bach Plisman â ni i gael bwyd, i ryw le mawr yn llawn o fyrdda bach ac yn llawn o ogla tatws a chig. Ac mi ddaeth yna ddynas glên ata ni a gofyn inni be oeddan ni eisio. Tatws a chig, medda Mam, a'r ddynas yn dwad yn ôl yn wên o glust i glust hefo dau blat mawr yn llawn o datws a chig. Dew, bwyd da gawson ni hefyd. Ond oedd Mam yn ddigalon ac yn dal i grio ar hyd ffordd adra yn y moto, a finna'n dal i ddeud Hitiwch befo fo, Mam. Ac wrthi'n pendronni sud i neud iddi hi stopio crio oeddwn i pan ddaru mi ddeffro yn gadar siglo a Taith y Pererin wedi syrthio ar lawr.

Oedd hi'n stido bwrw ar ffenast ac yn gleuo mellt, a pan edrychais i ar y cloc oedd hi'n bedwar o'r gloch, a Mam heb ddwad yn ôl, a finna'n crynu fel deilan, ofn bod yn tŷ ar ben fy hun. Ond mi stopiodd y glaw'n sydyn ac mewn dau funud wedyn oedd hi'n twynnu haul. Mi â i allan i edrach wela i Huw ar ben Lôn Newydd, medda fi, ac wedyn mi â i i Tŷ Nain i edrach ydy Mam yno.

Oeddwn i fawr o feddwl be oedd gan Huw i ddeud wrtha fi pan ddaru ni gwarfod ar ben Lôn Newydd.

Iesu, oedd Mam wedi dychryn pan glywodd hi am Wil Elis Portar, achan, medda Huw.

Oedd, dw i'n siŵr. Ydy Mam ddim yn gwybod eto, achos tydy hi ddim wedi dwad adra. Ydw i'n mynd i fyny i Tŷ Nain i'w nhôl hi. Fanno mae hi, reit siŵr. Ddoi di i fyny Lôn Newydd am dro i nanfon i?

Do i, achan. Wyddost ti'r ddau ddyn Côr Sowth sy'n aros hefo ni? Pan ddaethon nhw adra amsar cinio oeddan nhw wedi cael newydd da. Oedd y Côr wedi cael teligram yn deud bod y streic drosodd ac eisio iddyn nhw frysio adra.

Taw, achan.

Oeddan, ac oedd nhad wedi aros adra o Chwaral heddiw, a wedi mynd allan hefo'r ddau at y lleill i Capal Salem lle oeddan nhw'n cwarfod i bracteisio. Ac yn fanno oeddan nhw pan ddaeth y teligram. A wyddost ti be ddeudodd o pan ddaeth o'n ôl hefo nhw i tŷ?

Na wn i.

Dew, fuo dest i Mam a finna gael ffit, achan.

Be ddeudodd o ta?

Deud bod o'n mynd hefo nhw i Sowth i weithio yn pwll glo.

Taw, achan. Ydy o'n mynd hefyd?

Ydy. Oedd Mam ddim yn fodlon am hir iawn, a dyna lle buon nhw'n dadla ar hyd amsar cinio. A'r ddau ddyn Sowth ddaru berswadio Mam yn y diwadd. Dew, rhai clên ydyn nhw hefyd. Mi gaiff nhad ddwywaith gymaint o bres ag mae o'n gael yn Chwaral, wsti. A wyddost ti beth arall?

Na wn i.

Erbyn hyn oeddan ni wedi cyrraedd Groeslon, ac oedd Huw yn mynd i lawr am Pont Stabla, a finna'n mynd i fyny Allt Bryn i Tŷ Nain. Ac oeddan ni wedi stopio am funud wrth clawdd i siarad.

Mae o am fynd a fi hefo fo, medda Huw, yn sbio dros ben clawdd i cae.

Chdi, Huw? medda fi, a rhywbath rhyfadd yn mynd trwydda i.

Ia, medda Huw, yn dal i sbio i cae.

Gei di adal Rysgol?

Caf, medda nhad. Iesu, yli, Gwningan.

A dyna lle oedd cwningan yn eistadd yn cae, yn sbio'n wirion arna ni, a'i dwy glust hi ar i fyny.

Biti na fasa gen i wn, medda Huw.

Fyddi di'n cael gweithio yn pwll glo, Huw?

Bydda, siŵr iawn.

Dew, mi fyddi di'n siarad run fath â Joni Sowth pan ddoi di'n ôl.

Ydw i ddim yn dwad yn ôl.

A dyna lle oeddan ni ill dau yn pwyso ar clawdd a sbio'n wirion ar y wningan, a finna'n clywad llais Huw, run fath â tasa fo mewn tynal mawr a carrag atab ynddo fo, yn dal i ddeud: Ydw . . . i . . . ddim . . . yn . . . dwad . . . yn ôl. A neb yn deud dim byd.

Be wnaiff dy Fam hebddoch chi'ch dau? medda fi o'r diwadd.

Fyddan ni'n cael tŷ yn Sowth siŵr, a hitha'n madael atan ni.

Pa bryd wyt ti'n mynd, Huw?

Bora fory, hefo trên wyth o stesion.

Fory?

Ia.

Fyddi di ddim yn Rysgol fory ta?

Na fydda, achan.

Wela i mona chdi eto, felly?

Mi sgwenna i atat ti ar ôl inni gyrraedd a dechra gweithio. Gei di'r hanas i gyd.

Dew, cofia di rwan.

Wna i, siŵr. Well imi fynd rwan. Mae gynnon ni lot o waith pacio. Da boch di rwan, was, a mi fydda i'n siŵr o sgwennu. Cofia ditha sgwennu ataf finna.

Wna i Huw. Da boch di rwan.

Ac ar ôl inni ysgwyd llaw am hir a dal i ddeud wrth ein gilydd am gofio sgwennu, dyma Huw yn ei throi hi i lawr am Pont Stabla, a finna'n ei chychwyn hi am Tŷ Nain. Ond ar ôl imi fynd rhyw gam neu ddau dyma fi'n troi rownd i gael un golwg arall ar Huw cyn iddo fo fynd o'r golwg. Ac oedd ynta wedi troi rownd hefyd ac yn rhedag yn ôl ataf fi.

Yli, medda fo, ar ôl iddo fo ddwad ataf fi. Gei di'r gyllath yma ges i gen dynion Côr Sowth. Mae yna fin da arni hi wsti.

Dew, diolch Huw, medda fi. Yli, gei ditha'r gyllath yma gen inna. Dim ond cyllath i chwara ydy hi, ond mi gei di lot o sbort hefo hi.

Caf, achan. Wel, da boch chdi rwan ta.

Da boch di eto, Huw. Cofia di sgwennu.

A dyma ni'n ysgwyd llaw wedyn, a Huw yn mynd yn slo bach i lawr am Bont Stabla, a finna'n sefyll i sbio arno fo tan nes aeth o o'r golwg. Wedyn, dyma finna'n cychwyn yn slo bach i fyny Allt Bryn.

Rhyfadd fydd hi yn Rysgol bora fory heb Huw, medda fi, a dechra meddwl bob matha o betha wrth fynd i fyny Rallt. Beth tasa fo'n cael ei ladd yn pwll glo. Welwn i byth mono fo wedyn. Ond ella na welwn i byth mono fo ar ôl heddiw. A dyma fi'n cofio nad oedd neb wedi deud pwy fasa'n sgwennu gynta, a dest â rhedag yn ôl i ofyn, ond oedd o wedi mynd yn rhy bell. Ta i ddim i Rysgol fory. Mi â i i chwara triwant, medda fi. Fedra i ddim diodda bod yno a Huw ddim yno. Fo fydd yn sgwennu gynta, siŵr, achos fydda i ddim yn gwybod i lle i sgwennu. Pell ydy Sowth hefyd. Be wna i rwan? Huw a Moi wedi mynd, a finna ar ben fy hun bach. Dew, oeddwn i'n teimlo'n ddigalon pan ddois i at Tŷ Nain.

Oedd petha'n waeth byth pan ddaru mi sbio trwy ffenast a gweld Nain yn eistadd yn gadar ar ben ei hun a'i sbectol ar ei thrwyn yn darllan ei Beibil.

Helo, Nain, fi sy yma, medda fi ar ôl cnocio'n drws a mynd i mewn. Ydy Mam wedi bod yma?

Nac ydy wir, ngwas i. Does yna ddim enaid wedi bod ar fy nghyfyl i trwy'r dydd.

Glywsoch chi ddim am Wil Elis Portar ta?

Clywad be?

Wedi lladd ei hun.

Brensiach annwyl naddo. Yn lle?

Tu nôl i Rysgol. Fi gafodd hyd iddo fo, yn gorfadd ar lawr wedi torri'i wddw bora ma. A Preis Sgŵl yn hel ni i gyd adra o Rysgol. A pan es i adra, oedd Mam ddim yn tŷ.

Ddoth hi ddim adra er bora? medda Nain, wedi cau'i Beibl a codi, a sbio'n rhyfadd arnaf fi.

Naddo. A toedd hi ddim yn tŷ Gres Ifas nac yn tŷ Leusa Tŷ Top, ac oedd y ddwy wedi'i gweld hi'n mynd i fyny Rallt bora ma. Ond mae hi siŵr o fod wedi dwad adra erbyn hyn.

Well imi ddwad i fyny hefo chdi, medda Nain, a mynd i nôl ei het a'i chêp. Aros di, fydda i ddim dau funud.

Ac i ffwrdd â ni, Nain a finna, am adra. Dew, lwc bod Nain wedi dwad hefo fi hefyd, achos wn i ddim be faswn i wedi neud taswn i wedi mynd i tŷ fy hun a'i gweld hi felna. Lwc mai Nain ddaru fynd i mewn gynta hefyd, neu mi faswn i wedi dychryn mwy na ddaru mi ar ôl gweld Wil Elis Portar yn gorfadd yn tai bach wedi torri'i wddw. Achos dyna lle oedd Mam yn eistadd yn gadar heb ddim het, a'i gwallt hi'n flêr, a heb dynnu'i chot, ac yn wlyb doman.

Be sy, Mam? Lle ydach chi wedi bod? medda fi a rhedag ati i roid cisan iddi hi. Ond oedd hi'n cymryd dim sylw ohona i, dim ond sbio drwydda i hefo'i llgada pinna dur, run fath â noson gynt, a mwmian rhywbath a deud y drefn wrth rywun oedd hi'n feddwl oedd yn sefyll tu nôl iddi hi.

Dos i tŷ nesa a dywad wrth Gres Ifas am ddwad yma ar unwaith. Mae dy Fam yn sâl, medda Nain, wedi tynnu ei het a'i chêp. A finna'n mynd allan fel melltan. Newydd orffan swpar Chwaral oeddan nhw yn Drws Nesa.

Aros di yma, 'ngwas i, medda Gres Ifas ar ôl imi ddeud wrthi hi. Gwna panad o de iddo fo, Elis. A dyna iti frechdan Chwaral ar y plat. Mi fydda i'n ôl toc.

Un distaw oedd Elis Ifas, a'i drwyn yn ei bapur bob amsar. Ac ar ôl tywallt panad o de i mi, dyma fo'n eistadd i lawr a mynd yn ôl at ei bapur. A finna'n sglaffio'r frechdan chwaral.

Oedd golwg ofnadwy arni hi, medda fi.

Golwg ofnadwy ar bwy, dywad? medda Elis Ifas.

Ar Mam.

Gwendid sydd arni wsti. Dydy hi ddim wedi bod yn dda ers tro, medda Gres yma.

Glywsoch chi am Wil Elis Portar?

Deu, do. Oeddwn i wedi synnu dim pan ddeudodd Gres yma wrtha i. Un rhyfadd oedd Wil Elis bob amsar. Ac mi roedd yr hen ffitia yna wedi mynd yn waeth arno fo. Faint oedd ei oed o tybad? Oedd o'n siŵr o fod tua'r hannar cant yma. Mi gawn yr hanas i gyd yn y papur yma'r wsnos nesa.

Well imi fynd rwan i edrach oes eisio nôl doctor, neu rywbath.

Na, machgan i. Aros di yma nes daw Gres yn ei hôl. Mi ddeudith hi beth i neud. Cymera di frechdan arall.

Erbyn hyn oedd hi'n saith o'r gloch ac yn stido bwrw eto, a wedi mynd yn dywyll yn gynnar, hefo'r storm. Dew, oeddwn i'n gweld hi'n braf arnyn nhw yn Drws Nesa. Tan-llwyth mawr o dân a'r teciall yn canu'n ddistaw ar pentan, a'r gath yn eistadd wrth y ffendar o flaen tân yn canu grwndi, a Elis Ifas yn eistadd yn gadar freichia yn nhraed ei sana yn darllan ei bapur, ac ogla da ar y mwg oedd yn dwad o'i getyn o.

Ew, mae Misus Ifas yn hir, medda fi tòc. Ella well imi fynd adra rwan.

Naci, aros yma ydy'r gora iti, fel oedd hi'n deud. Fydd hi ddim yn hir eto.

Olreita, medda fi. Ond oedd pob munud fel awr, a finna'n eistadd wrth bwrdd yn treio gneud i'r frechdan Chwaral bara'n hir ac yn gwrando ar bendil cloc Drws Nesa'n mynd yn olagymlaen tic-toc-tic-toc run fath a tasa dim byd wedi digwydd trwy'r dydd.

Dos di'n ôl i tŷ rwan, ngwas i, medda Gres Ifas pan ddaeth hi'n ôl o'r diwadd. Mae dy Fam yn ei gwely rwan a mae hi eisio dy weld ti. Ac wedyn mi gei di fynd i lawr i nôl Doctor Pritchard, ond wyt ti i fod i ddeud wrth Doctor Pritchard bod dy Fam yn reit gwla a bod hi a dy Nain yn gofyn iddo fo ddwad. Wyt ti'n dallt rwan?

Ydw, Misus Ifas.

Ac oeddwn i allan trwy'r drws mewn chwinciad. A dyna lle oedd Mam yn gorfadd yn ei gwely yn wyn fel calch ac yn sbio'n rhyfadd arnaf fi, ond ddim yn deud dim byd. A Nain hefo hi yn siambar.

Ddaru Gres Ifas ddeud wrthat ti beth i neud? medda Nain.

Do. Mi â i rwan.

Ac allan â fi trwy'r glaw i nôl doctor, a nhraed i'n wlyb doman am fod fy sgidia fi'n gollwng dŵr a'r dŵr wedi mynd trwy'r papur llwyd.

Fuo raid imi weitiad am hir i weld Doctor Pritchard wrth bod yna lot o bobol sâl yno o mlaen i yn disgwyl am gael ei weld o. Ac erbyn imi gael ei weld o a cerddad adra oedd hi'n naw o'r gloch. Ac oedd Nain yn y gegin yn golchi llestri.

Ma Doctor Pritchard yn deud bydd o yma rhwng deg ac unorddeg, medda fi.

Olreit, medda Nain. Mae dy Fam yn cysgu rwan. Well iti fynd i dy wely rwan iti gael codi'n fora. Ydw i am aros yma heno. Hwda, cymera di hwn cyn mynd i fyny i llofft.

A dyma hi'n rhoid powdwr mewn glas a tywallt dŵr poeth o'r teciall arno fo, a'i droi o hefo llwy.

Yfa di hwnna ar dy dalcan rwan, medda hi.

Ych, be oedd o? medda fi ar ôl ei lyncu o. Asiffeta?

Naci. Ffisig rhag iti gael annwyd. Brysia i dy wely rwan.

Ac i fyny i llofft a fi, ac i ngwely mewn chwinciad ar ôl sychu nhraed. A ches i ddim ond dest digon o amsar i sbio trwy ffenast to a gweld bod y lleuad wedi boddi cyn imi fynd i chwrnu cysgu.

14.

PETH cynta welais i pan agorais i fy llgada a deffro bora
wedyn oedd pry cop ar ffenast to yn treio diengyd allan
trwy ffenast, a honno wedi cau. Dyna lle oedd o'n cerddad
ar hyd y gwydyr â'i draed i fyny a'i ben i lawr, cerddad am
dipyn bach a cael codwm, a mynd yn ei ôl a cerddad a cael
codwm wedyn. Ond oedd o byth yn syrthio ar lawr achos
oedd gwe pry cop run fath a lastig yn ei ddal o'n hongian
pan oedd o'n cael codwm, a dyna sud oedd o'n medru dwad
yn ei ôl ar ffenast bob tro.

Oedd hi ddim ond newydd droi chwech a finna eisio
mynd i nôl gwarthaig Tal Cafn. Ac yn sydyn, a finna'n
gorfadd yn fanno yn gwatsiad y pry cop, dyma fi'n cofio am
Huw. Cyn pen dwyawr mi fydda Huw wedi cychwyn am
Sowth, a ella na welwn i byth mono fo wedyn. A fedrwn i
ddim mynd i stesion i'w weld o ar ôl bod yn nôl gwarthaig,
achos oedd Mam yn sâl.

Dew, ia, Mam hefyd. Oeddwn i wedi anghofio amdani
hitha. Oeddwn i wedi cysgu mor sownd ar ôl y powdwr
hwnnw ddaru Nain roid imi nes oeddwn i wedi anghofio
pob peth, a dim wedi breuddwydio am ddim byd trwy'r
nos. Ond Iesu, oeddwn i wedi breuddwydio digon yn y
pnawn i bara am oes. Weithia, ma rhywun yn breudd-
wydio'n ôl, run fath â daru mi am yr angal hwnnw hefo
mwstash, ar ôl gweld llun Yncl Harri pan oeddwn i'n
gorfadd yn gwely Guto. A weithia ma rhywun yn breudd-
wydio mlaen, run fath â wnes i freuddwydio amdanan ni'n
mynd yn y moto i Jêl Cnarfon i weld Yncl Wil yn cael ei
grogi, a Tad Wil Bach Plisman yn eistadd yn y ffrynt hefo'r
dreifar. Ond oeddwn i fawr o feddwl bora hwnnw basa'r
breuddwyd yn dwad yn wir mor fuan.

Oedd tŷ ni'n ddistaw fel y bedd pan ddois i o'r gwely a
gwisgo amdana i fynd i nôl gwarthaig. Ond ar ôl mynd i

lawr grisia a agor drws i fynd allan, dyma fi'n clywad sŵn cath yn mewian. Cath Gres Ifas Drws Nesa wedi cael ei gadael allan trwy'r nos, reit siŵr, medda fi. Ond dyma fi'n mynd yn ôl a gwrando wrth drws siambar, lle oedd Mam a Nain yn cysgu, ac o fanno oedd y sŵn yn dwad. Nid cath Gres Ifas oedd yna, medda fi. Mam sy'n crio yn ei chwsg. Breuddwydio am rywbath mae hi, reit siŵr. A dyma fi'n mynd allan a cau drws ar f'ôl yn ddistaw bach.

Oedd hi'n bwrw glaw mân ac fel tasa hi wedi cau am law trwy'r dydd. Oedd hi'n ddu fel bol buwch i fyny wrth ben Nant Ycha a'r cymyla run fath â stêm yn dwad allan o dwb golchi a hwnnw'n llawn o ddŵr berwedig. Ond oedd hi'n ola dydd wrth ben Ochor Foel a'r niwl yn codi'n slo bach oddiar lawr a dringo i fyny Ochor Foel run fath â tasa fo wedi blino. Rhaid imi fynd a'n sgidia i Gwt Crydd i gael eu trwsio heddiw, medda fi, ond oeddwn i'n leicio clywad y glaw mân yn golchi ngwynab i, achos oeddwn i ddim wedi molchi cyn dwad allan. Ar ôl croesi Cae Tatws Gorlan dyma fi'n dringo i ben wal Cae Ŷd i edrach oedd yna fyshirŵms yno. A dyna lle oeddan nhw'n sbotia gwynion dros y lle i gyd, run fath â tasa ieir Tan Fron wedi bod yn brysur yn dodwy wya trwy'r nos. Dew, mi helia i lond cap ohonyn nhw ar ffordd adra, medda fi wrth fynd i lawr o ben wal. A capiad da ges i hefyd.

Oedd Nain wedi codi erbyn imi fynd yn ôl i tŷ, a teciall ar tân.

Ylwch capiad da o fyshirŵms ges i, Nain, medda fi. Sud ma Mam bora ma?

Mae hi'n cysgu. Paid ti a mynd i siambar i'w styrbio hi, medda Nain. Gwna di'r myshirŵms yna'n barod i ffrio, wedyn mi gei di frecwast.

Ddaru Doctor Pritchard ddwad neithiwr? medda fi o gegin gefn wrth llnau'r myshirŵms.

Do.

Be ddeudodd o?

Mi ddeuda i wrthat ti yn y munud. Gweitia imi gael gneud brecwast.

Ydw i ddim eisio mynd i Rysgol heddiw, Nain. Well gen i aros adra i helpu.

Na, well iti beidio mynd i Rysgol heddiw. Mae yna lot i neud.

Ddaru Nain ddim deud dim byd am hir iawn ar ôl inni eistadd i lawr wrth bwrdd i gael brecwast. Oedd hi i fyny ac i lawr yn gneud rhywbath o hyd, yn torri brechdan, neu'n llenwi'r tebot neu'n rhoid prociad i'r tân. Oedd hi ddim fel tasa hi'n medru aros yn llonydd am funud, a dim yn deud dim byd.

Dew, ma'r myshirŵms yma'n dda, medda fi o'r diwadd. Ydy Mam yn sâl iawn?

Ydy. Ma hi'n ddigon cwla.

Pryd mae Doctor Pritchard yn deud caiff hi godi?

Distawrwydd wedyn am dipyn. A dyma Nain yn codi oddi wrth y bwrdd unwaith eto a troi at y tân i roid y teciall arno fo. Wedyn dyma hi'n troi ataf fi a deud: Yli, mi fydd dy Fam yn deffro yn y munud, ac mi fydd yma lot i neud. Ma Doctor Pritchard wedi deud bod raid mynd a hi i'r hosbitol, ac mi fydd eisio i ti fynd hefo hi.

Sud ma nhw'n mynd a hi i'r hosbitol a hitha'n sâl yn ei gwely? Ydy ambiwlans yn dwad i'w nhôl hi?

Nagdi. Moto Siop Gornal sy'n dwad?

Moto Siop Gornal?

Ia, ngwas i. Yli, mae eisio iti fynd i Tŷ Nesa rwan. Ma Elis Ifas wedi aros adra o Chwaral heddiw ac mi ddeudith o a Gres Ifas wrthat ti be sy eisio neud. Dos di rwan, ngwas i, ac mi â inna i siambar i edrach ydy dy Fam wedi deffro. Dos di yn dy flaen i Tŷ Nesa rwan.

Er bod Nain yn siarad yn gleniach wrtha fi na fydda hi fel arfar, oedd yna rywbath yn ei llais hi'n gneud imi gau ngheg a gneud fel oedd hi'n deud heb ofyn chwanag o gwestiynna. A toedd dim eisio gofyn dim byd arall ar ôl imi fynd i Tŷ Nesa. Mi ges i wybod mwy nag oeddwn i eisio yn fanno.

Tyrd i mewn nghariad i, medda Gres Ifas ar ôl imi gnocio'n drws, a hitha, run fath â Nain, yn siarad yn gleniach nag arfar.

Tyrd at y tân, medda Elis Ifas, yn nhraed ei sanna ac yn mynd i danio'i getyn ar ôl brecwast. Gest ti frecwast?

Do, diolch, medda fi. Llond plat o fyshirŵms wedi'u ffrio o Cae Ŷd Gorlan.

Sud mae dy Fam bora ma?

Cysgu oedd hi pan ddois i allan. Ma Nain yn deud bod hi reit gwla a bod nhw am fynd â hi i'r hosbitol. Ond ma nhw am fynd â hi hefo Moto Siop Gornal, a finna eisio gwybod pam na chaiff hi ddim mynd hefo ambiwlans a hitha mor sâl.

Wel ia, ngwas i. Dyna be oeddan ni eisio siarad hefo chdi, medda Gres Ifas, a tynnu'i chadar oddi wrth y bwrdd at y tân. Wyt ti am fynd hefo hi, yntwyti?

Dyna be oedd Nain yn ddeud. Ond pam ma nhw'n mynd â hi hefo Moto Siop Gornal a hitha mor sâl?

Dydy hi ddim yn sâl felly, wsti nghariad i, medda Gres Ifas.

Mewn gwendid mae hi, wyddost ti, medda Elis Ifas, yn chwythu mwg baco i fyny simdda a bodio'i getyn.

Mi gaiff hi bob chwara teg.

Mi edrychan nhw ar ei hôl hi'n iawn.

Ma hi siŵr o fendio'n reit fuan.

Fydd hi ddim yno'n hir, wsti.

A felly buon nhw am hir, un ar ôl y llall, nes oeddwn i dest a mopio. A finna ddim yn dallt dim byd tan nes gofynnais i : I Fangor fyddan ni'n mynd a hi, yntê?

Naci, wsti, medda'r ddau hefo'i gilydd, a Elis Ifas yn pesychu a crafu'i gorn gwddw ar ôl chwythu chwanag o fwg i fyny simdda. Wedyn dyma fo'n rhoid ei law ar ben glin Gres Ifas a troi ataf fi.

Wyddost ti lle buo dy Fam ddoe? medda fo.

Na wn i.

Wel, yn ôl bob hanas, oedd hi wedi mynd i fyny Rallt yn y bora a wedi bod yn crwydro ar Ochor Foel trwy'r dydd.

Arglwydd mawr, a hitha'n tresio bwrw.

Ia. Gwelodd Robin Gwas Bach Gorlan hi'n pasio Tan Fron tua hannar dydd, ac oedd Now Gorlan wedi gweld dynas ar Ben Foel tua tri o'r gloch pnawn. Oedd hi'n rhy bell iddo fo fedru'i nabod hi'n iawn ond mae o'n tyngu mai dy Fam oedd hi.

Arglwydd mawr, medda fi wedyn, a dechra crynu fel deilan.

Gymi di panad o de? medda Gres Ifas. Mae yna banad reit dda, ar ôl yn y tebot ma.

Na, dim diolch. Be ddigwyddodd wedyn?

Wel, does na neb yn gwybod yn iawn, medda Elis Ifas, a cnocio'i getyn ar pentan. Ond tro nesa ddaru neb ei gweld hi oedd yn cerddad i lawr Allt Bryn ac yn pasio Rheinws.

Faint o'r gloch oedd hi radag honno?

Tua pump, mae'n debyg. A wyddost ti be wnaeth hi wedyn?

Na wn i.

Taflyd carrag trwy ffenast Rheinws.

Pwy? Mam?

Ia.

Naddo.

Do, wir.

Na, smalio ydach chi.

Mae o mor wir iti â mod i'n eistadd yn y gadar yma.

Iesgob, medda fi.

Ac er mod i wedi mynd i grynu fel deilan, dyma fi'n dechra rowlio chwerthin dros y tŷ, a'r ddau'n sbio'n wirion arnaf fi.

Dew, fedra i yn fy myw beidio chwerthin, medda fi. Mam, o bawb, yn taflyd carrag trwy ffenast Rheinws.

Wel, dyna i chdi be ddigwyddodd, medda Elis Ifas. Ac mi gwelodd Gres yma hi'n dwad i fyny Rallt tua hannar awr wedi pump, ac oedd hi'n edrach mor ddrwg mi aeth Gres i weld be fedra hi neud. Ond deud y drefn yn ofnatsan am rywun oedd dy Fam, wsti, ac yn siarad am d'Yncl Wil, yntê Gres?

Ia, medda Gres Ifas. A pan es i i ofyn oedd yna rywbath gawn i neud iddi hi, mi aeth i mewn i tŷ a rhoid clep ar y drws yn fy ngwynab i.

Ma hi wedi bod yn siarad yn rhyfadd ers diwrnodia, wsti, medda Elis Ifas.

Ydy, yntydy?

Dyna oedd hi'n ddeud wrth ddwad i fyny Rallt, medda

Gres Ifas. Deud bod d'Yncl Wil wedi cael ei grogi yn Rheinws.

Dew, 'mreuddwyd i'n dwad yn wir.

Pa freuddwyd yngwas i?

O dim byd.

Ac yn sydyn dyma fi'n dallt pob dim.

Am fynd â hi i ffwrdd ma nhw, yntê? medda fi, a sbio i'r tân. Ac er na ddaru neb ddim deud y geiria, oeddan nhw'n rhedag ar ras trwy mhen i run fath â trên bach Chwaral. Dimbach. Seilam. Ma nhw'n mynd â Mam i Seilam, Seilam, Seilam. Em Brawd Now Bach Glo. Yn ei arch â'i geg yn gorad. Wedi cael ei stido. Em eisio diod. Mi geith hi ber-ffaith chwara teg. Mewn gwendid mae hi. Yncl Wil yn cael ei grogi. Wil Elis Portar. Gwddw'n stillio gwaedu. Seilam, Seilam, Seilam.

Yfa di hwn yn boeth rwan, yngwas i.

Dim diolch, Misus Ifas. Fedra i ddim llyncu. Well imi fynd rwan, edrach ydy hi wedi codi.

Erbyn hyn oedd Elis Ifas wrthi'n rhoid ei sgidia am ei draed. Ac ar ôl gorffan, dyma fo'n codi a dwad ataf fi a rhoid ei law ar f'ysgwydd i, a ngalw fi yn hen law am y tro cynta rioed.

Gwrando di arnaf fi'r hen law, medda fo. Ma hon yn brofedigaeth go fawr inni i gyd, ond ma raid plygu i'r Drefn, wyddost ti. A ma raid inni neud y gora o betha fel ma nhw.

Peidiwch â dychryn yr hogyn, Elis, medda Gres Ifas. Dim ond dipyn o wendid sydd ar ei Fam o. Mi fydd adra'n ôl wedi mendio'n iawn ymhen ryw bythefnos, siŵr iawn, ond iddi hi gael dipyn o chwara teg.

Gad di lonydd i mi siarad, Gres, medda Elis Ifas yn reit gas, a troi'n ôl ataf fi. Mi wnawn ni bob dim fedrwn ni i helpu, ond arnat ti'r ydan ni'n dibynnu rwan, cofia.

Mi wna i bob dim sydd eisio.

Dyna fo. Mi ddaw Moto Siop Gornal i waelod Rallt am hannar awr wedi naw, a mi fydd eisio i ti fynd a dy Fam i lawr Rallt ato fo. Ella na fydd hi ddim yn rhyw fodlon iawn i fynd, a mi fydd raid i titha'i pherswadio hi.

Ydw i'n gwybod beth i neud.

Dyna fo, ngwas i. Dos di rwan. Ma hi'n chwartar wedi naw.

Olreita.

A dywad wrth dy Nain am ddwad yma ar ôl ichi fynd.

Mi wna i, Misus Ifas, medda fi, ac allan â fi.

Helo, Mam, ydach chi'n well? medda fi mewn llais ychal ar ôl mynd i tŷ. A dyna lle oedd hi'n eistadd ar gadar siglo, wedi gwisgo amdani, a Nain yn brwsio'r pentan a tynnu'r teciall oddiar tân. Ond ddeudodd hi ddim byd, dim ond sbio arnaf fi run fath â taswn i wedi bod yn dwyn fala.

Dew, brecwast iawn ges i gen Nain, medda fi wedyn, fel tasa dim byd yn bod. Llond plat o fyshirŵms.

Lle wyt ti wedi bod? medda hi, yn edrach arnaf fi hefo'i llgada pinna dur.

Dim ond yn nôl gwarthaig, a mynd i Drws Nesa i edrach oedd Gres Ifas eisio rywbath. Ma Huw a'i dad wedi mynd i ffwrdd i Sowth hefo trên wyth, a dydw inna ddim yn mynd i Rysgol heddiw. Ydach chi a finna'n mynd am dro hefo Moto Siop Gornal am bod ni'n cael holide. Well ichi roid eich het ora, Mam.

Ia, well iti wisgo'r het ddu yna, medda Nain.

A dyma hitha'n codi heb ddeud dim byd a mynd i nôl ei het i siambar.

Ma nhw yna, medda Nain wrtha i'n ddistaw bach, ar ôl rhedag i sbio allan trwy'r drws.

Ydw i'n barod rwan, medda Mam, yn dwad allan o siambar a'i het ora am ei phen.

Awn ni, ynta, medda fi, ar ôl rhoid fy nhopcôt amdana a nôl fy nghap o gegin gefn.

Ma Gres Ifas eisio ichi alw yn Drws Nesa am funud bach, medda fi wrth Nain wrth fynd allan, a hitha'n sefyll yn drws yn gwatsiad ni'n mynd i lawr Rallt.

Oedd hi'n dal i fwrw glaw mân, a finna'n gafael ym mraich Mam rhag ofn iddi hi syrthio, a cofio am y tro cynta hwnnw oeddan ni'n mynd i lawr Rallt hefo'n gilydd erstalwm. Hi oedd yn gafael yn fy mraich i radag honno. Diwrnod rhew mawr ganol gaea oedd hi a finna'n mynd yn ôl i Rysgol ar ôl bod yn sâl wedi cael annwyd. Ac oedd Rallt yn sgleinio fel gwydyr a ninna'n cerddad wrth ymyl wal rhag ofn inni gael codwm, Mam yn gafael yn wal a finna'n gafael yn ei braich hitha. Ac oeddan ni ill dau wedi rhoid pâr o sanna bob un dros ein sgidia, inni gael peidio llithro. Ond codwm ges i ddwywaith, a Mam yn fy nghodi fi i fyny bob tro oeddwn i'n syrthio.

Arglwydd mawr, y mreuddwyd i'n dwad yn wir eto, medda fi wrtha fi'n hun, a gwasgu braich Mam yn dynnach pan ddaru ni gyrraedd gwaelod Rallt a gweld Moto Siop Gornal.

Pwy oedd yn eistadd wrth ochor sêt dreifar yn ei ddillad ei hun ond Tad Wil Bach Plisman. A Tad Now Bach Gornal yn sefyll wrth y moto, wedi agor drws inni ac yn wên o glust i glust.

Dyma ni o'r diwadd, medda fo. Gobeithio nad ydach chi ddim wedi glychu. Hen dywydd go symol ydan ni'n gael, yntê?

Ac i mewn i'r moto â ni, a Tad Dewi Siop Gornal yn cau'r drws arnan ni a mynd yn ei ôl i'r pen blaen, i sêt dreifar wrth ochor Tad Wil Bach Plisman. A pwy oedd yn eistadd tu nôl hefo ni yn y gornal bella ond ryw ddynas ddiarth. Ydw inna'n cael dwad hefo chi, medda hi, a gwenu'n glên arna ni.

A dyma Mam yn dechra rowlio chwerthin. Be wyt ti'n neud hefo ni, yr hen drychfil, medda hi wrth Tad Wil Bach Plisman. Chdi ddaru grogi Wil y Mrawd yntê?

Ddeudodd ynta ddim byd ond troi'i ben atan ni a ryw hannar gwenu. Wedyn oedd pawb yn ddistaw am hir, a'r moto'n mynd fel fflamia. A'r unig siarad fuo oedd Mam yn siarad hefo hi'i hun neu hefo rywun oedd hi'n feddwl oedd tu nôl iddi hi, a chwerthin a deud y drefn yn ddistaw bach bob yn ail.

Dew, dyna ichi ganwrs da ydy pobol Sowth, Mam, medda fi o'r diwadd. Chlywsoch chi mo Côr Sowth yn canu ar Ochor Braich nos Sul naddo? Dew, oedd hi run fath â Diwygiad yno, a'r bobol i gyd yn canu hefo'r Côr ac yn methu stopio canu, oeddan nhw wedi mynd i gymaint o hwyl. Dew, fasa werth ichi clywad nhw'n canu Y Gŵr a fu gynt o dan Hoelion.

A dyma Mam yn dechra canu ar fy nhraws i, a dyma finna'n dechra canu hefo hi, a'r moto'n dal i fynd fel fflamia.

Dew, mi oedd Mam wedi mynd i hwyl hefyd, a finna'n canu bas hefo hi am fod fy llais i wedi torri. A'r ddau yn y ffrynt yn dal i siarad hefo'i gilydd heb gymryd dim sylw o gwbwl ohonan ni. A dyna lle oedd Mam a finna'n canu ar dopia'n llais:

Y Gŵr a fu gy-ynt o dan hoelion
Dros ddy-yn pechadurus fel fi-i
A yfodd o'r cwpan i'r gwaelod
Ei hunan ar ben Calfari-i.

Erbyn hyn oedd y ddau yn y ffrynt wedi stopio sgwrsio a'r peth nesa glywais i oedd y ddau'n canu hefo ni, a Tad Wil Bach Plisman yn canu tenor. Ac wedyn oeddan ni'n bump, y ddynas ddiarth a pawb, yn canu:

Ffynhonnell y Cariad Tragwyddol
Hen gartre meddyliau o he-edd
Dwg finnau i'r unrhyw gy-fa-mod
Na thorrir ga-an angau na-a'r be-edd.

A Tad Wil Bach Plisman yn ei tharo hi wedyn a pawb yn mynd i fwy o hwyl, nes buo dest imi anghofio lle oeddan ni'n mynd. Ond mi aeth pawb yn ddistaw wedyn, a sŵn y moto'n gneud imi deimlo'n gysglyd. A rhyw hepian buo fi ar hyd y ffordd wedyn, a gwrando ar Mam yn siarad hefo hi'i hun ac yn chwerthin a deud y drefn bob yn ail.

O'r diwadd dyma ni'n dwad at giat fawr ar ochor ffordd a Moto Siop Gornal yn troi i mewn trwyddi hi ac ar hyd llwybyr llydan o ro mân at ddrws lle mawr gymaint bedair gwaith â Capal Salem, a grisia cerrig bob ochor i fynd i fyny at y drws.

Seilam, medda fi wrtha fi'n hun.

Tad Dewi Siop Gornal ddaeth i agor drws moto inni, a Tad Wil Bach Plisman yn aros fan lle'r oedd o, heb symud o'i sêt. Oedd Mam yn crynu fel deilan wrth ddwad allan o'r moto, ond ddaru hi ddim deud dim byd, ac oedd y ddynas ddiarth yn glên wrthi hi.

Dowch chi hefo fi rwan, medda hi, a gafael yn ei braich hi. Mi awn ni i weld y doctor a mi fydd pob peth yn iawn.

A finna'n cerddad tu nôl iddyn nhw run fath ag oen llywaeth.

Oedd yna ddyn a côt wen gynno fo yn ein disgwyl ni wrth y drws ar ôl inni fynd i fyny'r grisia cerrig, ac oedd hwnnw'n glên hefyd ac yn wên o glust i glust wrth roid croeso inni.

Dowch drwadd i fanma i eistadd tra bydda i'n mynd i nôl y nyrs, medda fo, a mynd a'r ddynas ddiarth a Mam a finna i le run fath â parlwr, a lot o gadeiria'n un rhes yn erbyn wal, a bwrdd yn y canol a pot bloda arno fo, a hwnnw'n llawn o floda; a ffenast fawr na fedra neb weld trwyddi ar ochor chwith, a cwpwrdd mawr ar ochor dde a dau ddrws iddo fo. A dyma'r tri ohona ni yn eistadd i lawr ar y cadeiria i weitiad.

Ac yn fanno buo ni'n gweitiad am hir, a'r unig beth ddaru ddigwydd oedd Mam yn deud wrth y ddynas ddiarth bod hi eisio mynd i lle chwech. Dowch chi hefo fi, medda honno'n glên, mi ddangosa i ichi lle mae o. Ac allan â nhw, a ngadael i i eistadd ar ben fy hun.

Wedyn dyma ryw ddyn bach tew yn dwad i mewn a mynd at y cwpwrdd heb gymryd dim sylw ohona fi. Ac ar ôl treio'r drws a hwnnw wedi'i gloi, dyma fo'n dechra chwilio yn ei bocad am y goriad. Mynd i bocedi'i drywsus gynta a dim byd yn fanno; wedyn i bocedi'i wasgod a wedyn i bocedi'i gôt a'i bocad gesal. Ond ma raid nad oedd y goriad ddim gynno fo, achos mi aeth allan heb agor drws y cwpwrdd.

Dew, debyg i Yncl Wil oedd o, medda fi wrtha fi'n hun. Ond dychmygu petha oeddwn i, wrth gwrs.

Ar ôl i Mam a'r ddynas ddiarth ddwad yn eu hola ac eistadd i lawr, dyma hogan bach ddel mewn dillad nyrs, tua'r un oed â fi, yn dwad i mewn yn wên o glust i glust. Dew, peth bach ddel oedd hi hefyd, hefo gwallt melyn a llgada glas a bocha cochion, a'i dannadd hi'n sgleinio'n wyn wrth iddi hi wenu arnan ni. A lot o oriada'n hongian ar damad o linyn yn ei llaw hi. Oedd hi run fath yn union â Jini Bach Pen Cae.

Ddowch chi hefo fi os gwelwch chi dda? medda hi wrth Mam a'r ddynas ddiarth, heb gymryd dim sylw ohona i. A dyma nhwytha'n mynd hefo hi a finna'n aros lle'r oeddwn i.

Oeddwn i'n teimlo'n reit galonnog erbyn hyn. Oeddwn i ddim yn meddwl mai lle fel hyn oedd Seilam, medda fi wrtha fi'n hun. Oeddwn i'n disgwyl gweld lot o bobol o'u coua. Ond yn sydyn dyma fi'n clywad sgrech yn dwad o tu nôl i'r ffenast, a llais rhywun yn chwerthin dros y lle. Dyma fi'n codi a mynd at y ffenast, a dechra meddwl am yr hen Em druan. Ond fedrwn i ddim gweld trwy'r ffenast. Dim ond rhywun yn cael sbort, medda fi, a mynd yn ôl i eistadd i lawr.

Ymhen dipyn bach pwy ddaeth i mewn wedyn ond y dyn bach tew, a mynd yn syth at y cwpwrdd run fath ag o'r blaen, heb sbio arnaf fi. A dyma fo'n dechra chwilio yn ei bocedi eto am y goriad, a cael hyd iddo fo o'r diwadd y tro yma, yn ei bocad wasgod. Ac ar ôl iddo fo agor y cwpwrdd, dyma fo'n dechra tynnu pob math o nialwch allan a'u rhoid nhw'n un pentwr ar lawr. Oedd o fel tasa fo'n chwilio am rywbath a methu cael hyd iddo fo. Ac ar ôl tynnu pob peth allan o'r cwpwrdd, dyma fo'n eu rhoid nhw yn eu hola'n reit daclus a rhoid tro ar y clo, a rhoid y goriad yn ei bocad a cychwyn allan. Ond pan oedd o wrth y drws dyma fo'n stopio a troi i sbio arnaf fi. A cerddad yn ôl ataf fi'n slo bach a sbio'n rhyfadd arnaf fi.

Wyddost ti pwy ydw i? medda fo.

Na wn i, medda fi.

Brawd ynghyfrath Iesu Grist, medda fo.

Dew, oeddwn i wedi dychryn. Oeddwn i ddim yn gwybod beth i neud, pun ta rhedag allan trwy drws ynta chwerthin yn ei wynab o.

Ia? medda fi o'r diwadd.

Ond ddeudodd o ddim byd arall ond troi ar ei sawdl a cychwyn allan wedyn. A pan oedd o wrth y drws dyma fo'n troi rownd a deud, heb wên ar ei wynab o: Yn nhŷ fy Nhad y mae llawer o drigfannau.

Ac allan a fo.

A finna'n rowlio chwerthin.

Ond dyma fi'n cau ngheg fel trap llgodan pan welais i ddyn arall yn dwad i mewn a mynd at y cwpwrdd. Un main, tena oedd hwnnw, a'i llgada fo fel tasa nhw wedi sincio i mewn i'w ben o. Ddaru o ddim ond sbio ar y cwpwrdd, a wedyn troi a dwad ataf fi.

Welaist ti'r dyn yna ddoth i mewn gynna? medda fo.

Do, medda fi.

Dydy o ddim hannar call, wsti.

Nagdi?

Nagdi. Ddim chwartar call.

Ac allan â hwnnw wedyn. Dyma finna'n codi a mynd at y ffenast wedyn a chwilio ymhob man i edrach welwn i dwll yn y paent gwyn oedd arni, imi gael gweld trwyddi. Ond oedd yna ddim un a fedrwn i ddim gweld dim byd. Dyma fi'n mynd yn ôl i eistadd i lawr wedyn a gweitiad. Ac yn dal i chwerthin yn ddistaw bach am ben y ddau ddyn digri, y dyn bach tew a'r dyn tal tena.

O'r diwadd dyma'r ddynas ddiarth yn dwad i mewn, ar ben ei hun ac yn cario rhywbath yn ei llaw.

Dyma chi, medda hi. Mae eisio ichi fynd â hwn adra hefo chi.

A rhoid parsal bychan wedi'i glymu hefo llinyn yn fy llaw i.

Be ydy o? medda fi.

Dillad eich Mam. A rhain hefyd. Mae eisio ichi gymryd rhain hefyd.

A dyma hi'n rhoid dwy fodrwy yn fy llaw arall i. Modrwy briodas Mam oedd un, a honno wedi gwisgo'n dena, a'r fodrwy arall oedd yn arfar bod am ei bys hi bob amsar oedd y llall.

Fedrwn i ddim deud dim byd, dim ond sbio ar y parsal bychan oedd yn fy llaw dde i a'r modrwya yn fy llaw chwith i. Ac yn treio meddwl sud oeddan nhw wedi cael dillad Mam i gyd yn barsal mor fychan.

A wedyn dyma fi'n dechra crio. Nid crio run fath â byddwn i erstalwm ar ôl syrthio a brifo; na chwaith run fath â byddwn i'n crio mewn amball i gnebrwng; na chwaith run fath ag oeddwn i pan aeth Mam adra a ngadael i yn gwely Guto yn Bwlch erstalwm.

Ond crio run fath â taflyd i fyny.

Crio heb falio dim byd pwy oedd yn sbio arnaf fi.

Crio run fath â tasa'r byd ar ben.

Fedrwn i ddim deud dim byd, dim ond sbïo ar y
parsal bychan oedd yn fy llaw dde i a'r modrwya
yn fy llaw chwith i.

Gweiddi crio dros bob man heb falio dim byd pwy oedd yn gwrando.

Ac wrth fy modd yn crio, run fath â fydd rhai pobol wrth eu bodd yn canu, a pobol eraill wrth eu bodd yn chwerthin.

Dew, wnes i rioed grio fel yna o'r blaen a ddaru mi rioed grio run fath wedyn chwaith. Mi faswn i'n leicio medru crio fel yna unwaith eto hefyd.

A gweiddi crio oeddwn i wrth fynd allan trwy'r drws ac i lawr y grisia cerrig ac ar hyd y llwybyr gro a trwy'r giat i'r lôn, tan nes daru mi fynd i eistadd i lawr yn ochor lôn wrth ymyl y giat. Wedyn dyma fi'n stopio crio a dechra tuchan, run fath â buwch yn dwad a llo, a dechra gweiddi crio wedyn.

A dyna lle oeddwn i'n crio ac yn tuchan bob yn ail pan ddaeth Moto Siop Gornal at lle oeddwn i'n eistadd, a Tad Wil Bach Plisman yn dwad allan a fy rhoid fi i eistadd yn tu nôl hefo'r ddynas ddiarth. Ac ar ôl imi fod yn tuchan yn fanno am dipyn bach wedyn, a'r moto'n mynd fel fflamia, mi gyrrodd sŵn y moto fi i gysgu'n sownd. A cysgu ddaru mi yr holl ffordd adra.

Dew, mi faswn i'n leicio cael ei chwmpeini hi rwan, hi'n gafael yn fy llaw i a finna â mraich amdani hi, a ninna'n cerddad hefo'n gilydd i fyny i Pen Llyn Du. Tasa hi'n chwech o'r gloch nos yn lle chwech o'r gloch bora mi faswn i'n meddwl mai'r un noson oedd hi hefyd. Heblaw na ddaw Jini Bach Pen Cae ddim i nghwarfod i yn fanma run fath â ddaru hi ddwad y noson honno.

Dim ond blwyddyn oedd ers pan oeddan ni wedi mynd a Mam i ffwrdd, a holides Rha wedi dechra a finna wedi cael madal o Rysgol, a Nain eisio imi fynd i weithio i Chwaral, a finna ddim eisio mynd.

Mae'n bryd iti ddechra ennill dy damad rwan, wyddost ti, medda Nain wrtha fi wrth dorri brechdan amsar te diwrnod hwnnw. Ma Elis Ifas yn deud cei di fynd hefo fo bora fory i ddechra.

Dydw i ddim eisio mynd i Chwaral, Nain. Ma well gen i fynd yn was ffarm run fath â Robin. Mi ga i le yn Tal Cafn os â i yno i ofyn. Os na cha i, ydw i am fynd yn llongwr, run fath â Wmffra Tŷ Top.

Cau dy geg, y trychfil bach. Chdi â dy longwrs. Mi gei di neud fel ydw i'n deud wrthat ti, a mynd hefo Elis Ifas i Chwaral fory, ne mi fynna i wybod pam.

Gawn ni weld am hynny, medda finna, a rhoid fy nghap am y mhen a mynd allan â chlep ar y drws.

Efo Robin Gwas Gorlan byddwn i'n mynd bob nos ar ôl i Huw fynd i Sowth hefo'i dad. Oeddwn i byth wedi cael llythyr gan Huw fel oedd o wedi gaddo, a'r cwbwl oeddan ni'n wybod amdano fo oedd bod ei fam o wedi madal o Tai Pont Stabla a wedi mynd i fyw atyn nhw i Sowth.

Ond oedd Robin ddim yn tŷ pnawn hwnnw a wydda neb lle oedd o wedi mynd. A dyma fi'n mynd i fyny Lôn Bost am dro. Mi â i i fyny at Pen Llyn Du, medda fi. Ella bod Robin wedi mynd i fanno i sgota.

Ac yn lle Robin, pwy welais i'n dwad i nghwarfod i yn fanma ond Jini Bach Pen Cae. Oeddwn i wedi dychryn pan ddaru mi'i nabod hi, achos peth dwytha oeddwn i wedi glywad amdani hi oedd bod nhw wedi mynd â hi i ffwrdd ar ôl iddi hi fod hefo Em Brawd Now Bach Glo yn Coed Ochor Braich. Ond dyna lle oedd hi, mor lartsh â neb, mewn ffrog las a het bach las a rubanna gwyn arni hi yn ei llaw, a'i gwallt melyn hi'n sgleinio yn yr haul. Oedd hi run fath yn union â'r hogan honno welais i pan aethon ni â Mam i ffwrdd, a'i dannadd hi'n wyn, wyn pan oedd hi'n chwerthin.

Helo, sud wyt ti erstalwm? medda hi, a'i llgada glas hi'n chwerthin arnaf fi. Wyt ti wedi madal o Rysgol?

Do, newydd fadal. Pwy fasa'n meddwl ych gweld chi yn fanma.

Yn Tyddyn Llyn Du ydw i. Dew, noson braf ydy hi, yntê?

Ew ia. Lle ydach chi'n mynd?

Am dro i Pentra. Lle wyt ti'n mynd?

Am dro i Pen Llyn Du oeddwn i'n mynd.

A dyma hi a finna'n mynd i ochor lôn a pwyso ar giât i sbio ar y defaid yn pori yn cae. Oedd yna gae arall ar ôl hwnnw, a cae arall wedyn, a hwnnw'n llawn o frwyn, yn mynd i lawr at Rafon. A honno'n llifo'n slo bach ar y lle gwastad a troi run fath â neidar nes oedd hi'n diflannu i ganol Coed Ochor Braich i lawr yn y pelltar. A'r mynydd, run fath â mae o rwan, yn codi i fyny i'r awyr tu nôl iddi hi.

Cae Tyddyn Llyn Du ydy hwn, yntê? medda fi.

Ia, a'r ddau arall yna sy'n mynd i lawr at Rafon hefyd. Caea Tyddyn Llyn Du ydy rhain i gyd o'n cwmpas ni, a'r holl ffordd draw acw at Pen Llyn Du.

Ew, ma raid bod pobol Tyddyn Llyn Du yn bobol gyfoethog.

Ydyn. A pobol glên hefyd. Fasat ti'n leicio dwad am dro i lawr at lan Rafon ar draws caea?

Dew, baswn i.

Helpa fi i fynd dros ben giât, ta. Os gwnei di ddal yr het yma mi fedra i ddringo fy hun

Olreita.

Pan oeddwn i'n sefyll hefo'i het hi yn fy llaw ac yn

gwatsiad rhag ofn iddi hi syrthio, dyma hi'n codi un goes dros ben giât nes oedd ei phais hi i gyd yn golwg, a hannar ei chlun hi'n noeth. A wedyn oedd hi'n ddigon o ryfeddod yn eistadd ar ben giât yn fanno yn sbio i lawr arna fi a chwerthin arna fi hefo'i llgada glas a'i dannadd gwynion, a'i gwallt hi'n sgleinio yn yr haul.

Gymera i'r het rwan, i ti gael dwad i fyny, medda hi, a cymryd ei het a neidio i lawr i'r cae. A finna'n neidio ar ei hôl hi.

Ma hi'n braf i lawr fancw wrth Rafon, medda hi. Fydda i'n mynd yna am dro reit amal hefo Toss.

Pwy ydy Toss?

Ci Tyddyn Llyn Du, siŵr iawn.

Nacw draw fancw, lle ma Llyn Du yn mynd o'r golwg, ydy Tyddyn Llyn Du, yntê?

Ia, oeddat ti ddim yn gwybod?

Oeddwn i ddim yn siŵr iawn. Ond fuo fi yno unwaith erstalwm. Wedi colli ffordd ar ôl bod yn hel llus, a mynd i ofyn gawn i ddiod o ddŵr. A cael glasiad o laeth a brechdan fawr gen y ddynas. Dew, ia, pobol glên ydyn nhw, ma raid. Faint ydy oed Toss?

O, ci bach ydy o. Dim ond chwe mis oed ydy o.

Nid fo ddaru mi weld ta radag honno. Oedd y Toss hwnnw'n bedair ar ddeg.

O ia, ma hwnnw wedi marw.

Oedd y brwyn wedi tyfu'n ychal yn y cae agosa i Rafon ac oedd raid gwatsiad lle oeddan ni'n mynd rhag ofn inni golli'r llwybyr defaid. Ond oedd Jini'n gwybod ei ffordd yn iawn, a finna'n cadw'n glos tu nôl iddi hi. Oedd hi'n plygu dipyn bach wrth fynd yn ei blaen trwy'r brwyn a'i gwallt hi wedi rhannu'n ddau gydyn hir, a rheiny'n disgyn un bob ochor dros ei sgwydda hi ar ei brestia hi. Ac oedd hi ddim wedi cau dau fotwm ar gefn ei ffrog wrth ei gwegil a dipyn bach o'i chefn hi'n noeth. A godra'i phais hi'n dangos yn wyn o dan y ffrog las wrth iddi hi blygu, a'i choesa hi'n edrach yn fwy siapus o'r tu nôl nag oeddan nhw pan oeddwn i'n sbio arni hi ar ôl inni gwarfod ar Lôn Bost. A'r ogla da arni hi yn gymysg hefo'r ogla da oedd ar y gwair a'r brwyn dest â gneud imi dagu. A pan oeddwn i'n meddwl bod hi'n mynd i faglu dyma fi'n rhoid fy nwy law allan a cythru ynddi hi.

Gwatsiwch chi syrthio, medda fi.

Paid a ngoglais i, medda hitha, a chwerthin dros bob man. A dechra rhedag at lan Rafon, a'r ddau ruban gwyn o'i het las hi'n fflio yn yr awyr. A finna'n rhedag ar ei hôl hi.

Pan ddaru ni gyrraedd y lle clir ar lan Rafon dyma hi'n taflyd ei hun ar lawr a troi ar wastad ei chefn, a'i dwy fraich ar led, a'r het bach las yn ei llaw dde hi, a'i choesa hi ar led hefyd a'i ffrog hi i fyny at ei phennaglinia hi a'i phais hi'n dangos.

Dew, ma hi'n boeth, medda hi, a chwythu'r gwallt melyn oedd ar ei gwynab hi. Tyrd i orfadd i lawr.

A finna'n mynd a gorfadd i lawr ar wastad fy nghefn wrth ei hochor hi.

Oedd yr awyr yn las run fath ag oedd hi pan oeddwn i'n gorfadd ar wastad fy nghefn yn y coed llus ar ben Foel Garnadd erstalwm. Ond oeddwn i ddim yn meddwl am lawr y Nefoedd tro yma. Gweld yr awyr yn llawn o llgada glas yn chwerthin arna fi oeddwn i, a llgada Jini Bach Pen Cae oeddan nhw i gyd. A toedd hi ddim mor ddistaw ag oedd hi ar ben Foel Garnadd chwaith. Oedd Rafon yn gneud sŵn braf run fath â tasa na lot o bobol yn siarad hefo'i gilydd o'n cwmpas ni ac yn deud yr un peth o hyd. A finna'n cofio am bendil cloc mawr Drws Nesa'n mynd tic-toc, tic-toc, fel tasa na ddim byd wedi digwydd diwrnod hwnnw. Ac oeddwn i'n medru clywad Jini'n anadlu wrth fy ochor i, wedi colli'i gwynt ar ôl rhedag.

Fedri di nofio? medda hi o'r diwadd.

Medra, siŵr iawn. Oeddwn i'n medru nofio pan oeddwn i'n ddeg oed. Guto nghefndar ddaru nysgu i yn Llyn Corddi Bwlch erstalwm. Ew, hogyn cry oedd Guto.

Wyt titha'n hogyn cry hefyd yntwyt?

Ydw, go lew. Fedrwch chi nofio?

Medra dipyn bach. Digon i groesi Rafon.

A dyma Jini'n codi ar ei heistadd a brwynan rhwng ei dannadd hi. Weli di Ben Rallt Wen yn fancw, rochor arall i Rafon?

Gwela, medda fi, ar wastad fy nghefn yn sbio i'r awyr.

A'r cwbwl oeddwn i'n weld oedd miloedd o llgada glas yn chwerthin arna fi.

Ddoi di am ras hefo fi ar draws Rafon ac i fyny i dop Rallt Wen?

Sud fedrwn ni groesi Rafon?

Plymio i mewn, siŵr, a nofio.

A glychu at ein crwyn?

Wnawn ni dynnu amdanan, siŵr iawn. Fedar neb ein gweld ni o Lôn Bost. Ma'r brwyn yn ein cuddiad ni.

A rhedag i fyny Rallt Wen yn noethlymun?

Ia siŵr iawn, medda hitha, a gwyro i lawr ataf fi a rhoid ei dwy law'n esmwyth ar fy ngwynab i. Ia siŵr iawn, medda hi wedyn yn slo bach. Ia siŵr iawn. Yn no-oethlymun.

Dyma finna'n gafael ynddi hi a'i throi hi ar wastad ei chefn a dechrau'i chusanu hi run fath â rhywun wedi mynd o'i go. A hitha'n rhoid ei breichia amdanaf fi a gwasgu'n dynn. Ac ar ôl inni fod felly am hir, dyma hi'n gollwng ei gafael a dechra ngwthio fi oddiarni. Ond oedd ei bocha cochion hi'n boeth fel tân.

Ew, faswn i wedi colli ngwynt cyn cyrraedd hannar ffordd i dop Rallt Wen, medda hi, a ninna'n gorfadd hefo'n penna wrth ymyl ei gilydd. Pa bryd ddaru ti fadal o Rysgol?

Ddoe, pan ddaru Rysgol dorri. Ma nhw eisio imi fynd i weithio i Chwaral a finna eisio mynd yn was ffarm neu fynd i'r môr.

Pam na ddoi di'n was bach i Tyddyn Llyn Du? Ma nhw eisio gwas bach yno.

Dew, ia. Ydyn nhw wir?

Ydyn wir.

Mi fasan ni'n cael bod hefo'n gilydd bob nos wedyn.

Basan.

A cael dwad i fanma o hyd.

Basan.

A rhedag ras ar draws Rafon.

Ia.

Ar ôl tynnu amdanan.

Ia.

Yn no-oethlymun.

Ia.

Chdi'n tynnu amdanaf fi a finna'n tynnu amdanach chditha.

Ia.

Fel hyn.

A fel hyn.

A fel hyn.

Hi oedd yr unig hogan ges i rioed.

Ond deud celwydd oeddan nhw pan ddaru nhw ddeud bod fi wedi taflyd Jini Bach Pen Cae i Rafon ar ôl iddyn nhw gael hyd i'w dillad hi ar lan Rafon. Peth dwytha ydw i'n gofio ydy'i gweld hi'n cysgu'n braf a finna'n dechra meddwl am Preis Sgwl yn mynd a hi trwy drws yn Rysgol a Em Brawd Now Bach Glo yn mynd a hi i Coed Ochor Braich. A finna'n sbio arni hi a meddwl peth bach mor dlws oedd hi, a gwddw bach mor feddal oedd gynni hi, a hwnnw'n wyn fel llian a'i bocha hi'n gochion ac yn boeth fel tân. A rhoid fy nwy law am ei gwddw hi a rhoid cisan iddi hi pan oedd hi'n cysgu, a dechra'i gwasgu hi.

Oedd hi'n hwyr drybeilig pan ddaru mi gyrraedd adra noson honno, a Nain wedi mynd i'w gwely. Ond oeddwn i wedi penderfynu be i neud. Oeddwn i wedi penderfynu nad awn i byth i'r hen Chwaral gythral yna hefo Elis Ifas Drws Nesa. Oeddwn i am redag i ffwrdd i'r môr run fath â ddaru Wmffra Tŷ Top pan oedd o'n hogyn erstalwm, a run fath â ddaru Arthur Tan Bryn redag i ffwrdd at y sowldiwrs amsar Rhyfal. Os oedd Huw yn medru mynd i Sowth a cael gwaith mewn pwll glo, mi fedrwn inna fynd i Lerpwl a cael gwaith mewn llong. Yr unig beth oedd, toedd gen i ddim ond swllt yn fy mhocad, ond oedd Lerpwl ddim mor bell â Sowth, ac os dechreuwn i gerddad ar hyd Lôn Bost heibio Glanabar mi fyddwn i'n siŵr o gael pas gen rywun.

Dyma fi'n mynd i gegin gefn i nôl y dorth o'r badall a torri lot o frechdanna a'u lapio nhw mewn papur a'u rhoid nhw ym mhocad fy nhopcôt, a rhoid fy nghap yn ôl am fy mhen. Ond cyn diffod gola a mynd allan, dyma fi'n mynd a'r gannwyll at silff ben tân i gael un golwg arall ar y llun. Llun Mam a Nain oedd o, a wedi cael ei dynnu diwrnod cnebrwng Anti Elin. A'r ddwy'n sefyll yn fanno yn eu dillad du, a Mam yn edrach yn ifanc wrth ochor Nain, ac yn

Peidiwch a poeni
amdanaf fi Nain.
Ydw i wedi mynd i
ffwrdd i weithio run
a Huw Mi
hefo lot
brynu dillad crand
ichi

gwisgo'r het bach ddu a cantal fflat honno, run fath â het
Huws Person. Ac er bod y ddwy wedi gwenu ar y dyn
tynnu llunia, oedd digon hawdd gweld bod yna lot o
ddagra'n sbâr ar ôl cnebrwng yn eu llgada nhw.

A Nain druan, yn edrach mor hen. Oedd hi wedi bod yn
ffeind iawn wrtha i ers pan aethon nhw a Mam i ffwrdd, er
bod ni'n ffraeo o hyd. Mi fydda hi siŵr o fod dest â drysu yn
y bora wrth weld fy ngwely i'n wag a methu dallt lle
oeddwn i. Well imi adael tamad o bapur iddi hi, medda fi.
A dyma fi'n sgwennu ar ddarn o bapur :

> Peidiwch a poeni amdanaf fi, Nain. Ydw i wedi mynd
> i ffwrdd i weithio run fath â Huw. Mi ddo i'n ôl ryw
> ddiwrnod hefo lot o bres i brynu dillad crand ichi.

Wedyn dyma fi'n rhoid y papur ar bwrdd a'r gyllath fara ar
ei ben o rhag i'r gwynt ei chwythu o ar lawr. A mynd at silff
ben tân unwaith wedyn cyn diffod y gannwyll.

Ew, mi â i a hwn hefo fi, medda fi, a sodro'r llun yn fy
mhocad gesal.

Hannar awr wedi dau oedd hi ar Cloc Rheinws wrth ola
lamp pan oeddwn i'n mynd i lawr Stryd, a pob man arall yn
dywyll fel bol buwch. Ond mi faswn i wedi medru cerddad
cyn bellad â Parc Defaid â'n llgada wedi cau, achos oeddwn
i'n nabod bob carrag ar pafin bob ochor i Stryd, a bob polyn
lamp a bob polyn teligraff, a bob sinc. Ac yn gwybod lle
oedd pafin yn stopio a dechra wedyn, a lle oedd Lôn Bost yn
dechra heb ddim pafin wrth geg Lôn Newydd.

Oedd arna i ddim mymryn o ofn chwaith wrth ddwad at
Parc Defaid, run fath â fyddwn i erstalwm, hefo Huw a Moi,
neu ar ben fy hun, yn chwibanu fel ffŵl wrth basio rhag ofn
imi weld bwganod. Ac oedd hi'n braf cael gadael Pentra yn
y twllwch, heb weld siopa na Rysgol na Reglwys na tai na
dim byd. Achos taswn i wedi gadael yng ngola dydd mi
fasant wedi codi hiraeth arnaf fi, a ella baswn i wedi torri
nghalon cyn cyrraedd Parc Defaid a wedi troi'n ôl adra a
mynd i weithio'n Chwaral hefo Elis Ifas.

Oeddwn i'n iawn ar ôl pasio Parc Defaid, achos oedd hi
ddim mor dywyll wedyn, ac oeddwn i'n cerddad mor siarp

nes oeddwn i wedi cyrraedd Glanabar cyn mod i wedi sylweddoli lle oeddwn i. Ac yn meddwl mor braf fydda hi cael mynd ar y llong a gweld y môr, a cofio amdanaf fi'n gweld hwnnw am y tro cynta o ben Ochor Foel wrth eistadd hefo Ceri. A faswn i ddim wedi cael fy nal chwaith heblaw i'r dyn hwnnw ddaru roid pas imi ar ôl pasio Glanabar ofyn o lle oeddwn i'n dwad a stopio'i lorri wrth ymyl Lerpwl i siarad hefo plisman.

Diawl, Pen Llyn Du o'r diwadd. Ma raid bod rhywun wedi tynnu'r wal yma i lawr, achos oeddwn i'n gorfod dringo i'w phen hi i fedru gweld Llyn Du erstalwm, a rwan dydy hi ddim yn cyrraedd dim ond at fy mhennaglinia i. A mi fedra i weld drosti hi ar fy mhennaglinia fel hyn. Ew, ma nhraed i'n brifo. Mi dynna i'r hen sgidia yma am funud bach.

Iesgob, ma'r hen Lyn yn edrach yn dda hefyd. Peth rhyfadd iddyn nhw'i alw fo yn Llyn Du a finna'n medru gweld yr awyr ynddo fo. Fasa Llyn Glas yn well enw arno fo a fonta run fath â tasa fo'n llawn o llgada glas. Llgada glas yn chwerthin arnaf fi. Llgada glas yn chwerthin arnaf fi. Llgada glas yn chwerthin.

Ella mai i lawr fanna ma nhw i gyd o ran hynny, Huw a Moi a Em a Nain a Ceri a pawb. Ew, peth rhyfadd fasa fo taswn i'n gweld Mam yn codi o'r Llyn rwan a gweiddi: Tyrd yma rhen drychfil bach. Wedi bod yn gneud dryga hefo'r hen Huw yna eto.

Mi weidda i, dest i edrach oes yna garrag atab. Mam-a-a-m. Mam-a-a-m. Mam-a-a-m. Oes wir.

Hwn ydy'r Llais tybad? Ia, hwn ÿdy o:

Myfi yw Brenhines y Llyn Du; gwrthodedig y Person Hardd.

Fy nheyrnas yw'r dyfroedd gofidus a orffwys y tu hwnt i'r gofid eithaf; a'u chwerwedd hwy a felysodd ddyfroedd Mara.

Hyddysg wyf fi yng nghemeg dagrau; crynhoais hwy ym mhair y canrifoedd, dadansoddais a dielfennais hwy.

Maith a chwim a llawen a gofidus a thrwm ac ysgafn fu'r gorchwyl; megis yr had yn y fru y prysurais o gell i gell, o berson i berson, yn yr ymchwil.

Ymladd a cholli ac ennill a cholli fu fy rhan; brwydro a gorchfygu ac ymgordeddu dan sathr y treisiwr.

Wrth go-ofio'i riddfa-a-nnau'n yr a-ardd.

Adnabum yr ias foreol a'i hafradu hyd at syrffed; syr-ffedais hyd nad oedd syrffed mwy.

Dyrchefais fy llef i'r entrychion, hyd at ddistiau llawr y Nef; ac megis sêr cynffonnog y dychwelodd angherddoedd fy llais i'm genau.

Cawodydd f'edifeirwch a'm golchodd yn wynnach na chwerthin baban; a'm glanhaodd yn lanach na bref yr oen.

Eithr dychwelais i'r antur a gafael ym mhen y baban; plennais fy nghusan goch ar ei ddeurudd a throais ei boeryn yn ddiferlif gwaed.

Pasia'r pot piso yna imi; pam y caiff bwystfilod rheibus dorri'r egin mân i lawr.

Anfonais fy helgwn i'w hynt; a gwylio'u dychwelyd â'm treiswyr rhwng eu dannedd.

Rhuthrodd fy ngherbydau ar olwynion y corwynt; a llusgo fy ngorthrymwyr i'w penodedig orsafoedd.

Perais eu dwyn ger fy mron; a chyfiawn rannu yn eu plith fy marnedigaethau.

Â dwylo gor-gelfydd gorffennais luniaidd gwlwm y rhaff; ag anwes foethus profais fin y gyllell ar gnawd.

Eitha gwaith â fo; ond y mrawd i oedd o, wsti.

Chwiliodd fy niniweidrwydd gyfrinachau'r coed; a de-hongli'n broffwydol drydarus beroriaeth eu hadar.

Breuddwydiais freuddwydion y cnau daear; a gwyliais hwy'n blodeuo yn eu hanialwch.

Cerddais yn ostyngedig ar balmant llathraid y lleoedd cysegr; a gwelais rawnsypiau eu gwinwydd yn eneinio'r etholedigion.

Newynnais am fara'r bywyd a diwallwyd fy ngwanc; sychedais am y gwin bywiol a throwyd fi allan i'r haul ac ni'm disychedwyd.

Minnau a lyncais yr haul; a'r lloer a gymerais yn obennydd i'm gorweddfan.

Ysbeiliais rifedi'r sêr; a llygad-dynnu'r cymylau i ddyfnder fy mrenhiniaeth.

Erchais ddyfod o'r ffurfafen a phlygu ger fy mron; hithau â'i llygaid gleision a wnaeth yn ôl fy ngair.

Gan hynny gydag Angylion ac Archangylion a Holl Gwmpeini Nef . . .

Hefyd yng nghyfres Clasuron Y Lolfa:

CYW HAUL gan Twm Miall

Am restr gyflawn o'n llyfrau llenyddol a chyffredinol, hwyliwch i mewn i'n gwefan

www.ylolfa.com

lle gallwch chwilio ac archebu ar-lein.

Mae ein llyfrau hefyd ar gael yn eich siop lyfrau leol – cefnogwch!